Architecture / Design / Education / International Exchange

NICHE

07

巻頭言

Prefazione

海外への好奇心と、学びを還元する力

　NICHE出版会では2014年から「大学の知的資源やネットワークを生かして社会に貢献する」という理念を掲げ、ニッチな題材を徹底的に掘り下げる編集体制をとってきた。本年度、NICHE編集部は縁あってイタリアのサルデーニャ島に飛んだ。

　多くの人にとって聞き覚えがあるのは、イタリアの島国をブーツに見立てるとしたら爪先に位置し、映画「ゴッドファーザー」の舞台となったシチリア島だろう。一方、サルデーニャ島はブーツのむこうずねよりも西、地中海の中央に位置する、四国の1.3倍ほどの大きさの島だ。紀元前の巨石文化をはじめ、様々な文明が混じり合い、独自の文化を育んできた。しかし日本での知名度は低く、ガイドブックは数えるほどしか出ていない。8月いっぱいサルデーニャを時計回りに巡り取材した周遊記を第一章に記した。

　第二章では歴史をまとめた。サルデーニャの多様かつ複雑な歴史を、アンドレア・ルッツォーニ氏に執筆して頂いた。紀元前のヌラーゲ時代から1861年のイタリア統一までの通史は、旅先で目にした様々な事物を補完する内容であった。中島智章先生にはカリアリの中近世について、そして土屋和男先生には初期キリスト教やロマネスクの教会について解説していただいた。地中海におけるタロスの位置づけについては香川浩先生が執筆した。日本のテレビ番組等でも取り上げられる不思議な水の聖地については陣内秀信先生、先史時代の謎に満ちた巨石文明については、藤森照信先生にご寄稿していただいた。

　第三章では伝統工芸の成り立ちを記した。ステファノ・エルコラーニ氏による総括、および、ジュエリー、かご、テキスタイルの記事は、サルデーニャの日常を彩る細やかな手仕事の背景を捉えている。また、エミリアーノ・カッペリーニ氏による織機工場のワークショップ体験記は、昨今の伝統と革新のバランスの取り方を記録したものだ。

　第四章ではサルデーニャ特有の風景をジョヴァンニ・ピリアルヴ氏が解説した。さらに、祭礼と、そのハレの機会に欠かせない菓子や料理についてはジョヴァンニ・ファンチェッロ氏が綴った。シェフであり研究者である視点でのヌラーゲ時代から続く食文化の考察は貴重である。

　第五章では日本で紹介されたことのなかったサルデーニャの美術を取り上げた。ステファノ・レズミニ氏の美術史は、西洋美術史との関連からも興味深い。マリア・ライとコスタンティノ・ニヴォラについては、各美術館や財団の協力を得て正式に日本に紹介できる運びとなった。

　帰国後に寄稿記事の編集が始まり、コロナ禍にイタリア語記事の翻訳を進めた。本書で紹介した祭礼はすべて教会で司祭が祈るのみで、人々の行進は中止となった。改めて日常の大切さを感じるとともに、『NICHE 07』が日本とサルデーニャの架け橋となることを願った。

　大学という学び舎は知的資源の宝庫である。そして言語と国境を越えた人的ネットワークこそ、未来への力を育む。NICHE編集部では、皆様からの忌憚のないご意見とご感想を励みに、ニッチな視点で世界を切り拓いていきたい。

2020年10月　東京にて
NICHE編集長
工学院大学建築学部教授　鈴木敏彦

Curiosità verso l'estero e capacità di trasmettere quanto imparato

Dal 2014 la pubblicazione NICHE ha adottato un sistema editoriale che approfondisce temi di nicchia, con l'idea di contribuire alla società avvalendosi delle risorse intellettuali e delle reti universitarie. Questa volta, la redazione di NICHE ha avuto l'opportunità di volare in Sardegna, Italia.

Per i giapponesi, tra le due isole maggiori, la Sicilia è quella più familiare: si trova ai piedi della penisola italiana ed è stata il palcoscenico del film *Il Padrino*. Invece, la Sardegna si trova al centro del Mar Mediterraneo, a ovest dello stivale, è circa 1,3 volte più grande dello Shikoku ed è caratterizzata da una cultura unica, nata dalla mescolanza di varie civiltà, tra cui quelle megalitiche. Tuttavia, la Sardegna non è molto conosciuta in Giappone e i testi che ne parlano sono pochi.

Nel primo capitolo di questo libro vengono descritte le tappe del nostro viaggio nell'isola durante il mese di agosto.

Nel secondo capitolo il tema che prevale è quello storico: l'Arch. Andrea Lutzoni ha riassunto la variegata e complessa storia della Sardegna, dal periodo nuragico fino all'Unità d'Italia, fornendo un quadro storico preciso di quanto visto durante il viaggio; il Professor Tomoaki Nakashima ha descritto il periodo medievale della città di Cagliari, mentre il Professor Kazuo Tsuchiya ha trattato del cristianesimo e delle sue chiese romaniche; il Docente Hiroshi Kagawa ha scritto di Tharros e della sua importanza nel Mediterraneo; il Professor Hidenobu Jinnai ha raccontato del misterioso santuario che a volte compare nei programmi televisivi giapponesi, e il Professor Terunobu Fujimori ha descritto la misteriosa civiltà megalitica sarda.

Nel terzo capitolo vengono illustrate l'origine e la storia dei mestieri tradizionali: gli articoli su gioielli, cesti e tessuti dell'Arch. Stefano Ercolani hanno dipinto lo sfondo della vita quotidiana in Sardegna, caratterizzato da elaborati prodotti artigianali; a seguire, l'Arch. Emiliano Cappellini, con l'esperienza acquisita durante il workshop L.U.N.A, ha raccontato la difficile ricerca di equilibrio fra tradizione e innovazione nell'artigianato contemporaneo.

Nel quarto capitolo, il fotografo Giovanni Piliarvu ha restituito attraverso i suoi scatti il paesaggio peculiare dell'isola; in veste di chef e ricercatore culinario, Giovanni Fancello, attraverso la descrizione dei piatti e dei dolci tipici della tradizione sarda, ha riportato preziose informazioni sulla cultura del cibo che affonda le radici in epoca nuragica.

Nel quinto capitolo viene affrontato il tema dell'arte sarda, per lo più sconosciuta al pubblico nipponico: grazie ad artisti del calibro di Maria Lai e Costantino Nivola, la storia dell'arte raccontata nell'articolo di Stefano Resmini, realizzato in collaborazione con i rispettivi musei e fondazioni, si colloca con le sue sfaccettature nel panorama europeo.

Dopo essere tornati in Giappone, durante il difficile periodo di pandemia legato al Covid-19, abbiamo scritto, modificato e tradotto gli articoli.

Durante quest'anno tutte le importanti feste e processioni raccontate tra le pagine di questo libro sono state attuate dai soli sacerdoti. In questa circostanza abbiamo sentito ancora una volta l'importanza della vita di tutti i giorni e abbiamo sperato che "NICHE 07" diventasse un ponte tra il Giappone e la Sardegna.

L'università e i suoi strumenti diventano fonte di apprendimento e forziere di risorse intellettuali, una rete di persone che trascende lingue e confini, rivolgendo lo sguardo verso il futuro.

Ottobre 2020, Tokyo

Toshihiko Suzuki

Caporedattore di NICHE

Professore di Architettura presso la Kogakuin University

鈴木敏彦　Suzuki Toshihiko
1958年東京生まれ。工学院大学建築学科修士課程修了。黒川紀章建築都市設計事務所、フランス新都市開発公社EPA marne、早稲田大学建築学専攻博士課程を経て、1999-2007年東北芸術工科大学プロダクトデザイン学科助教授、2007-2010年首都大学東京システムデザイン学部准教授、2010-2011年工学院大学工学部建築都市デザイン学科教授。2011年より工学院大学建築学部建築学科教授。北欧建築・デザイン協会副会長。
グッドデザイン賞／中小企業庁長官賞、アジアデザイン大賞グランプリ、レクサスデザインアワード2013、iFデザインアワード2014、第19回木材活用コンクール林野庁長官賞、A'Design Award2016銀賞、ウッドシティTOKYOモデル最優秀建築賞2019、スカイデザインアワード2019金賞、D&AD賞2020。
著書に『世界で一番美しい建築デザインの教科書』（エクスナレッジ）、『北欧の巨匠に学ぶ図法 家具・インテリア・建築のデザイン基礎』（彰国社）、『北欧の巨匠に学ぶデザイン アスプルンド/アールト/ヤコブセン』（彰国社）、『建築プロダクトデザイン／暮らしを劇的に変えるモノと空間の設計思想』（講談社）、『ヤコブセンの建築とデザイン』（TOTO出版）、『プロセスでわかる 住宅の設計・施工』（彰国社）などがある。

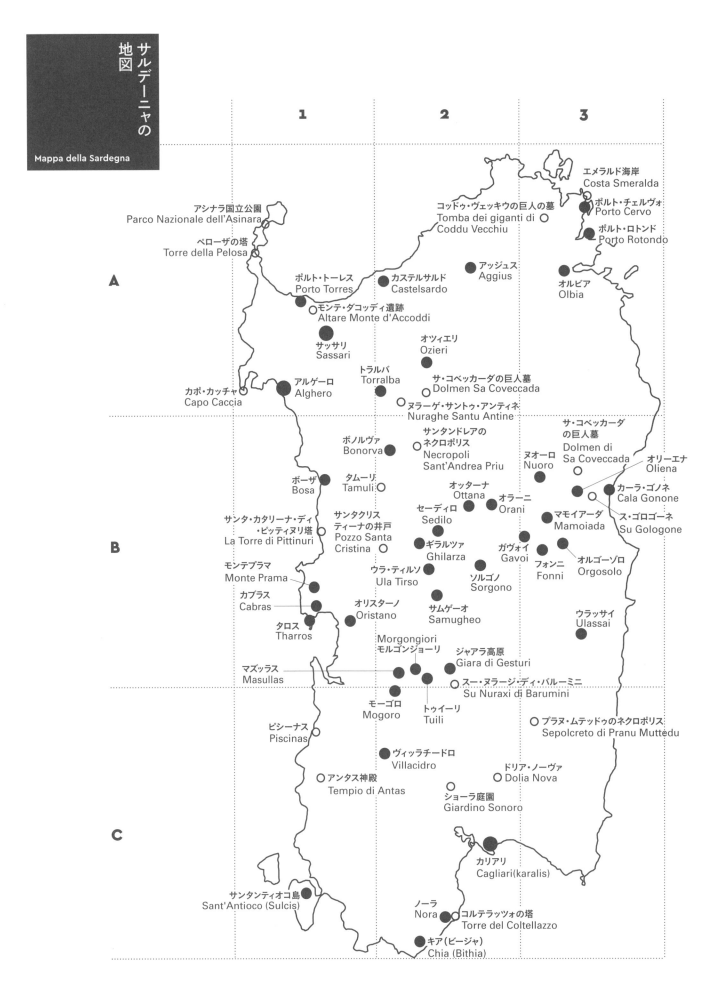

サルデーニャの地図

Mappa della Sardegna

1　2　3

A

B

C

エメラルド海岸
Costa Smeralda

アシナラ国立公園
Parco Nazionale dell'Asinara

コッドゥ・ヴェッキウの巨人の墓
Tomba dei giganti di
Coddu Vecchiu

ポルト・チェルヴォ
Porto Cervo

ペローザの塔
Torre della Pelosa

ポルト・ロトンド
Porto Rotondo

ポルト・トーレス
Porto Torres

カステルサルド
Castelsardo

アッジュス
Aggius

オルビア
Olbia

モンテ・ダコッディ遺跡
Altare Monte d'Accoddi

オツィエリ
Ozieri

サッサリ
Sassari

トラルバ
Torralba

サ・コベッカーダの巨人墓
Dolmen Sa Coveccada

カポ・カッチャ
Capo Caccia

アルゲーロ
Alghero

サ・コベッカーダ
の巨人墓
Dolmen di
Sa Coveccada

オリーエナ
Oliena

ヌラーゲ・サントゥ・アンティネ
Nuraghe Santu Antine

サンタンドレアの
ネクロポリス
Necropoli
Sant'Andrea Priu

ヌオーロ
Nuoro

ボノルヴァ
Bonorva

ボーザ
Bosa

タムーリ
Tamuli

オッターナ
Ottana

オラーニ
Orani

カーラ・ゴノネ
Cala Gonone

サンタ・カタリーナ・ディ
・ピッティヌリ塔
La Torre di Pittinuri

サンタクリス
ティーナの井戸
Pozzo Santa
Cristina

セーディロ
Sedilo

マモイアーダ
Mamoiada

ス・ゴロゴーネ
Su Gologone

ギラルツァ
Ghilarza

ガヴォイ
Gavoi

モンテプラマ
Monte Prama

ウラ・ティルソ
Ula Tirso

フォンニ
Fonni

オルゴーゾロ
Orgosolo

カブラス
Cabras

オリスターノ
Oristano

ソルゴノ
Sorgono

タロス
Tharros

サムゲーオ
Samugheo

ウラッサイ
Ulassai

Morgongiori
モルゴンジョーリ

ジャアラ高原
Giara di Gesturi

マズッラス
Masullas

スー・ヌラージ・ディ・バルーミニ
Su Nuraxi di Barumini

ピシーナス
Piscinas

モーゴロ
Mogoro

トゥイーリ
Tuili

プラヌ・ムテッドゥのネクロポリス
Sepolcreto di Pranu Muttèdu

ヴィッラチードロ
Villacidro

ドリア・ノーヴァ
Dolia Nova

アンタス神殿
Tempio di Antas

ショーラ庭園
Giardino Sonoro

カリアリ
Cagliari(karalis)

サンタンティオコ島
Sant'Antioco (Sulcis)

ノーラ
Nora

コルテラッツォの塔
Torre del Coltellazzo

キア（ビージャ）
Chia (Bithia)

謝辞 Ringraziamenti

本書の取材、研究、執筆に多くの方に協力して頂いた。
併せ記して深謝の意を表す。

Il team editoriale di NICHE è grato alle organizzazioni, agli autori e
ai collaboratori che sono stati fondamentali per la buona riuscita
del viaggio e delle nostre ricerche. Vorremmo in particolare
ringraziare:

Marina Apicella

Sara Medde

Mariantonia Urru

Giuseppe Demelas

Laboratorio L.U.N.A.

Giovanna Palimodde

Luisangela Tavolara

Rosaria Tavolara

Fondazione Costantino Nivola

Antonella Camarda

Archivio Maria Lai

Fondazione Stazione dell'Arte

Davide Mariani

Giesse Galdino Saba

Laboratorio Orafo Sandro Pira

Sergio Porru

Giovanna Palimodde

Marco Imperadori

Cristina Pusceddu

Tutti gli artigiani e artisti che hanno reso questo libro possibile.

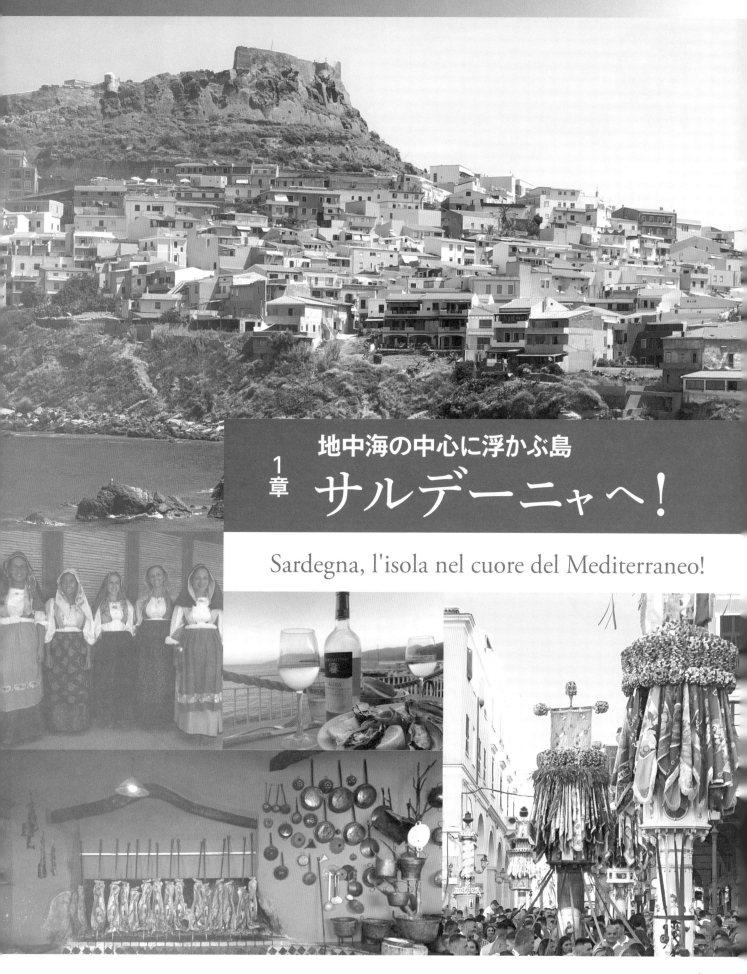

地中海の中心に浮かぶ島
1章 サルデーニャへ！

Sardegna, l'isola nel cuore del Mediterraneo!

はじめてのサルデーニャ

2019年8月5日〜26日周遊記

Viaggio alla scoperta
della Sardegna

杉原有紀
Yuki Sugihara

ポルト・チェルヴォ
Porto Cervo

ポルト・ロトンド
Porto Rotondo

ポルト・トーレス
Porto Torres

カステルサルド
Castelsardo

サッサリ
Sassari

アルゲーロ
Alghero

トラルバ
Torralba

ボノルヴァ
Bonorva

オリエナ
Oliena

カーラゴノネ
Cala Gonone

ボーザ
Bosa

オラーニ
Orani

マモイアーダ
Mamoiada

カブラス
Cabras

オリスターノ
Oristano

サムゲーオ
Samugheo

ウラッサイ
Ulassai

タロス
Tharros

モーゴロ
Mogoro

バルーミニ
Barumini

カリアリ
Cagliari

❶東京、成田から乗り換え含めて16時間半でアルゲーロ空港着。

❷香りが豊かなイクヌーザ(Ichnusa)ビール。
他に甘いレモン味や無濾過の種類がある。

2019年8月5日、東京発

　成田空港を昼に出発し、夕方にローマのフィウミチーノ空港に着く。乗り換え時間まで空港内のレストランにてサルデーニャ産のワインを選び、旅の始まりに乾杯した。夜9時半のアリタリア航空 AZ 1579に乗り、10時半過ぎにアルゲーロ空港に着いた❶。星降る夜空のもと、夏の冒険が始まった。

8月6日、アルゲーロ着 Alghero

　空港で車を借り、市内の家へ向かう。最初の1週間はサルデーニャの第3の都市、アルゲーロを拠点にする。案内役のエミリアーノとサラと落ち合った。エミリアーノは『NICHE 05』でイタリア語編集を担当したが、今回は地元サルデーニャの特集で特に気合が入っている。真夏の日差しが眩しいが、帽子もかぶらずサングラスだけなのは

暑さに慣れているからか。東京のほうが蒸し暑いからね、と言う。エミリアーノが卒業したサッサリ大学の建築デザイン学部を訪ねたが閑散としていた。1102年にジェノヴァのドリア家がアルゲーロの海岸に戦略的に要塞を作り、1353年にスペインのアラゴン領の支配下になった。よって、旧市街や塔は石の城壁の内側にある。との説明を受けながら、彼らのお気に入りの店で、パニーニとビールで昼食だ。サルデーニャを代表するビール、イクヌーザ❷は旗と同じ模様だ。四隅の頭は、アラゴン人が打ち負かしたイスラム教徒の王子たちを表していると教えてもらった。周囲ではイタリア語やフランス語やスペイン語が飛び交い、リゾート地であることを実感する。観光客は海遊びにいそしむが、編集部には建築を見るという使命がある。街の中心部まで歩くが、昼の営業を終えたレストラン、博物館、特産の赤サンゴの土産店は夕

11

❸アルゲーロのパノラマ。

方まで休憩時間に入っている。ジェラートを食べ
ながら、ショーウィンドウに並ぶ特産の赤珊瑚の
アクセサリーをサラと品定めし、夕方の再会まで
解散した。カタロニア語も公用語であるこの町で
は、シエスタは必須のようだ。

　夕方、取材の水先案内人を務める建築家のステ
ファノ・エルコラーニ氏に呼び出され、ホテル・
カタルーニャのスカイラウンジで乾杯した。窓か
らは暮れなずむ大聖堂や街並みと、海に浮かぶカ
ポ・カッチャ岬のパノラマが広がる❸。サッサリ
に設計事務所を構える彼にとって、アルゲーロは
家族と夏を過ごす場所だという。この後、彼の家
で夕食と聞いていたが、まず街中を歩きながら説
明してくれることになった。実はこれはイタリア
では良くあるパターンで、建築に詳しいホストと
待ち合わせると必ず付近を散歩することになる。習
慣的に夕食の開始が遅いことや、食前にゲストの

お腹を空かせるため、そして愛する街を解説した
いという熱意の表れであろう。中世に島外から要
塞都市アルゲーロに入るには入り口は2か所に限
られており、その一つは港とチビカ広場をつなぐ
ポルタ・マーレ❹との解説を受けた。

　ようやく夜9時に、エルコラーニ邸のベランダ
にて、前菜の薄いパン（ペルガメーナ）や干しイ
チジクやサラミにありついた。水深40ｍの海中に
一年間沈めて熟成させたスプマンテ（発泡ワイン）
のアケンタ❺が皆の喉を潤す。周囲はまだ明るい。
さらにゲストの夫妻が合流し、ワインを何本も空
けながら奥様のお手製のパスタ❻、魚料理、デザ
ートを平らげた時には０時を過ぎていた。これぞ
サルデーニャのバイタリティである。実際に、こ
のペースは翌日からのタフな取材を予感させるも
のだった。

❹ 要塞都市アルゲーロの港と街を区切るポルタ・マーレ。

❺ エルコラーニ氏のベランダにてスパークリングワインのアケンタで乾杯。アルゲーロのポルトコンテ自然公園の海中に半年寝かせた瓶はフジツボが付く。

❻ キッチンで夕食を作るエルコラーニ夫人とご友人。一方、子供たちは隣室で宅配ピザとテレビゲームを楽しんでいた。

❼ヌラーゲ・サントゥ・アンティネ（Nuraghe Santu Antine）は3階建てで、高さ17メートルだ。中央の塔から空を見上げた。

❽アグリ・ツーリズモのレストラン、サス・アッビラス（SAS ABBILAS）。30ユーロでランチのコースが楽しめる。無農薬野菜や手作りチーズやサラミが美味しい。

8月7日、トラルバTorralba、ボノルヴァBonorva

朝9時、サッサリのエルコラーニ氏の事務所を訪問し、スタッフのマリナさんと合流して車で2時間ほど南下した。エルコラーニ氏の車にはカーナビが無いが、マリナさんがすべての道を把握している。トラルバにあるヌラーゲ・サントゥ・アンティネ❼へ向かった。陣内秀信先生の書籍『地中海の聖なる島サルデーニャ』にも紹介された代表的な遺跡だ。ヌラーゲとはサルデーニャだけに3000以上ある巨石構造物の遺跡で、用途や目的は未だ不明だが要塞住居と考えられている。古代の石積みの内部空間は圧感だ。上に行くほど小さな石を小さく積んで行く。近くから内部に水を引き込んだ痕跡もある。3室のうち中央の塔は3階建てで、見上げると青空が見えた。予想以上の巨石が創り出す空間性に魅了された。次に、ボノルヴァにある聖アンドレアのネクロポリスを訪ねた。新石器時代（紀元前3500–同2700）に掘り出した岩山の横穴に大小18の地下墓地が連なる。入り口付近の三つの部屋は、初期キリスト教時代に礼拝堂に転用されフレスコ画が描かれた。天井はあたかも木造の室内のように屋根が表現されている。一番奥の大きな部屋の光井戸からは自然光と雨水が取り込まれ、入り口に向かって流れるように床に水路と溜まりが設計してある。外とは対照的に、死者を祀る空間は空気も涼しく、荘厳な静かさに包まれていた。

エルコラーニ氏の車に乗りこみ、未舗装の坂道をガタガタと走っている最中に、急にドスンと衝撃があり、車が止まった。タイヤがパンクしたの

❾重さ6〜7キロの子豚を縦にさばく。ポルケッタ（Porchetta）はイースターや特別な日に食べる伝統料理だ。

❿ラードで揚げたセアダス（Seadas）。550kcalあることはこの際忘れてしまおう。

⓫地中海西側の国に生えるコルク樫、スーゲロ（Sughero）。高さ130cm、直径60cmに達した樹皮を専門家が採取するよう法律で定められている。

だ。手際良くトランクからタイヤを出して交換するエルコラーニ氏をエミリアーノが手伝う。「こんなところでパンクするなんて」とトラブルを豪快に笑い飛ばすマリナさんに、「旅は道連れ」という心意気を感じた。復旧した車で3分、すぐ近くのサス・アッビラスで昼食だ❽。アグリツーリズモは農家の暮らしを体験する場所だ。旅行者は宿泊して料理を楽しみ、仔馬と遊び、近くの小川に足を浸したりして過ごすが、サルデーニャの人たちにとっては大勢で集まるのはレストランであり、主に仲間の集まりや結婚披露宴に用いるらしい。かごや織物の工芸品が飾られた広い部屋で、名産のコルクに盛り付けられたサラミやハムやチーズ、ひよこ豆の和え物や、ナスのオリーブオイル焼きに舌鼓を打つ。カリっと薄いパンと発砲水や赤ワインが食欲を満たした。これも食べろ、あれも食べろと勧められ、だいぶお腹が膨れたあたりで、このあとまだ豚の丸焼き（ポルケッタ）があると言う。オーナーのアントネッロ氏が、頭から尻まで真っ二つにさばいた子豚を見せてくれた❾。炎で皮をパリッと焼き上げた半身は、中華や沖縄の料理の豚の丸焼きとも違う迫力であった。締めのデザートはセアダスだ❿。ペコリーノチーズを包んださくさくした揚げ物に蜂蜜をたっぷりかけて食べた。帰り道には幹線道路沿いに下半分の樹皮が剥がされたコルクの木を見かけた⓫。生木の姿は痛々しいが、10年で回復するという。イタリアで用いるコルクの三分の二はサルデーニャで生産され、ワインや床材や靴底として用いられる。

⓬城壁都市カステルサルドは北に突き出した岬にそびえる。

8月8日、**カステルサルド**Castelsardo、
ポルト・トーレス Port Torres

　アルゲーロから北東に車で1時間、カステルサルドへ⓬。お目当てのかご工芸博物館は高くそびえるドリア城の城壁の中にあった。息を切らせて坂道を登る。博物館にて、漁業用、食品保存用、パン粉ふるい用、といったかごの用途と模様について丁寧に説明してくれたエルコラーニ氏も、青いアシナラ湾を見下ろす絶景の前では無口である。鮮やかなアラゴン時代のマヨリカタイルが八角形平面の鐘楼のドームを飾る⓭。くねくねと細い路地を降りていくと、かご職人の工房があった。9歳から60年もかごを編み続けている職人のピーナさん⓮に、黒い三角形の模様の籠を購入したいと告げると、乾草を渦巻状に編み上げる手を休めずに、「製作日数で値段は決まる。4日かかったので40ユーロ」と言う。別の工房では5才から職人となったマドレーヌさんが110年前のかごを見せてくれ

た⓯。近隣に生息する小型のヤシ、パルマナナ（Palma nana）で編まれたかごは目が細く、編みも細かい。この非売品の代わりに、海の藻ポシドニア（Paglia marina）で編んだ鍋敷きを鈴木敏彦先生は20ユーロで購入した。細い坂道に家が立ち並ぶカステルサルドはどこも絵になる美しさで、後にここがイースターの時期にミステリアスな「聖月曜日」の儀式の舞台になることを、祭礼に関する寄稿記事から知った。

　昼食はエミリアーノの故郷であるポルト・トーレスに向かった。カリアリとアルゲーロに次ぐ3番目に人口の多い街は、夏の海水浴客のメッカでもある。偶然、彼の父上が通りかかり、後日、織物工場に一緒に出掛ける約束をとりつける。付近の立派なロマネスク教会の見学を勧められたが、暑さに負けて取材は断念した。後に合流する土屋和男先生の調査に期待しよう。

⓭カステルサルド大聖堂の鐘楼。アシナラ湾にマヨリカタイルが映える。

⓮工房兼店舗にて、かご編み職人のピーナさん。

⓯昔のかごを光に透かして目が詰まっていることを
見せてくれたマドレーヌさん。

⑯モーゴロにて1978年結成のス・トロバシュ織物協同組合（Su Trobasciu）では、昔ながらの織りの技法を研究、披露している。

⑰マリアントニア・ウル製織所にて天然染料で染めた糸を見せるジュゼッペ・デメラス（Giuseppe Demelas）氏。

8月9日、モーゴロMogoro、サムゲーオSamugheo、オリスターノOristano

　朝はいつも通りサッサリのバルに集合だ。エスプレッソかオレンジジュース、クロワッサンをカウンターで食べる何気ないひと時が、朝の儀式と化している。クロワッサンではヴオート（空っぽ）を選ばないと、チョコレートやジャムなど甘いフィリングが詰まっているので要注意だ。小腹を満たせばエルコラーニ氏の車に乗り換えて出発だ。今日はエルコラーニ氏の友人やエミリアーノの父上など総勢8名で一緒に南に2時間、モーゴロ手工芸品展示場に向かう。伝統工芸をモダンにアレンジした鞄、陶芸、アクセサリー、タペストリーの購入も可能なギャラリーだ。なかでも織物の実演には一同目が釘付けになった。花や噴水やユニコーンなど、生活に活力を与えるシンボルを織り込んでいく⑯。

　車で北上すること1時間、サムゲーオに向かった。バルバギア地方には百歳を超える健康な高齢者が多いことから、ナショナルジオグラフィック誌はこの土地をブルーゾーンと名付けている。マリアントニア・ウル製織所にて2代目のジュゼッペ・デメラス氏⑰に広い工場を案内してもらった。創業者であるマリアントニア氏には会えなかったが、元気な職業婦人であることは間違いないだろう。大型織機が立ち並び、女性の職人たちが五線譜のような設計図を見ながら手早く手を動かしサボテンやエイの模様を織り上げていく。世界各地のデザイナーから依頼が殺到し、ミラノ・サローネや各種展示会に打って出ては賞をさらう国際的な活動が、山奥で脈々と育まれていた。織物制作の深淵に迫るべく、8月末の泊りがけのワークショップにエミリアーノを派遣することが決まった。

　その後、すぐ傍のムラッツ博物館（サルデーニャ織物工芸地域博物館）にて近代の織物を見た。白地に同色の糸の結び目で模様を細かく施したピビオーネ技法の織物は花嫁が持参したベッドカバーで、制作には膨大な時間がかかったことがわかる。「モダンな幾何学模様はサルデーニャを代表するマリア・ライやエウジェニオ・タヴォラーラの織物だ」とエルコラーニ氏の解説を受け、だんだん織物を見る目が養われていくことに気づく。

⓲太古の人々もサンタ・クリスティーナの聖なる井戸の階段に座って、水を敬ったのだろうか。

⓳逆台形の石が正確に積み上げられている。

　夕方5時に近づいてきたが、我々の調査は終わらない。車で40分、オリスターノ近郊のサンタ・クリスティーナの聖なる井戸に向かう。この遺跡もヌラーゲ文明の一つで玄武岩が使われているが、真上から見るとかぎ穴のような形状で女性器を表しているという。サルデーニャ生まれなら一度は社会科見学で来ている場所だ。26段の階段に腰を降ろして休憩する仲間たち⓲。階段内壁の精巧な石の加工⓳を見て古代の知恵に思いを馳せる。18.6年ごとに井戸の丸穴から月の光が鉛直に入射し、春分と秋分の日には階段から太陽の光が入射して水底を照らす設計には驚きを禁じ得ない。アルゲーロに戻る道すがら、車に差し込むオレンジ色の西日が眩しかった。疲れを見せないエルコラーニ氏が、日暮れを意味する単語はトラモント（tramonto）だと教えてくれた⓴。総走行距離およそ400kmのグランドツアーであった。連日、朝早くから夜遅くまで案内してくれる親切に心から感謝した。

⓴体を横たえた巨人、カポ・カッチャ岬がオレンジ色に染まるアルゲーロの夕景。

㉓庭の大きな木の下で語らい食べるひととき。

㉑

㉒

8月10日、アルゲーロ Alghero

　美食ジャーナリストのジョバンニ・ファンチェ
ッロ氏とキュレーターのステファノ・レズミニ氏
が夕食に招待してくれた。ネットで名前を調べる
と、長年の交際を経て、2016年に初めてサルデー
ニャ市民として市庁舎で同性婚を挙げたことがニ
ュースになっていた。二人の邸宅はエルコラーニ
氏の設計で、アルゲーロの南の高台にある。月明
かりに吊り下げられたロウソク㉑や、花を散らし
た水盆㉒に囲まれて、食前酒の19年のベルモット
とズッキーニのフリットを頂く。本日は庭から採
れた自家製夏野菜のフルコースだと聞く。庭にセ
ッティングされたテーブルでは、お土産用のハー
ブのブーケが各自の席で香った㉓。前菜はズッキ
ーニと自家製ドライトマトとペコリーノのサラダ。
続いて、茹でインゲンとサルデーニャのフルーツ

のサラダ。カポナータのサルデーニャ風、アーモンド乗せ㉔。ひよこ豆のミネストローネのバジルソース乗せ。ロゼのスプマンテや2008年の香り高い赤ワインのセラモスカと良く合う。既に満腹だが、ファンチェッロ氏はキッチンでトマトソースを盛り付ける手を休めない㉕。ナスとパルメジャーノのオーブン焼きが給仕され㉖、食後酒にミルト、ドルチェにラズベリーとイチジク、サルデーニャのクッキー㉗を頂いた。この夜のために用意してくれた好意を思うと、苦しくても一口でも食べてお礼を言わなければいけない。その点、鈴木先生はアルコールに強く、ワイン外交が功を奏していた。島の人々にとって日本は遠い国だ。唯一、大日本帝国と裏に記されたカップ㉘が日本のイメージの手がかりだという。「日本の読者にサルデーニャの豊かな食文化と芸術を伝えたい」と二人が記事の執筆を約束してくれた。

㉔

㉕

26

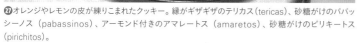
㉗オレンジやレモンの皮が練りこまれたクッキー。縁がギザギザのテリカス（tericas）、砂糖がけのパバッシーノス（pabassinos）、アーモンド付きのアマレートス（amaretos）、砂糖がけのピリキートス（pirichitos）。

28

㉙エメラルド海岸。右端に、ロシアの富豪アンドレイ・メルニシェンコ氏が所有する3本マストの
モーターヨットA（480億円）が見える。フィリップ・スタルクのデザインだ。

㉚クルーザーが停泊するポルトチェルヴォ湾。

8月13日、ポルト・チェルヴォ Porto Cervo、ポルト・ロトンド Porto Rotondo

日本でのサルデーニャの知名度は決して高くはないが、世界のセレブリティにとっては超高級リゾートの代名詞だ。夏になると、ディカプリオやビヨンセやジョージ・クルーニー、そしてスワロフスキーの創業家やアラブやロシアの富豪が自家用ジェットやクルーザーで島の北東部のエメラルド海岸へやって来る。しかし我々はヘリコプターで目的地に直行するわけにもいかず、いつも通りアルゲーロから車で向かった。エメラルド海岸での宿泊も検討したのだが、夏季の目の飛び出るような値段と予約の困難さに諦めざるをえなかった。まずサッサリの東でサンティッシマ・トリニタ・ディ・サッカルジア教会に寄り道した。エルコラーニ氏は岩石に詳しい。建物に用いられた岩を見るたび、触って確認することを求める。黒は玄武岩、白は石灰岩、灰色は砂岩、とクイズに解答すると満足そうだ。そしてようやくエメラルド海岸の中心地に到着した。海にはフィリップ・スタルクがデザインした3本マストの世界最大クルーザーが浮かび㉙、ポルト・チェルヴォ湾には船が停泊する㉚。1962年にイスラム系のアガ・ハーン4世が5000ヘクタールの静かな美しい入り江を購入して開拓し、1963年にミケーレ・ブシリ・ヴィチやルイージ・ヴィエッティ、クエルといった建築家と、インテリアデザイナーのアントニオ・スラらにガッルーラ地方の伝統建築と工芸を活かしたホテルを数軒作らせた。このエメラルド海岸様式は、高級ブランドの店舗㉛、カフェ、レストラ

㉛ディオールやブルガリの店舗もエメラルド海岸様式で統一されている。明るい色の外壁と
舗装された道がテーマパークのような印象を与える。

ン、アートギャラリー、その後に建てられた豪華なホテルに受け継がれた。と、エルコラーニ氏が説明してくれた。サルデーニャの発展には常に外国資本が介入してきた。各国の富裕層はクルーザーに食料と使用人を乗せてサルデーニャにやって来る。そしてサルデーニャでは数十万円のチップ付きの係留係の仕事が生まれる。ここでは一夏に一年分の経済が動く。隣のポルト・ロトンドはベルルスコーニ元首相の別荘もある有名リゾートだ。洋服のブティックを開いているエミリアーノの母上とご家族に会った。客足は夕方から夜11時頃まで続く。「残念なことに、リゾート客はサルデーニャの奥地やヌラーゲにまでは足を運ばない。この辺りは冬は人影を見ない」とエミリアーノとエルコラーニ氏が言った。サルデーニャとは、果たして真夏の楽園なのか。ジョバンニ・ピリアルヴ氏が撮り下ろした大自然の写真と寄稿記事はその葛藤に対する回答だ。サルデーニャで生まれ育った人たちは、必ずしも富が集中する場所だけがすべてではないことを知っている。

8月14日、サッサリ Sassari

　カンデリエリはロウソク型の巨大な神輿を担ぐお祭りで、12世紀にピサから植民地のサッサリに伝えられ、16世紀にペストの終息を祈願して始まった。待ち合わせ場所で車を止めた時には、祭礼のために駐車禁止区域があることや、半年後に日本で罰金支払いの通達を受け取ることは露ほども頭に浮かばなかった。

　鍛冶屋、靴屋、石工、肉屋、農民、仕立て屋など11の職業のグループごとに、朝9時からロウソクに見立てた木柱を旗やリボンで飾り付ける。広場で木柱を倒す練習も欠かさない。祭りのハイライトで荷重を物ともせず木柱どうしを「キス」させるらしい。夕方5時にカステッロ広場からパレードが始まった。太鼓や笛の音に先導された屈強な8人の担ぎ手が、くるくると回転したりジグザグと練り歩いたりしながら高さ3メートル、直径40センチ、約400キロの「ロウソク」を担いで練り歩く❷。メンバーの交代は無いので、翌日は筋肉痛で動けないと聞いたが、最上部ではイエスや聖ペテロの図像が見守り、道いっぱいの観客が声援で後押しする。ろうそくから伸びたカラフルなリボンを手にした女性たちや、黒いマントに身を包んだ街の顔役が伴走する。各社務所でろうそくを降ろし、乾杯したり食事を摂ったりしながら、1キロ先のサンタ・マリア・ベツレヘム教会に夜中の1時に着くまで行進は続く❸。エミリアーノたちに10日間の案内のお礼を述べて、7時前にアルゲーロへの帰途に着いた。

❸青は聖ヨセフを掲げた大工、緑は聖母マリアを掲げた庭師のグループのロウソク。

❷赤とクリーム色のロウソクは肉屋のグループが担ぐ。子供や女性が絹のリボンを引っ張り、顔役が後部に続く。聖マウリツィオがシンボルだ。

25

㉟山奥で泳ぐ贅沢が楽しめるプール。飲み物を注文し、デッキチェアでくつろげる。斜面にはオリーブの木とブドウ畑が広がる。

㉞ス・ゴロゴーネ・エクスペリエンスの母屋の入り口。

㊱テラスとバスタブ付きのヴィラ。刺繍や絵画や工芸品がふんだんに室内を飾る。

8月15日、オリエーナ Oliena

　8月15日は聖母被昇天の祝日、フェラゴストだ。イタリア各地で店は閉まり人通りが絶える。日本のお盆と同様に、家族や仲間が集まって過ごす。エミリアーノやエルコラーニ氏の強い勧めで、オリエーナにある4つ星高級ホテル、ス・ゴロゴーネ（Su Gologone）エクスペリエンスに宿泊した㉞。1泊5万円という価格設定は、エメラルド海岸に比べれば安いが、海からも遠く、周辺には何も無い山間部にしては強気だ。世界から旅行客を呼び込む高級ヴィラ型ホテルはどのように誕生したのか。

　1967年にジュゼッペ・パリモッデは狩りに来た外国人や地元客を対象に夫婦でレストラン兼宿泊施設を始めた。インテリアは、近隣のヌオーロ出身のスラスに依頼した。スラスは画家でありながらテレビや映画のセットや衣装を監修し、工芸プロデューサーとしてオリエーナの刺繍を靴に取り入れフェラガモやアメリカの企業にも売り込んだ人物で、インテリアデザイナーとしてエメラルド海岸の開発も担当していた。オリエーナの民家を下敷きに、地元の職人による家具や織物を飾る7棟のヴィラが完成した。2000年から、娘のジョヴァ

㊲農家の大きな暖炉に子豚の串刺しポルケッタが並ぶ。4時間かけて焼き上げる。

㊳サルデーニャにまつわる作家や美術の書籍を収集した図書室。

㊴モダンな布製品が充実した工芸品の工房。

ンナ・パリモッデ(Giovanna Palimodde)が経営を受け継ぎ、70棟に拡張した。フィレンツェで建築を学び、ロンドンで経営の学校に通い、サルデーニャに旅行客が皆無となる冬季に外国で行った宣伝活動は実を結び、近隣で映画を撮影したマドンナとガイ・リッチー監督とスタッフや、バルバギア地方でダビデ王の映画を撮影したリチャード・ギアや、ジャズフェスティバルで来訪したレイ・チャールズが宿泊客となった。広大な敷地には、プール㉟やレストランだけでなく、地元の芸術家や職人たちがインリアを仕上げたヴィラ㊱や、豚を丸焼きにする暖炉の小屋㊲、サルデーニャの書物が集められた図書室㊳、チーズ制作の実演や、刺繍や工芸品の工房㊴がある。あちこちに仮面やかごなど工芸品が飾られ、可愛らしいクッキーが差し出され㊵、敷地全体が体験型の野外博物館の様子を呈する。夜にはティスカリ・ドルガリ地方の民族衣装に身を包んだグループのフォークダンス㊶の披露もあった。こうして、ス・ゴロゴーネはバルバギア地方の文化と美食と伝統工芸を凝縮した国際的なリゾートとして名を馳せることになった。

㊵オリエーナのハート型のクッキー、ホリエドス(Sos horièddos)。蜂蜜とアーモンド味。

㊶ティスカリとドルガリ地域のフォークダンス。3組の男女が輪を作り内向きに歌い、踊る。

8月16日、
マモイアーダ Mamoiada、オラーニ Orani

　湧水の地、ス・ゴロゴーネからさらにバルバギア山脈のふもとへと車で30分走ったところに仮面のメッカ、マモイアーダがある。地中海仮面博物館では、衣裳や仮面の展示と、1月の有名な祭礼の映像の上映があった。木製の真っ黒い仮面と獣の毛皮と重い鈴を身に着けたマムトーネス12人と、真っ白い無表情の仮面と赤い上着と白いズボンを身に着けた侵略者のイソハドーレス8人が対になって冬の路上で踊る。仮面と衣装が演者の呼吸をさまたげ、酸素不足が陶酔と集中の境地へと誘う。恐ろしいほどの迫力だ。イソハドーレスに投げ縄で捕まえられた女性には幸運が訪れるというが、秋田のなまはげに捕まった子供と同様に、私だったら泣きたくなるだろう。傍に仮面の職人の店があ

った㊷。お土産にどうかと女店主に勧められたが、写真を撮らせてもらうに留まった。原始の宗教観、豊作のへ祈り、島外から侵略された文化を背景に、サルデーニャ各地では様々な仮面の祭礼が行われてきた。今回、島中で開催される仮面の祭礼の詳細を、写真家のジョバンニ・ピリアルヴ氏が撮影した写真と共に紹介できることを嬉しく思う。

　標高500メートルのオラーニはサルデーニャを代表する彫刻家、コスタンティノ・ニヴォラの美術館がある景勝地だ。しかしそこに到達するには急な細い坂道をくねくねと曲がる必要がある。サルデーニャに初めて来る観光客が気軽に立ち寄れる場所ではない。アルゲーロやカリアリのようなアクセス至便な都市に美術館を作るのではなく、不便であっても、作家の地元にアーカイヴを作ったあたりに、地元の人々の誇りと、日本で知られない経緯を伺い知った。しかしその彫刻作品を一度見たら、ある年齢以上の日本人は既視感を覚えるだろう。女性の母性を滑らかな大理石で表現した彫刻作品、「母」のシリーズは、1979年にジュディ・オングが「魅せられて」の歌で両腕を伸ばした時の半円形の衣装のシルエットを彷彿とさせる㊸。男性を表す彫刻がごつごつした形で構成されるのとは対照的だ㊹。二日後、車でウラッサイに向かっていると、手前のオシーニの村に見慣れた白い彫刻があった㊺。近づくとコスタンティノ・ニヴォラ広場とある。写真を撮っていると男性が近づいてきた。「この作品はマードレ（母）。知っています」と言うと、男性は自分の胸に手を当てて真顔で「私はパードレ（父）」と言った。当のニヴォラは長年アメリカに居住し、ボストン生まれの孫の俳優、アレッサンドロ・ニヴォラのノンノ（祖父）となった。

㊷地中海仮面博物館のあるコジモ通りにある仮面の工房。充実のラインナップだ。

㊸「母」の小さな彫刻の前で、ニヴォラ博物館のスタッフと撮影し取材を申し込む。

㊹ニヴォラのウオモ（男性）の彫刻は立方体の集合で出来ている。

㊺オシーニのコスタンティノ・ニヴォラ広場。2011年に命名され彫刻が設置された

㊷サルデーニャ東海岸のカーラ・ゴノネに昇る朝日。

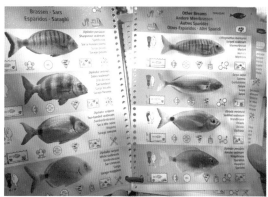
㊷縞模様のスズキやスズメダイが泳いでいた。

㊷東海岸トルトリ（Tortoli）産の牡蠣と、ヴェルメンティーノ種の白ワイン。

8月17日、カーラ・ゴノネ Cala Gonone

　午前6時37分、東海岸の海辺の町、カーラ・ゴノネにて日の出を拝んだ㊻。西のアルゲーロでは夕日が美しかったのと対照的だ。このオリエーナ地方は山奥にサンエナ・エ・トーメスの巨人墓やヌラーゲが点在し、オロセイ湾には洞窟や綺麗な海岸がある。2001年にカルトエ海岸でマドンナの主演映画「スウェプト・アウェイ」を当時の夫だったガイ・リッチー監督が撮影した。エメラルド海岸ほど敷居は高くない。スペインやフランスやドイツからの旅行客や家族連れで賑わっていた。ゴーグルと足ひれとスイムスーツ付きのシュノーケリングのツアーを予約すると、地元育ちのダイバーのチンツィアから電話がかかってきた。フランス人の四人家族と待ち合わせて一緒に海に潜った。波の影が縞模様に映る白い砂浜から、岩礁の上を白、黒、青や黄色の縞の魚が群れをなす沖へ、そしてウニが生息する洞窟へと泳ぐ1時間半コースだ。波と一体化する感覚を味わった。砂浜に上がると、チンツィアは木陰で魚のカードを広げて、今日見た魚を復習してくれた㊼。夕暮れに海沿いのシーフードレストランに出かけ、白ワインとタコのマリネ、トルトリ産の牡蠣を味わった㊽。翌日も同じ席を予約し、二日目の馴染み客として笑顔の接客を受けるのは鈴木先生の得意技で、伊勢エビ（アラゴスタ）を堪能した。

❺ニヴォラが水の声を形にした噴水。現在は周囲の人が感嘆の声を上げる。

8月18日、ウラッサイ Ulassai

　車で南下すること2時間、ウラッサイの村に向かう。電車も無く、飛行場もなく、車で向かう。ニヴォラと同様に、日本ではあまり知られていないマリア・ライの故郷を訪ねるためだ。1車線しかない細い道はヘアピンカーブを描き、山を登ったり下りたりする。古来よりバルバギア地方は山賊で悪名が高いとエミリアーノが言っていたことを思い出す。アンドレア・ルッツォーニ氏が記述したサルデーニャの歴史の記事の最後にも出てくるが、1861年のイタリア統一後、島の近代化は痛みと労力を伴うものだった。バルバギア地方の人々は土地の所有権を失い、経済的に困窮して一揆を起こした。盗賊は山奥や洞窟に隠れ住み、羊や馬などの家畜の窃盗や、身代金目当てや遺恨による誘拐と殺人を繰り返した。実際に、ウラッサイが輩出した最高の芸術家、マリア・ライは山賊に兄を誘拐された。無事に解放されたのも束の間、次は弟が誘拐され殺害された。マリア・ライは胸を痛めて故郷を離れることを選んだが、後年、作品制作のため故郷に呼び戻され錦を飾った。駅舎を改造した美術館では、パンと本をモチーフにした焼き物の作品や、近年ヴェネツィア・トリエンナーレで再上映されているアニメーションの作品を、スタッフに解説してもらった❹。作品の地図を片手にマリア・ライの屋外展示作品を訪ね歩いた。ハイライトはウラッサイの昔の洗濯場で、マリア・ライの織物の天井の下で、水道の栓をひねるとニヴォラ特製の銅製の瓦❺に水が流れ落ち噴水が流れる❺。マリア・ライはこの共作をこう振り返った。「私が作った大きな織機を見て、ニヴォラは洗濯する女たちの歌のようなものを作って合わせたいと言った。彼は鉛筆を取り、最後の作品を描いた」ニヴォラは癌を患っており、噴水が完成した翌年に亡くなった。

　作品を見て回るうちに昼食を食べ損ね、やっとレストランを見つけて飛び込むと、もう提供は終わったという。「水だけでも」と頼むと、可哀そうだと思ったのかパンとサラミとチーズを無料だと言って出してくれた。有難く頂戴してお礼を言い、空腹は夕食で満たすことにした。高速道路で渋滞に巻き込まれたが、日が暮れた頃にカリアリ付近のアグリツーリズモの宿にたどり着いた。オーナーとその家族は出前のピザを食べており、「今日は日曜だから食事は用意していない。パンとサラミとチーズならある」と言われた時には脱力した。翌朝、カウンターのラインナップにフルーツやタルトや卵やヨーグルトと並んでパンとサラミとチーズが存在するのを見て、核となる3品を常備する重要性を理解した。

❺一つだけニヴォラのサイン入りの瓦がある。

❹マリア・ライ美術館にてスタッフに『NICHE』の贈呈し掲載許可を尋ねる鈴木先生。

8月19〜22日、カリアリ Cagliari

　サルデーニャ最大の都市、カリアリ。高台から見下ろすと、眼下に新市街や海が広がる㉜。NICHE編集部の4泊の拠点になるのだからと、考古学博物館近くの旧市街、カステッロ地区のペントハウスを借りた。冷房が効き、見晴らしも良い。しかしエレベーターが無く毎日6階まで登るのはきつい。スーツケースを抱えた中島智章先生と香川浩先生が到着し、下界に降りるのが億劫になるという点で意見が一致した。

　カリアリでは知り合いが待っていた。『NICHE 01』の2011年からの国際交流の章で特集したミラノ工科大学のマルコ・インペラドリ先生とそのご家族㉝や、博士課程の学生だったクリスティーナ・プシェドゥさん㉞だ。マルコ先生は奥様の実家がサルデーニャにあるので毎夏に帰省しており、クリスティーナさんは2012年に工学院大学鈴木研究室に留学し、その後ミラノ工科大学を卒業して現代はサルデーニャの設計事務所で働いている。鈴木先生が持参したお土産は和三盆の菓子と、富士と令和の文字を染めた浅草の老舗の手ぬぐいだ。手ぬぐいは飾ったりスカーフがわりに肩にかけたりと喜ばれる。マルコ先生のプレゼントはサルデーニャ製のハート型の陶器だった。いつも軽くて薄いものを選ぶ鈴木先生と、ワインやバルサミコのボトルなど重いものを選ぶマルコ先生の趣味に、日伊の建築家の素材感覚の縮図を垣間見た。

　カリアリの見どころは多い。ローマ時代の円形闘技場やカリアリ大学を訪ね、サンベネデット市場の傍で寿司をつまみ、ローマ通りを歩けばニヴォラの彫刻が飾られたサルデーニャ地方評議会の建物に、そしてカステッロ地区ではマリア・ライ広場に出くわした。前者はレズミニ氏が執筆した記事に出てくる場所で、後者は2019年2月に偉大な芸術家の名を冠して除幕式を行ったばかりの場所だった。中島先生はサンタ・マリア・アッスンタ大司教座聖堂や象の塔をフィルムカメラで激写していた。カリアリ考古学博物館では高さ2m60cmのモンテ・プラマの巨人の像が見逃せない。本当に実在したのか、それとも墓を守るために建てられた空想の立像なのか。「日本人ですか」と興奮気味に話しかけてきた博物館職員のセルジオ・ポッル氏は、ヌラーゲの成り立ちに巨人が関与した可能性を語った㉟。巨人の大きな目玉や小さな口、垂らした三つ編みの髪はロボットにも見え、角が2本、目が四個、手が4本ある青銅像に至っては宇宙人ではなかろうか。日本の三内丸山遺跡の巨大木柱とも共通するミステリーがあるという。ロマンが広がったお礼に、前号の『NICHE』を贈呈した。

　筆者の希望はフラミンゴを一目見ることだ。カブラスの汽水域やオルビアも観察スポットだが、カリアリのモレンタルジュス・サリーネ自然公園に

㉜ カリアリ湾を望む。

㉝ ヴィットリオ・エマヌエーレ通りにてミラノ工科大学のマルコ・インペラドリ先生のご家族と。

㉞ 建築家のクリスティーナさんとご主人と1歳の女の子。

㉟「小さな青銅像とモンテ・プラマの巨人像はサイズや年代こそ違うが、戦士、ボクサー、弓をひく人を表している」と説明するセルジオ・ポッル氏。

いるという。6月初旬の生息数が最も多く、他の季節では朝夕の出現率が高い。8月末の夕立が上がった後の観察は危ぶまれたが、灰色の海を背景に、ピンク色の長い脚で風上に向かって歩き、頭を海に入れてはエビを探す姿をついに見ることが出来た。香川先生が装着した望遠レンズがフラミンゴを大きくとらえた❺❻。膝関節が人間とは逆に曲がって見えるが、そこは実はくるぶしにあたる。

カリアリから北に車で20分の距離にあるバルーミニのヌラーゲは、ユネスコ世界遺産に登録された最大級の集落遺跡だ。大勢の観光客がつめかけ、保全のためガイド付きのツアーでないと中に入れない。1940年代に考古学者のジョバンニ・リリュー（Giovanni Lilliu）が小山に埋もれていたヌラーゲを発見し、発掘を始めた。未だにヌラーゲの目的は謎に包まれているが、当時の人々が地面に穴を掘り、子豚の串焼きを食べていたことがわかっている。日本では縄文時代にどんぐりや木の実を主食として火炎式土器で鍋を楽しんでいたが、サル

デーニャでは既に紀元前15世紀には、肉の腸詰めを作り、パンを焼いていたのだ。確実に食にかける情熱が違う気がする。さらなる美食の歴史についてはファンチェッロ氏の寄稿記事をご覧頂きたい。

バルーミニからカリアリに戻る途中にサン・スペラーテ村がある。マルコ先生が推薦したショーラ庭園「音の庭」にはたくさんの彫刻が並んでいた❺❼。彫刻家のピヌッチョ・ショーラ（Pinuccio Sciola）は、この村で1942年に生まれた。フィレンツェの美術学校を卒業後、オーストリア、スペイン、メキシコで制作活動を行った。54才の時に故郷サルデーニャで作り始めたのが、玄武岩や石灰岩に平行や碁盤状の溝を刻んだ「音の石」である。ショーラは「石は大地が生み出した構造」と考えた。庭園のガイドが小さな石を握って、ハープ奏者のようにデモ演奏を披露した❺❽。風のような金属のような不思議な音が響く。サルデーニャに豊富にある石をダイヤモンドカッターで加工し、楽器型のメンヒルに変えるとは有りそうで無かった発想ではないか。石の巨匠が2016年に亡くなり作品の維持を考慮したのか、来場者には石の使用は許されていない。手では小さな音しか出せないが、それでも果敢にチャレンジして、魔法のような音色を奏でる価値は十分にあった❺❾。

❺❼ピヌッチョ・ショーラの音の庭（Giardino Sonoro）。楽器となる彫刻と、造形的な彫刻が並ぶ。

❺❻モレンタルジュス・サリーネ自然公園を速足で風上に向かうフラミンゴ。黄色い目、ピンクと黒のくちばし、赤い羽先が鮮やかだ。　Foto di Hiroshi Kagawa.

❺❽緩急をつけて石を滑らす演奏者。生前のショーラの演奏は動画で公開されている。

❺❾工学院大学から中島先生と鈴木先生による謎の東洋人デュオが誕生した。

❻ノヴェナーリオの期間を民族衣装と裸足で過ごす女性たち。カブラスの衣装の基本色は黄色と茶色だ。レースのブラウスの胸元に一対の金のボタンが光る。

8月23-24日、
カブラス Cabras、タロス Tharos

　カリアリを出発し、オリスターノで土屋先生とひと時落ち合って情報を交換し、カブラスに向かった。皆のお目当ては、島内最古のサン・ジョバンニ・ディ・シニス教会である。古風なビザンチン建築からエジプトの丸屋根との類似点を見出した香川先生の記事を参照されたい。それに先立ちサン・サルヴァトーレ教会を訪ねた。教会の井戸の開帳には立ち会えなかったが、陣内秀信先生の寄稿記事では貴重な井戸の写真を提供して頂くことができた。

　私たちが代わりにサン・サルヴァトーレ・ディ・シニス教会で会ったのは民族衣装を身に着けた裸足の女性たちだった❻。サルデーニャ伝統の民族衣装を身に着けている理由を聞くと、祭礼の9日前（ノヴェナーリオ）だからだと言う。事の起こりは1619年、イスラム教徒の侵略や略奪に対してカブラスの人々は聖人の像を抱いて長距離を逃げた。裸足（コルシカ語でスカルツィ）に枝を結び付け、派手に土ぼこりを立て歩いて大軍に見せる作戦が功を成し、イスラム教徒は撤退した。それ以来、9月第一週の土日に男性たちは白い服を身に着け裸足で走る「コルサ・デッリ・スカルツィ」の祭礼❼を行っている。土曜の夜明けにカブラス

❼カブラスの9月の行進「コルサ・デッリ・スカルツィ」。白一色の衣装は猟師に由来する。ほこりよけの布をかけて聖人像を運び全力で走る。
Cabras, la corsa degli Scalzi. Photo di Piscedda Odilia.

のサンタ・マリア・アッスンタ教会から神輿型のガラスケースに入ったサルヴァトーレ（救世主キリスト）の像を運び出し、7キロ先のサン・サルヴァトーレディ・シニス教会に向かう。そして日曜日の朝にラウネッダスやアコーディオンの演奏に送られミサを終え、夕方に再び聖像を抱えて元の教会に走る。一方、それに先んじて女性たちは「サントゥ・スラバドエッドゥ」と題して8月最後の金曜日に同じ往路を、9月第二週の月曜日に復路をたどる。男性たちとの違いは小さな像を運ぶことと、歩くことだ。祭礼の記事を訳す際に、サルデーニャではA地点の教会から聖像を持ち出してB地点の教会に運び、数日から一週間後に元の

㊷レストラン、巨人(イ・ギガンティ)にてボッタルガのスライスの一品。セロリとオリーブオイルが合う。

A地点に戻す形式が多いことに気づいた。日本の祭礼では神輿が町を一周して当日中に神社に宮入する形式を取るが、キリスト教や他の宗教では日数をかけて長距離を歩く巡礼が祭礼の根底にある。マルコ先生夫妻からサンティアゴ・デ・コンポステーラを訪ねたいと聞き、歩く意味を考えさせられた。

カブラスの考古学博物館は巨人の遺跡が発掘されたモンテ・プラマの地元であることから、カリアリよりも巨人像の展示が充実している。夕食では、巨人という名のレストランを訪ねた。特産のカラスミ㊷のスライス㊸やパスタが美味しかった。「日本人ならこの間『セアダス』の人たちが来た」とオーナー夫妻が言った。自由が丘にあるレストランのことだ。スペイン塔でも、切符売り場のレンツォ・カルス氏が「日本人かい。渋谷の『タロス』の人たちによろしく伝えてくれ」と言付かった。ワインと食の研修で従業員をサルデーニャに派遣しているレストランだ。どうやら東京とサルデーニャは食で結びついている。フェニキア人がタロスを植民都市にした際に、ボッタルガという魚卵の塩漬け技術をもたらしたように、食文化は

㊷3000年のボッタルガの製法を守る、グスティ・プレジアティの店。

国境を超えて世界に広がっていく。地中海におけるサルデーニャの位置づけについては香川先生の記事を、そしてタロスの遺跡の印象的な2本の柱については中島先生が撮影した表紙の写真をご覧頂きたい。巨人も関与したかもしれない、サルデーニャ各地の巨石文明については建築探偵こと藤森照信先生に記事を書きおろしていただいた。

8月25日、ボーザ Bosa

8月25日 サルデーニャ巡りの最終日は、カラフルな家々の壁面が美しいと評判のボーザに移動した❸。私たちは土産にコルクやミルト酒を探したり、最後の街歩きにいそしんだりした。鈴木先生はテモ川にて最後の釣りに挑戦した❸。緑や黄色やピンクの壁に囲まれた路地を黒猫が歩いていく。夕方にはアルゲーロからエルコラーニ氏とエミリアーノとサラが合流して『NICHE』の構成を練った❸。「サルデーニャのどこが一番印象的だったか」と尋ねられて答えに窮した。例えばスペイン系の末裔が住む都市アルゲーロと、小柄で肌の浅黒い人々が暮らしを営むカブラスでは印象がまったく異なる。どの土地にも個性豊かな文化や食べ物があった。ほぼ同じ面積の四国でさえ4県で個性が異なるのに、さらに県の数が多く、海外からの侵略と文化の融合を繰り返してきたサルデーニャを総括するのは困難だ。しかし多面的な紙面にしようと、皆で肩を組んでから別れた。

8月26日、帰路

翌朝、カブラスから車を走らせ、アルゲーロ空港❸から各都市を経て東京に戻ってきた。暑い夏の熱い体験が本書から伝われば幸いである。

❸パステルカラーのボーザの街並みと山の上のマラスピーナ城。

❸「釣果はニエンテ」ニエンテとは魚の名前ではなく、何も無いというイタリア語である。

❸アルゲーロから駆けつけてくれた仲間と旅の最後の集合写真。

❸サルデーニャから去る。

Foto scattata da Yuki Sugihara e Toshihiko Suzuki.

杉原有紀　Yuki Sugihara
1996　武蔵野美術大学造形学部映像学科卒業
1998　武蔵野美術大学院造形研究科デザインコース修士
2001　東京大学大学院工学系研究科先端学際工学専攻博士（学術）
2002　ポーラ美術振興財団若手芸術家としてパリ留学
2003　東北芸術工科大学プロダクトデザイン学科専任講師
2006−2008　東北芸術工科大学プロダクトデザイン学科准教授
2008　株式会社ATELIER OPA代表取締役

La storia della Sardegna

2章 サルデーニャの歴史

前ヌラーゲ時代

サルデーニャ文明が最初に表出したのは、旧石器時代または打製石器時代である。実際に発掘調査では、数々の道具や武器、石の破片や火打石や黒曜石や粘土で出来た日用品が出土した。前ヌラーゲ時代は20万年前から紀元前1900–同1800年までが含まれる。数年前にオリエーナのコルベドゥ洞窟にて、中石器時代の日常生活で使用された品々や、狩りで捕獲し当時の人間に捧げた動物の遺体が発見された。新石器時代の中でも磨製石器時代になると、それまで家や埋葬場所として使用していた洞窟を出て、狩猟、農業、飼育を始め、小屋の集落を形成し始めた。

4千年をかけてかなり進化したボヌ・イギヌ文化は、マーラ（サッサリ）に近い、最も重要な遺跡が見つかった洞窟から名づけられた。人々は島の領土のあちこちで小屋の集落に住み、農業が発展した。粗削りに性器を強調した小さな彫像は、母なる女神を崇拝していたことを表している。

紀元前2480–同1855年の銅器時代には初めて金属が用いられ、縁の硬い船底型の器が特徴的なオツィエリ文化や、フラスコ型の器が特徴的なモンテクラロ文化とアベアルズ文化、溝のついた陶器が特徴的なカンパニフォルム文化が普及した。死を崇拝する宗教が非常に発達し、地下を掘り抜いて作った豊かな装飾があるネクロポリス（共同墓地）はドムス・デ・ヤナスと呼ばれた。この時期、サッサリ付近のモンテ・ダコッディ遺跡の祭壇（ピラミッド）[1] や、ゴニ高原のプラヌ・ムテッドゥの巨石墓地遺跡といった巨石文明が現れ始めた。同時に青銅器時代（紀元前1800–同900年）と鉄器時代（紀元前800–同100年）が始まり、ヌラーゲ文明が発展した。

ヌラーゲ時代

ヌラーゲ時代は初めてヌラーゲが建設された紀元前1850年頃に始まり、紀元前238年頃に終わる。同時期にモンテクラロ文化とアベアルズ文化の地域では最初のヌラーゲの形が出現し、1000年の間に複雑な形に発展し、サルデーニャの人々にとっての歴史的なルーツやシンボルとなった [2]。ヌラーゲの時代はさらに古期、中期、後期、最終期、残存期の5段階に分かれる。古代、ヌラーゲは円形墳墓として出現した。中期のヌラーゲはボンナナ

サルデーニャの歴史

Breve storia della Sardegna

アンドレア・ルッツォーニ
Andrea Lutzoni

[1] モンテ・ダコッディ遺跡の祭壇、前ヌラーゲ時代、サッサリ
Altare di Monte d'Accoddi, periodo prenuragico, Sassari.
Foto di Giovanni Piliarvu.

[2] プトレマイオスが分類した
ヌラーゲ時代の部族分布
Mappatura delle tribù nuragiche
secondo il geografo greco Tolomeo.

Età prenuragica.

Le prime manifestazioni di civiltà sarda risultano appartenere al Paleolitico, detto anche Età della pietra scheggiata: sono infatti rinvenuti negli scavi numerosi strumenti, armi e utensili di uso quotidiano, realizzati con schegge di pietra, selce, ossidiana e argilla.

L'età prenuragica si sviluppa nel periodo che parte da 200.000 anni fa fino al 1900-1800 a.C.

Del Mesolitico, Età della Pietra, sono stati rinvenuti, pochi anni fa, nella grotta Corbeddu a Oliena, oggetti utilizzati nella vita di tutti i giorni e resti di animali catturati durante la caccia, cui si dedicava l'uomo in quel periodo.

Solo nel Neolitico, Età della Pietra levigata, si inizia ad associare alla caccia, l'agricoltura e l'allevamento, con il conseguente abbandono delle grotte, utilizzate fino a quel momento come abitazioni e come luogo di sepoltura, per costituirsi in villaggi di capanne.

Nel corso del IV millennio si manifestò una cultura più evoluta, detta di Bonu-Ighinu, dal nome di una grotta presso Mara dove sono stati ritrovati i resti più significativi.

Questa popolazione, diffusa su tutto il territorio dell'isola, viveva in villaggi di capanne e aveva fatto progredire l'agricoltura. Praticava il culto della Dea Madre, che rappresentava con statuette rozzamente scolpite e dai caratteri genitali accentuati.

L'età del Rame, detta anche Eneolitico (2480–1855 a.C.), è il periodo in cui vengono utilizzati i primi metalli e si diffonde la cultura di Ozieri, caratterizzata da tazze carenate a profilo rigido e vasi a fiasco, la cultura di Monte Claro e Abealzu, con ceramica scanalata, e la cultura Campaniforme. Il culto dei morti è molto sviluppato: vengono utilizzate delle necropoli ipogeiche scavate e spesso decorate dette domus de janas. È in questo periodo che comincia a comparire il megalitismo: l'altare a terrazzo di Monte d'Accoddì [1] vicino a

Sassari e la necropoli megalitica di Pranu Muttèdu sull'altopiano di Goni. Con l'età del Bronzo (1800–900 a.C.) e del Ferro (800–100 a.C.) inizia e si sviluppa la civiltà nuragica.

Età nuragica.

Il periodo inizia con la costruzione dei primi nuraghi intorno al 1850 a.C. e termina intorno al 238 a.C.. Nello stesso periodo e nelle stesse aree di Monte Claro e Abealzu appaiono le forme iniziali dei nuraghi che nel corso del loro sviluppo millenario assumono forme complesse, divenendo il simbolo e insieme la radice storica del popolo sardo [2].

L'età nuragica viene ulteriormente suddivisa in cinque fasi: arcaica, media, recente, finale e della sopravvivenza. Il nuragico arcaico vede la comparsa dei nuraghi a tholos; il nuragico medio è caratterizzato dalla cultura di Bonnanaro con la costruzione delle torri nuragiche singole; il nuragico recente invece è costituito dall'origine e dallo sviluppo del nuraghe plurimo e complesso che rappresentano buona parte del patrimonio archeologico isolano con circa duemila esemplari su settemila di carattere singolo.

[3] コッドゥ・ヴェッキウの巨人の墓。紀元前1800—紀元前1600年、アルツァケーナ
Tomba dei giganti di Coddu Vecchiu, 1800–1600 a.C. circa, Arzachena (SS). Foto di Giovanni Piliarvu.

ロ文化の特色を成す単一の塔として建てられた。一方、後期のヌラーゲは初めから複数の塔が複合的に構成されて発展した。ヌラーゲ7000基のうち約2000基がこの型で、サルデーニャの考古学的遺産の大半を表す。複合型のヌラーゲは隆起した地域にあり、城塞や囲いで内側の家や墓や聖なる井戸を守った。死者は巨人の墓 [3] に集団で埋葬され、この時代の道具や宝石や青銅製の武器が豊富に出土した。

　ヌラーゲの最終期の特色は、サルデーニャ人の航海によるエトルリア人やギリシャ人との商業取引と、文化として優れた発展を遂げた冶金分野である。ヌラーゲはもはや建設されなかった。個々に埋葬する習慣が普及し、ヌラーゲは拡張、再構築、解体されたり、宗教的な場所に変えられたりした。カルタゴ人が来なかった内陸のヌラーゲだけが生き延びてヌラーゲ文明を伝えている。幾つかのヌラーゲは神殿として用いられた。

フェニキア人

ヌラーゲ文明が最も進展し独創的に発展した紀元前850年頃、地理的な利点からフェニキア人が頻繁にサルデーニャに立ち寄り始めた。何年も商業取引を重ねて、7世紀には安定した存在感を示した。フェニキア人はスルチス（現サンタンティオコ）、カラリス（現カリアリ）、ノラ、タロス、ビ

ージャ（現チア）に最初の都市を作った。すべて海洋貿易を進めるための港湾都市である [4]。都市の拡大にともない人口が増え、豊かになり、サン・スペラーテ、モナスティール、セッティモ・サン・ピエトロといった（現カリアリから北の）内陸部に町を拡大していった。沿岸に代わり、カルボニアに近いシライ山の砦が軍事機能を果たし、スルチス・イグレジエンテのたいへん肥沃な平野を守った。

カルタゴ人

数十年が経つとフェニキア人に代わりカルタゴ人が到来した [5]。紀元前510年に征服者のカルタゴ人が島を占領し、土地を開拓し農業と牧畜のため牧草地を搾取した。カルタゴ人は内陸に押し入り、スー・ヌラージ・ディ・バルーミニを破壊した。そして平原へ至る道に戦略的に要塞を建て、破壊を免れて内陸の山間部（バルバギア）に避難していたサルデーニャ人が戻らないよう監視した。数多くの集落が発達し、陶器や宝石を生産して都市が繁栄したが、文化と宗教は古代ギリシャの世界から大きな影響を受けた。時間が経つにつれ商売やカルタゴ文化の浸透によって、カルタゴ人と山間部のサルデーニャ人との関係は平和になり、両者の民族的な融合も進んでいった。

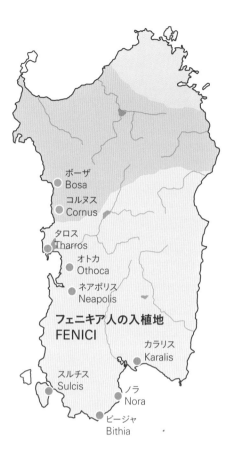

[4]フェニキア人の入植地。紀元前10～紀元前7世紀
Insediamenti fenici tra il X e il VII secolo a.C.

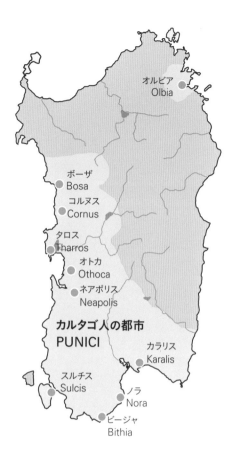

[5]カルタゴ人の占領地。紀元前6世紀
Espansione cartaginese del VI secolo a.C.

I complessi nuragici sono situati in zone rialzate e difese da muraglie e recinti e comprendono abitazioni, tombe e pozzi sacri: in questo periodo abbondano utensili, monili e armi di bronzo; i morti hanno sepoltura collettiva nelle tombe dei giganti [3].

Il periodo detto nuragico finale è segnato degli scambi commerciali con Etruschi e Greci, grazie anche alla presenza della marineria sarda, ed è caratterizzato da un forte sviluppo sia nel settore metallurgico che culturale.

Non vengono più costruiti i nuraghi: alcuni vengono ampliati o ristrutturati, altri demoliti o trasformati in luoghi di culto; si diffonde la cultura della sepoltura individuale. Il nuragico della sopravvivenza vede la civiltà nuragica solo nelle zone interne in cui non c'è stata presenza punica e alcuni nuraghi vengono trasformati in templi.

Fenici.

Nel momento di maggiore e più originale sviluppo della civiltà nuragica, intorno all' 850 a.C., attirati dalla posizione geografica, i Fenici iniziano a frequentare la Sardegna. Dopo anni di scambi commerciali, nel corso del VII sec. a.C. la loro presenza divenne stabile.

Le prime città fenicie sorsero a Sulki (S. Antioco), Karalis (Cagliari), Nora, Tharros e Bythia (Chia), tutte zone costiere che permettevano un più agevole commercio via mare [4]. Solo con l'espansione delle città, che pian piano diventano popolose e ricche, inizia l'espansione verso l'interno a San Sperate, Monastir e nei pressi di Settimo San Pietro. Una funzione militare aveva invece la cittadella di Monte Sirai, vicino a Carbonia, a difesa della pianura fertilissima del Sulcis-Iglesiente.

Cartaginesi.

Nel giro di pochi decenni ai Fenici si sostituiscono i Cartaginesi [5]. I conquistatori punici si impadroniscono dell'Isola nel 510 a.C., sfruttandone le terre e i pascoli per l'agricoltura e la pastorizia. Si spinsero fino all'interno distruggendo la reggia nuragica di Barumini e costruirono altre fortezze in posizioni strategiche per controllare le vie di accesso alle pianure e il ritorno dei sardi che nel frattempo si erano ritirati tra le montagne dell'interno. Si sviluppano numerosi insediamenti e le città diventano più prospere grazie alla produzione di ceramiche e gioielli, ma anche grazie alla cultura e alla religiosità che sono notevolmente influenzate dal mondo ellenico. Col passare del tempo, i rapporti con i sardi delle montagne, grazie alle relazioni commerciali e alla penetrazione dei modelli culturali punici, si fecero più pacifici e la fusione anche etnica tra sardi e cartaginesi divenne un dato concreto.

ローマ人

ローマ人とカルタゴ人は西地中海の支配をめぐって対立した。ローマ人の支配は紀元前238年に始まり西暦476年まで続いた［6］。サルデーニャの人々は何年も抵抗したためローマ人にとって征服は容易ではなかった。紀元前215年にサルデーニャが敗北した決定的な要因は、反乱を率いたアンプシコラが戦闘中の息子イオストの死を知り自殺したからだと考えられる。ローマ人の統治下でも、サルデーニャ人は言語と宗教においてサルデーニャおよびカルタゴの伝統と文化的につながっていた。かなり後に陶磁器においてローマ文化が普及し、公会広場、神殿、温泉、彫刻、モザイクが作られた。また、初めて島の主要都市をつなぐ道路網が整備された。サルデーニャはローマの穀倉地帯となり、カラリスとタロスは最重要都市であったが、トゥリス・リビゾニスや、ローマ人の植民地として今日のポルト・トーレス［7］、フォルム・トライヤニ（現フォルドンジャーヌス）、ボーザといった新しい中心地も作られた。1世紀からはキリスト教がサルデーニャに広まった。最初の司教区はカラリスとトゥリス・リビゾニスのタリスで作られた。サルデーニャには、ストゥルノ、エフィジオ、プロト、ジャヌアリオ、レパラタ、レツティトゥラ等の殉教者がいた。実際に言語もローマ化が進んだ。ローマの衰退とともに沿岸都市や農耕地は放置され荒廃がまん延した。ヴァンダル族にとっての格好の略奪の的として、襲撃と破壊が約100年間続いた。

ビザンツ帝国時代

ヴァンダル王国はビザンツ人によって破壊された。534年にユスティニアヌス1世［8］とビザンツ帝国（東ローマ帝国）軍がサルデーニャに到着して占領した。地方の裁判官一名を任命し、特に山岳地帯の境界での活動に専念させた。なおざりになった無防備な海岸は、カリアリに定住した東ゴート族が容易に支配した。しかし1年ほどで東ゴート族はビザンツ帝国のナルセスに敗れた。この時期の特徴は、重い徴税とわずかな経済発展と再建である。教会とビザンツ帝国との間の宗教論争は、サルデーニャの政治状況を不安定にした。支配者の関心が薄かったため、サルデーニャの島民は自発的に組織を形成した。597年にサルデーニャ人はランゴバルド人の侵攻を撃退し、その後イスラム軍の襲撃を撃退した。これがジュディカートが確立する第一歩となった。

［6］ローマ人の占領地。紀元前3世紀
Conquista romana del III secolo a.C.

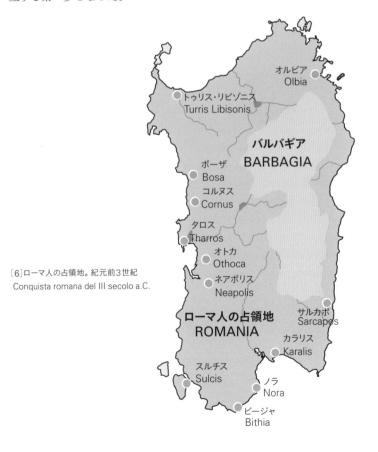

[7] バルバロ王の邸宅、トゥリス・リビゾニスの考古学遺跡。1世紀、ポルト・トーレス
Palazzo di Re Barbaro nel complesso archeologico di Turris Libisonis, I secolo d.C., Porto Torres (SS).
Foto di Giovanni Piliarvu.

[8] ビザンツ帝国皇帝ユスティニアヌス1世 (482–565)
L'imperatore bizantino Giustiniano I (482–565).

Romani.

Questo mondo fu messo a dura prova quando Roma e Cartagine
entrarono in conflitto per il controllo del Mediterraneo Occidentale.
La dominazione romana inizia nel 238 a.C. e si protrae fino al 476
d.C. [6]. Una conquista non facile contrastata per diversi anni dalla
ribellione delle popolazioni sarde alla sottomissione, fino alla defini-
tiva sconfitta avvenuta nel 215 a.C. in cui il capo della rivolta
Ampsicora si suicidò, pare, dopo aver appreso della morte del figlio
Iosto in battaglia.

Nonostante l'imposizione politica romana, la Sardegna rimane
culturalmente legata alle tradizioni sarde e puniche sia per la lingua
che per il culto; solo più tardi inizia a diffondersi la cultura della
ceramica romana e cominciano a sorgere fori, templi, terme, sculture
e mosaici.

Nasce inoltre una primitiva rete stradale, ben tracciata e curata,
che collega le principali città dell'Isola. La Sardegna diventa il
granaio di Roma; Karalis e Tharros sono le città più importanti, ma
sorgono e si sviluppano anche nuovi centri come Turris Libisonis
(una colonia romana sorta presso l'odierna Porto Torres) [7], Forum
Traiani (Fordongianus) e Bosa.

Fin dal I sec. d.C. in Sardegna si diffuse il Cristianesimo: si
formarono le prime diocesi a Karalis e a Turris Libisonis. L'isola ebbe
i suoi Martiri: Sturno, Efisio, Gavino, Proto, Gianuario, Reparata
Restituta ed altri.

Di fatto, anche la lingua comincia a romanizzarsi. La decadenza
di Roma trascina con sé anche l'Isola e il degrado dilaga con l'abbandono delle città costiere e dei terreni agricoli. Diventa così facile
preda dei Vandali che per circa cento anni la sottopongono a conti-
nue razzie e distruzioni.

Età bizantina.

Il regno vandalo venne distrutto dai Bizzantini che arrivano in
Sardegna con Giustiniano [8] e la occupano nel 534; si insedia poi un
Judex Provinciae che si dedica soprattutto ad un'attività ai confini
delle zone montuose. Le coste, trascurate e indifese, diventano facile
preda degli Ostrogoti che, insediatisi a Cagliari, vi rimangono per
un anno finché vengono sconfitti da Narsete in nome dell'impero
bizantino. Questo periodo è caratterizzato da forti pressioni tributa-
rie e scarso sviluppo economico e di riedificazione. Le controversie
religiose tra Chiesa e Bisanzio rendono instabile la situazione politica
dell'Isola. Lo scarso interesse dei dominatori porta così gli isolani a
organizzarsi sempre più autonomamente: nel 597 i sardi respingono
un'invasione longobarda, poi le incursioni musulmane.

È il primo passo verso l'affermazione dei giudicati.

[9] サルデーニャのジュディカート4国 10〜15世紀
Giudicati sardi, a partire dal X fino al XV secolo.

ジュディカート時代

ジュディカート時代（8世紀半ば–11世紀）は、サルデーニャの歴史の中で最も素晴らしい時期だといえよう。ビザンツ帝国にほぼ完全に放置された島民は、政治的な組織を形成し四つの国が始まった[9]。ログドーロ国（またはトレス国）は、自然に農業と飼育が起こりやすい島の北西部で発展した。ガッルーラ国は最小かつ最貧の国で島の北東部で発展した。中央西部に発達したアルボレア国は領土が広く、農業と牧畜の活動のバランスが良かった。南東部で発展したカリアリ国（またはプルミノス国）は最も大きく豊かだった。

　各国は君主ではなくジュディーチェが率いた。民主主義のシステムを導入し、実際に最も重要な決定は、人々を代表する議会（司法の冠、コロナ・デ・ログ）に任された。ログまたはレンヌと呼ばれた国は役人（クラトーレ）が運営する州（クラトリア）で構成され、その下に地元の行政官が運営する村が含まれた。主たる活動は古代からの方法による農業と家畜の飼育、ささやかな採掘と塩の生成だ。交換の道具となるお金は存在しなかった。この時期には、ベネディクト会、カマルドリ会、マルセイユのヴィクトール会などの修道院からキリスト教の命令が数多く発布された。この閉鎖的で単純な社会の仕組みはアラブ人には勝ったものの、近隣と間接的にも連絡を取り合うことができなかった。

ジェノヴァ共和国とピサ共和国

11世紀初頭、再びスペインのアラブ人からの脅威が迫ってきた。（訳注＊ムスリム指導者の）エミール・デニア・ムガヒドは、イスラム教徒が地中海全体を支配し領土を拡大する計画を立てた。1015年にムガヒドはサルデーニャ島へ船を組織し上陸した。サルデーニャ人は必死で防御したが侵入者を止めることが出来なかった。島は敵の手に落ちる運命だと思われた。

　しかし、ピサとジェノヴァはサルデーニャでのアラブ人の存在を懸念して、海上の支配力を強化した。1016年、教皇の支持を得た二都市（の連合軍）はサルデーニャ島に遠征し、サルデーニャ人を助けて解放した。ジュディカートに受け入れられたピサとジェノヴァは、まず商業から、次に政治に上手く介入した。1187年にカリアリ国は初めてピサからグリエルモ・ディ・マッサを指導者（ジューディチェ）に迎え、ガッルーラ国もジュディカートの後継者であるエレナ・ディ・ラコンが1205年にピサのランベルト・ヴィスコンティと結婚してピサの手に落ちた。ジェノヴァのドリア家とスピノーラ家は、ログドーロ国のジュディカートの一族と姻戚関係を結び、多数の土地を所有した。

アラゴン連合王国

ローマ教皇ボニファティウス8世は、アラゴン王ハイメ2世に、イタリア領の司教座の武装（＊シチリア島の譲渡）と引き換えにサルデーニャを領地として与えた。アラゴン人はサルデーニャをアフリカ沿岸の探索と領土拡大の絶好の拠点とみなした[12]。しかしこの新たな公式の支配者は、古くからサルデーニャの議会と同盟国であるピサ[10]とジェノヴァ[11]に対処する必要があった。ジュデ

［10］ピサの領土と商業活動地。
12世紀
Territori conquestati da Pisa nel XII secolo

ピサ
PISA

コルシカ
CORSICA

ガッルーラ
GALLURA

ピサが征服した領土
Territori conquestati da Pisa

ビザンチン帝国
Impero BIZANTINO

アルボレア
ARBOREA

カリアリ
CAGLIARI

ナポリ
Napoli

十字国家
STATI CROCIATI

シチリア王国
Regno di SICILIA

ピサの商業活動地
Aree di forte penetrazione commerciale

［11］ジェノヴァの領土と商業活動地。
13〜14世紀
Espansione di Genova nel XIII e XIV secolo

モナコ
Monaco

ジェノヴァ
GENOVA

ジェノヴァの領土と植民地
Territori o colonie Genovesi

コルシカ
CORSICA

サルデーニャ
SARDEGNA

ジェノヴァの商業活動地
Aree di forte penetrazione commerciale

アレキサンドリア
Alessandria

［12］アラゴン連合王国の領土。
13〜15世紀
Espansione catalano-aragonese tra il XIII e il XV secolo.

Saragozza

Barcellona

アラゴン連合王国
Corona d'ARAGONA

サルデーニャ
Regno di SARDEGNA

Napoli
ナポリ王国
Regno di NAPOLI

Atene
アテネ公国
Ducato di ATENE

シチリア
SICILIA

ィカートと（＊アラゴンと連合した）カタルーニャ王の間で激しい戦いが続いた。アラゴン人は封建主義を強制的に導入し、最も忠実な協力者だけに屋敷と領土を授けた。植民地総督の最重要職務は人々を裁判所に召集し、司法および軍事的に決定することだった。しかし、サルデーニャ人は封建主義に強く抵抗し、議会は島のおよそ半分を支配し続けた。

　1392年にアルボレア国のジュディチェッサ（女性のジューディチェ）のエレオノーラがサルデーニャ語で記した民法と刑法（カルタ・デ・ログ）を発布した。1409年、サンルリの戦いの最中にアラゴン王（＊シチリア王）マルティン1世がナルボンヌ副伯ギョーム2世率いるアルボレア国の軍隊を破り、アルボレア国の自治権を終了させた。その後すぐマルティン1世はマラリアで亡くなり、カリアリ大聖堂に埋葬された。

　1469年にカスティーリャの王女イサベルとアラゴンの王子フェルナンドが結婚してスペイン王国が誕生したため、サルデーニャはスペイン領になった。スペイン人が海岸を守るために数多く建てた塔は今日も現存する［13］。そして1620年にカリアリ大学が誕生した。

オーストリア
1700年のスペイン継承戦争と1713年のユトレヒト講和条約で、サルデーニャはオーストリアに割譲された。

［13］聖エフィジオのコルテラッツォの塔。プーラ、カリアリ
Torre del Coltellazzo, 1607, Pula (CA). Foto di Giovanni Piliarvu.

Età giudicale.

L'età giudicale (metà VIII sec.– XI sec.) può dirsi il periodo più bello della storia sarda: gli isolani, quasi del tutto abbandonati a loro stessi dai bizantini, iniziano ad organizzarsi politicamente. Si formano quattro regni [9]: Torres o Logudoro, che si sviluppò nella parte nord occidentale dell'isola su territori predisposti naturalmente all'agricoltura e all'allevamento; Gallura, che si sviluppò nella parte nord orientale dell'isola e che era il regno più piccolo e più povero; Arborea, che si sviluppò nella parte centro occidentale, ricca di territori e sede di una equilibrata attività agro-pastorale; Cagliari o Pluminos, che si sviluppò nella parte sud orientale, era il giudicato più esteso e più ricco.

Ciascuno dei regni fa capo a un giudice che non è sovrano, ma coordina un sistema democratico: le decisioni più importanti infatti spettavano ai rappresentanti del popolo nella Corona de Logu. Il regno, appunto, era detto Logu o Rennu ed era diviso in province dette Curatorie (rette da ufficiali regi detti curatori) che comprendevano un certo numero di paesi (a capo di ciascuno dei quali vi era un maiore de villa). Le maggiori attività erano l'agricoltura e l'allevamento del bestiame praticate con sistemi arcaici, una modesta attività mineraria e di estrazione del sale; non esisteva la moneta come strumento di scambio. In questo periodo si insediarono numerosi ordini religiosi di tipo monastico come i Benedettini e i Vittorini di Marsiglia e i Camaldolesi.

Questa società semplice e chiusa in se stessa seppe difendersi vittoriosamente dagli Arabi ma non riuscì ad entrare in contatto, se non marginalmente, con gli altri suoi vicini.

Genovesi e pisani.

Agli inizi del secolo XI la minaccia degli Arabi della Spagna si fece nuovamente sentire con forza. L'emiro Denia Mugahid concepì il disegno di estendere la dominazione mussulmana sul Mediterraneo. Nel 1015 organizzò e attuò uno sbarco in Sardegna. La disperata difesa dei Sardi non bastò questa volta per fermare gli invasori; sembrò che l'isola fosse destinata a cadere in loro possesso. La presenza araba in Sardegna preoccupava Pisa e Genova, la cui potenza marinara si andava consolidando: nel 1016 le due città, incoraggiate dal papa, organizzarono una spedizione in Sardegna e con l'aiuto dei Sardi la liberarono. I Giudicati si aprirono a Pisa e Genova che cominciarono ad insinuarsi prima commercialmente, poi politicamente: nel 1187 Cagliari ebbe il primo giudice pisano, Guglielmo di Massa, nel 1205 anche la Gallura cade nelle mani dei pisani grazie al matrimonio dell'erede del giudicato Elena di Lacon

con Lamberto Visconti. Anche i Doria e gli Spinola si imparentarono con la famiglia giudicale di Torres, divenendo così proprietari di numerose terre.

Aragonesi.

Gli aragonesi arrivano in Sardegna grazie al papa Bonifacio VIII che diede in feudo l'Isola a Giacomo II d'Aragona in cambio di assistenza armata alla Santa Sede sul territorio italiano [12]. Per gli aragonesi la Sardegna rappresenta un ottimo punto di appoggio per i viaggi verso la costa africana e quindi verso l'espansione. I nuovi proprietari ufficiali però devono fare i conti con i Pisani [10] e i Genovesi[11], antichi alleati, nonché con la Corona: ne seguono dure battaglie tra giudicati e re catalani. Gli aragonesi introducono prepotentemente il feudalesimo, concedendo ville e regioni solo ai più fedeli collaboratori. La carica più importante era quella del Viceré, il quale convoca le cortes e dispone del potere giudiziario e militare.

Nonostante tutto, la resistenza dei sardi al feudalesimo è forte e la Corona continua a controllare circa metà dell'Isola.

Nel giudicato d'Arborea, nel 1392, la giudicessa Eleonora emana la Carta de Logu, un codice di leggi civili e penali scritta in sardo volgare. Nel 1409, durante la battaglia di Sanluri, Martino il Giovane, infante d'Aragona, sconfiggeva le truppe del giudice d'Arborea Guglielmo III di Narbona, ponendo fine all'autonomia d'Arborea. Poco dopo Martino il Giovane muore di malaria e viene sepolto nella cattedrale di Cagliari.

Nel 1469 Isabella di Castiglia sposa Ferdinando d'Aragona unificando la Spagna, di conseguenza il Regno di Sardegna diventa spagnolo. A difesa delle coste vengono costruite numerose torri [13], ancora oggi esistenti e nel 1620 nasce l'Università di Cagliari.

Austriaci.

Con la guerra di successione spagnola del 1700 e la conseguente pace di Utrecht firmata nel 1713, la Sardegna viene concessa agli austriaci.

[14] サルデーニャ国王カルロ・フェリーチェの記念碑。アンドレア・ガラッシ作。カリアリの歴史的中心市街地、1830年
Monumento a Carlo Felice di Savoia, realizzato da Andrea Galassi nel 1830,
 collocato nel centro storico di Cagliari.

サルデーニャ・ピエモンテ王国

1720年2月17日のハーグ条約にてイギリスが合意し（＊四国同盟）、サヴォイア公国（＊ピエモンテのトリノが首都）のヴィットーリオ・アメデーオ2世はシチリアをオーストリア（＊神聖ローマ帝国）に譲渡して、代わりにサルデーニャを得た。こうしてスペイン王国の支配は終わった。ヴィットーリオ・アメデーオ2世は第3代サルデーニャ国王となり、サルデーニャ政府に副王を派遣した。新しい作物の導入により農業が再び発展し、スペイン人が放棄したカリアリとサッサリの大学が再び流行した。1821年に第6代サルデーニャ国王カルロ・フェリーチェは囲い込み王令を発行して私有地の囲い込みを許可したが、牧畜で損害が生じた。カルロ・フェリーチェは、エレオノーラが発布したカルタ・デ・ログに代わる民法および刑法の法典を1827年に公布した。ローマ時代の道路を整理して、道路網が改善された。カリアリのカルロ・フェリーチェ像［14］が（実際の位置は正しくないが）カリアリとポルト・トレスの接続を示しているのは偶然ではない。カルロ・アルベルトの代になると封建制は廃止され、自治体と住民は土地を買い戻すために多額の支払いを行った。1847年にサルデーニャはピエモンテと合併して自治権を失い、1861年にはイタリア王国の一部となった[15]。

[15] イタリア統一の基礎を築いたサルデーニャ王国。1861年
Il Regno di Sardegna nel 1861

オーストリア領
Dominazione
AUSTRIACA

教皇領
Stato
Pontificio

サルデーニャ王国
Regno di
SARDEGNA

Il regno sardo-piemontese.

Il trattato dell'Aja del 17 febbraio 1718 stabilisce che, secondo gli accordi di Londra, Vittorio Amedeo II di Savoia ceda la Sicilia all'Austria in cambio della Sardegna. Finisce così definitivamente il dominio spagnolo. Vittorio Amedeo diventa re di Sardegna e manda al governo un viceré. Si sviluppa nuovamente l'agricoltura con l'introduzione di nuove colture, ritornano in auge le università di Cagliari e Sassari abbandonate a se stesse dagli spagnoli. Nel 1821 Carlo Felice emana l'Editto delle Chiudende, permettendo la recinzione delle proprietà private, che però danneggiò la pastorizia; nel 1827 emana il Codice di leggi civili e penali che sostituisce l'ormai radicata Carta de Logu di Eleonora d'Arborea. Anche i collegamenti stradali furono migliorati, non a caso la statua di Carlo Felice a Cagliari [14] dovrebbe indicare (di fatto la posizione è errata) il collegamento, tra Cagliari e Porto Torres, risistemato sull'antico tracciato romano. Con l'arrivo di Carlo Alberto fu abolito il feudalesimo e sia i comuni sia gli abitanti pagarono grandi cifre per riscattare le terre. Nel 1847 la Sardegna si fuse al Piemonte perdendo l'autonomia e nel 1861 entra a far parte del Regno d'Italia[15].

La Sardegna contemporanea.

La situazione di arretratezza sociale ed economica, i problemi aperti dopo l'Editto delle Chiudende rimasero per decenni in tutta la loro drammaticità; ben presto fu chiaro che la rinuncia agli ordinamenti del Regnum Sardiniae, voluta soprattutto dalle èlite urbane, aveva portato ad un maggior distacco tra città e campagna e a un maggior isolamento delle masse popolari delle zone interne. L'unificazione del 1861 accentuò i problemi della Sardegna, non cambiò la considerazione che il governo centrale aveva dell'isola; la ventilata ipotesi di una sua cessione nel quadro delle esigenze di compensazione territoriale poste dal processo di unificazione, dimostra come i

vecchi nodi fossero tutt'altro che sciolti.

In questo clima maturò nel 1894 il lavoro della Commissione di Inchiesta Pais Serra che, oltre che sull'ordine pubblico, pose gli accenti sulle condizioni socio-economiche dell'isola. A poco valse il lavoro della commissione perché l'ottica entro la quale affrontare i problemi della Sardegna sembrò non cambiare: nel 1899, si arrivò ad inviare una spedizione militare in Barbagia contro la recrudescenza del banditismo legata, come si è visto, alla situazione di crisi; emersero in quell'occasione tutte le incomprensioni che l'opinione pubblica nazionale aveva nei confronti dell'isola: un libro di Giulio Becchi, uno degli ufficiali della spedizione militare, intitolato "Caccia grossa" le riassume significativamente. La presenza di personalità come Grazia Deledda, Sebastiano Satta e Francesco Ciusa che si andavano affermando nella cultura nazionale a modificare i pregiudizi che l'opinione pubblica aveva della Sardegna. Se bisogno c'era, il lavoro della commissione Pais Serra aveva evidenziato che le condizioni economiche della Sardegna erano drammatiche: l'isola era di gran lunga la regione più povera d'Italia.

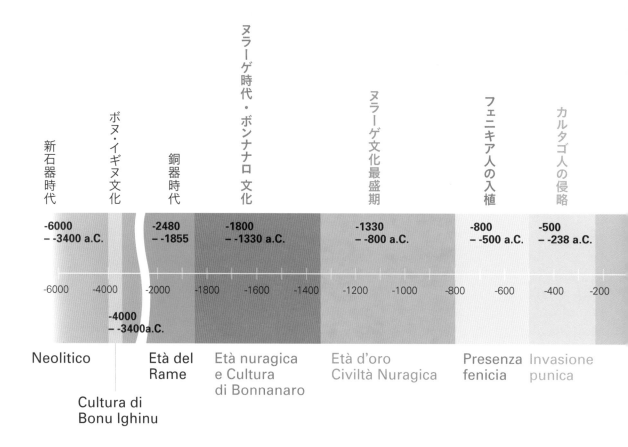

新石器時代　ボヌ・イギヌ文化　銅器時代　ヌラーゲ時代・ボンナナロ 文化　ヌラーゲ文化最盛期　フェニキア人の入植　カルタゴ人の侵略

| -6000 – -3400 a.C. | -2480 – -1855 | -1800 – -1330 a.C. | -1330 – -800 a.C. | -800 – -500 a.C. | -500 – -238 a.C. |

-6000　-4000　-2000　-1800　-1600　-1400　-1200　-1000　-800　-600　-400　-200

-4000 – -3400a.C.

Neolitico　Età del Rame　Età nuragica e Cultura di Bonnanaro　Età d'oro Civiltà Nuragica　Presenza fenicia　Invasione punica

Cultura di Bonu Ighinu

近代のサルデーニャ

社会的および経済的な遅れが生じ、囲い込み王令以降、すべてにおいて何十年も問題が残った。とりわけ都市部のエリート層が望んでいたサルデーニャ王国の設立を断念すると、都市と農村との大きな隔たりや、内陸部の人々の孤立がすぐに明らかになった。1861年の（*サルデーニャ王国による）イタリアの統一によってサルデーニャの問題が際立ったが、中央政府のサルデーニャに対する見方は変わらなかった。統一の過程で領土の代償に譲渡が検討されたという説は、古い問題は容易には解決されないことを示している。

　この件に関しては大衆の要求に加えて、政治家パイス・セラの（*サルデーニャの安全性と正義に関する）調査が進み、1894年にサルデーニャの社会的、経済的条件が明確になった。しかし委員会の仕事には何の価値もなく、サルデーニャの問題に対する変化はみえなかった。1899年になっても未だバルバギア地方では山賊が活動し、この危機を管理すべく軍が派遣された。その際に、国民がサルデーニャに対して抱いていた誤解が浮かび上がった。派遣された軍の将校の1人であるジュリオ・ベッキは著書『カッチャ・グロッサ』にその大意を要約した。作家のグラツィア・デレッダ、セバスティアーノ・サッタ、フランチェスコ・シウザは国民文化で存在感を確立し、サルデーニャに対する世間の偏見を修正した。必要があれば、パイス・セラの調査委員会は、サルデーニャの劇的な経済状況を明らかにしただろう。この島はイタリアで最も貧しい地域だった。

アンドレア・ルッツォーニ

1985　サッサリ生まれ、ポルト・トレス在住

2011　アルゲーロにてサッサリ大学大学院建築学修了

2015　建築とインテリアの事務所を設立

インテリアと商品販売に注力しながら
建築のスケールの設計を行う

Andrea Lutzoni

1985　Nasce a Sassari, vive e lavora a Porto Torres.

2011　Consegue la laurea in Architettura presso
la Facoltà di Architettura di Alghero.

2015　Fonda lo Studio di Architettura Interior Life.

Si occupa di progettazione a scala architettonica,
ponendo particolare attenzione agli interni e al campo del retail.

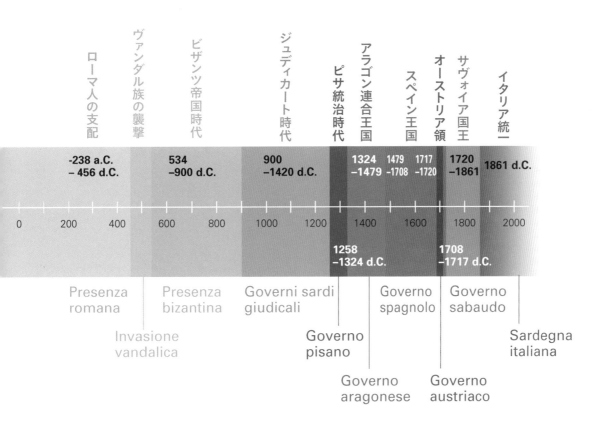

ローマ人の支配	ヴァンダル族の襲撃	ビザンツ帝国時代	ジュディカート時代	ピサ統治時代	アラゴン連合王国	スペイン王国	オーストリア領	サヴォイア国王	イタリア統一
-238 a.C. – 456 d.C.	534 –900 d.C.	900 –1420 d.C.		1324 –1479	1479 –1708	1717 –1720	1720 –1861	1861 d.C.	

0   200   400   600   800   1000   1200   1400   1600   1800   2000

1258 –1324 d.C.   1708 –1717 d.C.

Presenza romana   Presenza bizantina   Governi sardi giudicali   Governo spagnolo   Governo sabaudo

Invasione vandalica

Governo pisano

Sardegna italiana

Governo aragonese   Governo austriaco

Bibliografia essenziale   主要参考文献

Storie generali
F. FLORIS, *Storia della Sardegna*, Roma, Newton Compton 2007.
BRIGAGLIA, *Enciclopedia della Sardegna*, vol. 3, Cagliari, Della Torre 1982-1988.

Periodo prenuragico e nuragico
G.LILLIU, *Origini della civiltà in Sardegna*, Torino, Eri1985.
G. LILLIU, *La civiltà nuragica*, vol. 1, Sassari, Delfino 1987.

Sardegna Punica
F. BARRECA, *La civiltà fenicio punica in Sardegna*, Sassari, Delfino 1986.

Sardegna Romana
P. MELONI, *La Sardegna Romana*, Sassari, Chiarella 1975.
S. MOSCATI, *Tra Cartagine e Roma*, Milano, 1971.

Periodo Vandalo e Bizantino
A.BOSCOLO, *La Sardegna Bizantina e alto giudicale*, Sassari, Chiarella 1972.
C. BELLIENI , *La Sardegna e i Sardi nella civiltà dell'Alto Medioevo*, vol. 2, Cagliari, Fossataro 1978.

Periodo Giudicale fino al secolo XIV
A.BOSCOLO, *La Sardegna dei Giudicati*, Cagliari, Della Torre 1979.
F. ARTIZZU, *La Sardegna Pisana e Genovese*, Chiarella, Sassari 1985.

Arborea e Aragona
A. CASTELLACCIO, *L'amministrazione della giustizia nella Sardegna Aragonese*, Sassari 1983.
F. CESARE CASULA, *Profilo storico della Sardegna Catalano Aragonese*, Cagliari 1982.

Sardegna spagnola
G. SORGIA, *La Sardegna spagnola*, Sassari, Chiarella 1982.
AA.VV., *Il feudalesimo in Sardegna*, a cura di A. Boscolo, Cagliari, Fossataro 1967.

Regno sardo-piemontese
G. MADAU DIAZ, *Storia della Sardegna dal 1720 al 1849*. Cagliari, Fossataro1971.
G.SOTGIU, *Storia della Sardegna sabauda*, Bari, Laterza 1984.
L. SCARAFFIA, *"La Sardegna Sabauda",in Storia dell'Italia*, cit. vol. X, pp.667-829.

Sardegna contemporanea
L. CODA, *La Sardegna nellla crisi di fine secolo*,Sassari, Dessy 1977.
G. SOTGIU, *Storia della Sardegna dopo l'Unità*, Bari, Laterza 1986.
AA.VV., *Lotte sociali antifascismo e autonomia della Sardegna*, Cagliari, Della Torre 1982.

Medioevo in Sardegna:
i monumenti storici di Cagliari,
capoluogo dell'isola

中島智章

Tomoaki Nakashima

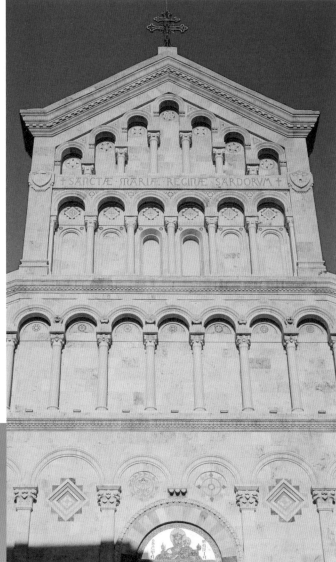

サルデーニャの中近世

島都カリアリの歴史的建造物をめぐって

❶サンタ・マリア・アッスンタ大司教座聖堂
ファサード（部分）

❷サンタ・マリア・アッスンタ大司教座聖堂前　広場

コルシカ島

アルゲーロ

ボーザ

タロス　オリスターノ

サルデーニャ島　　ティレニア海

カリアリ

シチリア島

今回のNICHE取材班はイタリアのサルデーニャ島（Sardegna）を取材した。イタリアの領土はヨーロッパ大陸から地中海に突き出したイタリア半島が大きく占めるが、その他に二つの大きな島、シチリア島とサルデーニャ島も含んでいる。サルデーニャ島の北側にはコルシカ島（コルス島）もあるが、ここは1868年にジェノヴァ共和国からフランス王国に譲渡されている。ナポレオン・ボナパルト（Napoléon BONAPARTE, 1769–1821）が生まれたのはその後だ。イタリア半島とサルデーニャ島、シチリア島に挟まれた海域のことをティレニア海という。シチリア島がイタリア半島の爪先からさほど遠くないのに比べると、サルデーニャ島はイタリア半島から200キロメートル以上離れており、独自の文化が根付いているという。

NICHE取材班としては、島の北西に位置するアルゲーロ（Alghero）から時計回りに島を巡っているが、筆者は島の南に位置する島都カリアリ（Cagliari）から合流し、カラスミで有名な西海岸中程の都市カブラス（Cabras）、カブラスとアルゲーロの中間あたりのカラフルな町ボーザ（Bosa）に滞在した。その他、カリアリからは島内唯一の世界遺産、スー・ヌラージ・ディ・バルーミニ（Su Nuraxi di Barumini）、カブラスからはフェニキア時代から9世紀まで港町として栄えたタロス（Tharros）、タロス消滅後に栄えた内陸都市オリスターノ（Oristano）を訪ねている。有史以前と古代の遺跡についてはイタリアの専門家による別稿に譲るとして、本稿では筆者がもっとも長く滞在したカリアリの歴史的建造物を中心に解説し、併せて中世後期から近世にかけてのサルデーニャ島の歴史にも触れていく。

城壁で囲われたカリアリの歴史的中心市街地の中でも目を引くのはサンタ・マリア・アッスンタ大司教座聖堂（Cattedrale primaziale di Santa Maria Assunta e di Santa Cecilia）❶❷だ。カリアリの司

❸サンタ・マリア・アッスンタ大司教座聖堂　内観

❹サンタ・マリア・アッスンタ大司教座聖堂 ファサード第1層
建設当時のままの中央ポルタイユ（大扉）のアーキトレーヴがみられる。

教座は初期キリスト教時代までさかのぼるもので、11世紀には大司教座に格上げされていた。現在、サルデーニャ島にはカトリック教会の教区が10存在し、そのうちの3教区が大司教区、7教区が司教区である。カリアリの教区はチヴィタの教区（現在はテンピオ＝アンプリアス大司教区）とともに島内最古の教区で、4世紀に設置されたといわれている。その後、サルデーニャ島は5世紀半ばにヴァンダル王国、5世紀後半から8世紀にかけては東ローマ帝国、8世紀以降はイスラーム勢力に支配された。1022年には都市国家ピサ等の助力を得てイスラーム勢力を逐い、1063年以降、ジューディチェ（giudice）とよばれる統治者を君主とするジュディカート（giudicato）とよばれる一種の独立国が4箇所に成立している。すなわち、北からガッルーラ国（Gallura）、ログドーロ国（Logudoro）、アルボレア国（Arborea）、カリアリ国である。アルボレアの中心都市オリスターノと都市カリアリに大司教座が設けられたのはこの頃だ。

　カリアリの大司教座は、もともと、サンタ・ジッラ地区（Santa Gilla）にあった。カステル・ディ・カストロ（Castel di Castro）地区（後のカス

テッロ地区）に位置する現在の大司教座聖堂は、1254年に大司教座の遷座を念頭にして建設され、1258年に大司教宮殿と中心市街地の都市築城建設時に拡張された。大司教座の遷座は1255年から1312年の間だといわれている。13世紀半ばというと、北部フランスではゴシック建築が盛んに建設されていた頃だが、本教会堂はロマネスク建築だった。ピサの影響が大きかったようで、ピサ大司教座聖堂から工匠グリエルモ（Maestro Guglielmo）による説教壇（1154–62）も贈られている。小規模ながら、ピサのサンタ・マリア・アッスンタ大司教座聖堂のようなバシリカ形式で天井は木造❸であり、石造ヴォールトは架構されなかった。身廊と側廊の前にはそれぞれポルタイユ（大扉）❹が設けられた。この時に建設されたロマネスクのファサードは18世紀初頭に取り壊されて現存しないが、中央ポルタイユのアーキトレーヴのみ現存する。もっとも、現在はこのアーキトレーヴなどを除いて、現在の大司教座聖堂からは当時のロマネスク建築の様相はほとんど伺うことはできない。それは17世紀にバロック建築のデザインで大幅に改装されたからである。

カリアリの都市築城
配置図 18世紀

ベアート（福者）・
エマヌエーレ稜堡

王門

要塞

サン・
パンクラーツィオ
門

サン・フィリッポ
稜堡

ベアート・
アメデーオ
稜堡

クリスティーナ門 ⑮

サン・カルロ稜堡

サン・パンクラーツィオ塔

サンタ・
クローチェ
稜堡

パラッツォ
稜堡

スタンパチェ
地区

カステッロ地区

⑤ ⑥

ヴィラノーヴァ
地区

①–④ ■
サンタ・マリア・アッスンタ
大司教座聖堂

■ 象の塔 ⑦ ⑧

スタンパチェ門

バリーチェ稜堡

獅子の塔

サン・フランチェスコ
稜堡

カステッロ門

⑩ – ⑫

塔の稜堡

⑨ ⑭ スペローネ稜堡

サン・レミ稜堡

ヴィラノーヴァ門

マリーナ地区

サンタゴスティーノ稜堡

⑬

モーロ門

ジェサス門

モーロ稜堡

N

ダルセーナ門

さて、大司教座聖堂建設に先立つ13世紀初頭、カステッロ地区はカリアリの女統治者ベネデッタ・ディ・マッサ（Giudicessa Benedetta di Massa）によって都市国家ピサに譲渡されていた。ピサ建築の影響が強いのもこのような背景があったのだ。この時にカステッロ地区を囲んで囲壁が建設され、北門付近にサン・パンクラーツィオ（San Pancrazio）の塔❺❻、西門付近に象（Elefante）の塔❽、南門付近に獅子（Leone）の塔が設けられている。象の塔は現在でもかなり目立つ形でカステッロ地区の南西側にそびえ立つ❼。象の塔の名は塔を貫く門の西手側上方に突き出た象の彫像に由来する。

その後、カリアリはアラゴン王国支配下に入り、1326年以降はカタルーニャ人たちが築城建設を進めていった。15世紀末には副王フアン・ドゥサイ（Juan Dusay, 在位1491–1501, 1502–07）の下で本格的な近世都市築城が建設され、従来の高い城壁と塔をめぐらせた中世都市築城が一新されていく。近世築城は稜堡式築城ともよばれ、前方に突き出した五角形平面の角形のバスティオーネ（bastione）＝稜堡が要所に設けられていることから、そう称される。この築城形式は、15世紀後半あたりから本格的に実戦で運用されるようになっていった火器に対応するため、16世紀前半を通じて試行錯誤が重ねられて成立していった。その時期にカリアリではカステッロ地区の西縁に沿って3箇所、すなわち、北側にサン・パンクラーツィオ稜堡、西側にサンタ・クローチェ（S. Croce）稜堡、南西側にバリーチェ（Balice）稜堡が建設されたのである。さらに南東側にフォンターナ・ボーナ（Fontana Bona）稜堡、獅子の稜堡が計画されたが、この時は未完成に終わった。

❺カステッロ地区北東側　サン・パンクラーツィオの塔背面

❻カステッロ地区北東側　サン・パンクラーツィオ門

❼カステッロ地区南西側　象の塔外観

❽カステッロ地区南西側　象の塔の象の彫像

❿スペローネ稜堡とカステッロ門

❾スペローネ稜堡外観

⓫スペローネ稜堡内側のカステッロ門

　一方、1469年10月19日、カスティージャ王女イサベル（後のカスティージャ女王イサベル1世）（Isabel I de Castilla, 1451–1504）とアラゴン王太子フェルナンド（後のアラゴン王フェルナンド2世、カスティージャ王フェルナンド5世）（Fernando II, 1452–1516）が結婚し、1479年に彼らがそれぞれ即位すると、アラゴン王国はカスティージャ王国と連合して、事実上、「スペイン王国」といってよいものが立ち現れつつあった。1516年に彼らカトリック両王（Reyes Católicos）の孫シャルル（Charles de Habsbourg, dit Charles Quint, 1500–58）がカルロス1世として即位して以降、サルデーニャ島は1708年までスペイン王国が統治した。カリアリの築城建設は16世紀を通じて進展し、バリーチェ稜堡、カステッロ門の幕壁（cortina）、スペローネ（Sperone）稜堡❾がカステッロ地区の南縁に沿って整備され、スペローネ稜堡の東側はさらにフォンターナ・ボーナ防塁（Baluarte della Fontana Bona）、ビラヌエバ防塁（Baluarte de Villanueva）をもって防禦強化された。カステッロ地区への主動線は近世においても同地区南東側に位置するカステッロ門（Porta Castello）❿⓫⓮であり、その南面をスペローネ稜堡が防禦する形になっていて、さらに1552年から1553年にかけて、スペイン軍工兵ロッコ・カペッリーノ（Rocco CAPELLINO）によってこれらの周囲にさらなる防禦施設が整備された。現在もこの辺りの仕組みはよく残っていて、徒歩の場合はカステッロ地区と港湾施設のあるマリーナ地区（Marina）を結ぶ距離的にも時間的にも最短の動線だ。なお、カステッロ地区の東側は断崖絶壁となっており、ピサ時代からそれほど強固に築城化されてはいない。したがって、門もないが、現在はエレベータでカステッロ地区の東側の新市街地に行くことができる。

⓬カリアリ市内カステッロ地区の町並み

⓭マリーナ地区のリナシェンテ百貨店

先述の大司教座聖堂背面ははこの断崖絶壁に面している。17世紀を通じてロマネスク建築からバロック建築へと姿を変えていき、まず、大司教フランチェスコ・マリア・デ・エスクィヴェル（Monsignor Francesco Maria de Esquivel, 在職1605–24）により、1612年、殉教者たちの祭室（Cripta-Santuario dei martiri cagliaritani）とよばれるクリプタとプレスビュテリウム（Presbiterio）が新たに設けられた。1669年には大司教ピエトロ・デ・ヴィーコ（Pietro de Vico, 在職1657–76）の下でジェノヴァ人ドメニコ・スポトルノ（Domenico Spotorno）と建築家フランチェスコ・ソラーリ（Francesco Solari）により、壁が高くされ、円柱がピラスターで更新されて、ヴォールトとドームも建設されていく。身廊には新たな説教壇が設置され、従来の説教壇は2分割されて主入口の両側に移設された。ロマネスク建築からバロック建築への改装は、1702年に開始されたファサードの取り壊しによって一巡する。丁度、スペイン継承戦争によりサルデーニャ島がオーストリアのハプスブルク家の統治下に入る直前だった。

スペイン継承戦争（1701–14）は、スペインのアブスブルゴ朝（ハプスブルク朝）がカルロス2世（Carlos II, 1661–1700）の死をもって断絶し、その遺言によって異母姉のフランス王妃故マリー・テレーズ（Marie-Thérèse d'Autriche, reine de France et de Navarre, 1638–83）とフランス王ルイ14世（Louis XIV, roi de France et de Navarre, 1638–1715）の孫アンジュー公フィリップがフェリペ5世（Felipe V de España, 1683–1746）としてスペイン王に即位したことがきっかけとなって勃発した。ここでこの戦争について詳述しないが、その過程で1708年にオーストリアのハプスブルク家の支配下に移り、1713年のユトレヒト講和条約で確定された。だが、この条約でイタリアにおいてサルデーニャ島とシチリア島を失ったスペインは1717年に3万の軍を催して両島を占領し、四国同盟戦争が始まった。この戦争は1720年のハーグ講和条約によってスペイン不利のうちに終結し、両島がスペインの手に戻ることはなかった（1734年にシチリア島の方はスペインのボルボン（ブルボン）家の手に帰した）。

一方、ユトレヒト講和条約によってスペインからシチリア島を獲得し、すでにシチリア王（Re di Sicilia）という王号を手に入れていたサヴォイア公ヴィットーリオ・アメデーオ2世（Vittorio Amedeo II, 1666–1732）はシチリア島とサルデーニャ島を交換し、サルデーニャ王（Re di Sardegna）となった。これが後にイタリア統一運動の中心となるサルデーニャ王国の始まりである。サヴォイア家統治下においてカリアリはサルデーニャ島の中心都市として近代化していく。その際、中心となったのは、もはや、丘の上にそびえるカステッロ地区ではなく⓯⓰、港湾地区マリーナ（Marina）など

❶スペローネ稜堡とカステッロ門の西側の幕壁内側

❸カステッロ地区北西側のクリスティーナ門 (Porta Cristina, 1825)

の新市街地の方であり、現在もリナシェンテ百貨店などの様式建築やアール・デコ建築が一部に残る❸。

　一方、近代化の波から取り残されたカステッロ地区には歴史的町並みが残り、現在ではカリアリ観光の中心となっている❶。だが、バロック的装いをまとうようになっていた大司教座聖堂の姿を今見ることはできない。フルート（縦溝）付きの大理石製ピラスターが施されたバロック的ファサードは20世紀初頭に取り壊されたのである。その後、1930年代に建築家フランチェスコ・ジアリッツォ（Francesco Giarrizzo）によるネオ・ロマネスク様式のファサードがボナリア（Bonaria）産石灰岩によって建設され、現在の外観が整った❶❷。このファサードはピサ・ロマネスク様式による四層構成で、ピサ大司教座聖堂のように各層にブラインド・アーチ開口部があしらわれ、しかも、各層のコラムの位置が互い違いになっている。非常に高い様式的統一感が保たれており、筆者にも初見でネオものだと感じられた。一般的に建設年代が長きにわたる中世建築において様式的統一感が現れることは稀なのである。第二次世界大戦後も様々な修復事業が建築物や宝物をめぐって実施され、近年では2007年に木工製品、大理石製品、銀製品、オルガンが修復された。

❶カステッロ地区北端のチッタデッラ入口　アルセナーレ門 (1825)

Tutte le foto sono di Tomoaki Nakashima.

中島智章 Nakashima Tomoaki
建築史家
1993　東京大学工学部建築学科卒業
1995　東京大学大学院工学系研究科建築学専攻修士課程修了
2001　東京大学大学院工学系研究科建築学専攻博士課程修了
2011　工学院大学建築学部建築デザイン学科准教授

サルデーニャのロマネスク教会

土屋和男
Kazuo Tsuchiya

ロマネスクの魅力、それは田舎の魅力だと思う。ロマネスクの名品はたいてい交通も不便な田舎にあり、それがなければ一生行かないようなところにある。たまには都市の中心部や、絶景の観光地の場合もあるけれど、多くは変哲もない田舎町で、他に目立つものもないような場所にある。逆に考えれば、このような田舎だからこそ、古い素朴な教会が、昔のままの姿で残ったのだろう。サルデーニャは田舎だから、すばらしいロマネスクがあるに違いない。調べてみると、ある。カリアリ大学の教授を務めたロベルト・コロネオの『中世から1300年代初頭までのロマネスク建築』という大部の本には170ものサルデーニャのロマネスク教会が紹介されている。その中から代表的な教会を巡った。

ロマネスクの意味と形

ロマネスクの建築は主に11世紀から13世紀にかけてつくられたが、これらがロマネスクと呼ばれるようになったのは19世紀のことである。ヨーロッパの19世紀はリヴァイヴァリズムの時代であり、過去の様式をまとった建築物が次々とつくられていた。過去の様式はふたつに大別できる。ひとつは古典主義（クラシシズム）で、古代ギリシア、ローマに始まり、その再生であるルネサンス、さらに爛熟であるバロックなどの系譜で、いかに応用されても、比例関係で建築を構成する方法や、ギリシア以来のドリス、イオニア、コリントの柱な

どで見分けがつく。もうひとつはゴシックで、尖頭アーチとリブ・ヴォールトとフライング・バットレスを駆使して天上を目指すような形状は、古典主義とは異なる構成原理をもつ。そしてゴシックは、特にイギリス、ドイツなど北ヨーロッパで、南起源の古典主義とは異なる、ナショナリズムを体現する様式とされた。

この古典主義とゴシックとの論争の中で、ゴシックの前の時代に、ゴシックを準備しているようではあるけれど、それ以前の古代ローマ風の構成と意匠が残り、ゴシックより規模が小さく、素朴で、ゴシック優位の立場から見れば稚拙な数百年があることに気づき、これを「ローマ風」と呼んだ。その英語がロマネスク、フランス語はロマン、イタリア語はロマニコ（ロマニカ）である。

「ローマ風」の根拠は、ゴシックと比較したとき、アーチが半円であることだ。尖頭アーチに比べ横に孕み出す力（スラスト）が大きい半円アーチは、壁が厚く、窓が小さい。次に「ローマ風」なのは、教会の形式が、基本的に古代ローマのバシリカに基づいていることだ。バシリカとは古代ローマの集会施設で、初期のキリスト教会はこれらを転用してつくられたと言われる。それは奥行きの長い長方形の平面で、中心に身廊があり、その両側に側廊が付き、身廊と側廊は列柱で分けられる。断面的には身廊部分が高く、高窓を取り、側廊部分が控え壁のように取り付き、二段の家形となる。さらに直接的に「ローマ風」なのは、柱や細部に古

Chiese Romaniche in Sardegna

［1］奥が内陣、後陣になる。手前にもアプス（半円形の部分）がある

代ローマで用いられた意匠が見られることにある。特に古代ローマの遺跡が各地にあるイタリアでは、そこから取ってきた古代ローマ期の石材が教会に転用されることがしばしばあった。こうした再利用をスポリアといい、使えるものなら使うということであろう。原石を切り出して加工することを考えれば、切られて扱いやすいものが近くにあるならその方が楽である。また、スポリアには初期のキリスト教を継承する意味もあった。

［2］長辺方向にある入口。小アーチと付け柱のくり返しが壁を飾る

［3］身廊から内陣を見る。異なる柱がスポリア（古材の再利用）を示している

［4］内陣は3段高くアーチも大きい。奥の柱頭はロマネスク期のもの

［5］内陣から入口方向を見返す。両方にアプスがある不思議な身廊

1. サン・ガヴィーノ教会（1065以前-1111以前）
Basilica di San Gavino

　サルデーニャの北西端、ポルト・トレスにあるサン・ガヴィーノは、当初の姿が保たれたサルデーニャでは最古、最大のロマネスク教会である。しかし何と言っても、この教会の特徴は、正面がないことだ［1］。通常バシリカは、長方形平面の短辺の片方に入口があり、もう片方に半円形のアプス（後陣）を備えるものだが、この教会の入口は長辺にあり［2］、両短辺がアプスになっている。こんな平面はイタリア中でもここだけだという。ピサの11人のマエストロが計画したと伝わる建築は、長辺方向が約50mもあり、石灰岩の壁は小アーチと付け柱のくり返しで装飾される。西端の側廊上部だけがわずかに高くなり、これが十字平面の袖（トランセプト）を示している。内部は22本の円柱と6つの十字形断面の柱が身廊を構成している［3］。円柱は形状も材質もまちまちで、明らかにスポリアを示している。特に柱頭は様々で、大半は古代の転用だが、ロマネスク期にも追加されたようだ［4］［5］。地下聖堂（クリプト）があり、この敷地はかつてのネクロポリス（死者の街＝墓地）であることがわかる。

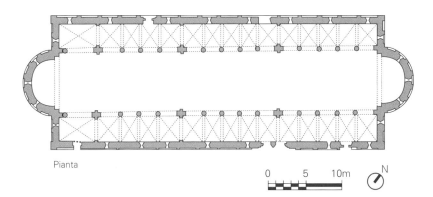

Pianta

0　　5　　10m

N

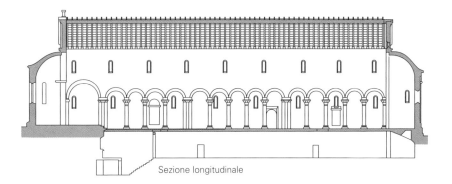

Sezione longitudinale

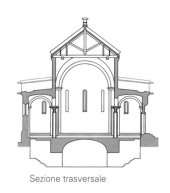

Sezione trasversale

[6] 手前の壁がかつての身廊正面。交差部ドームより奥だけに内部空間が現存する

2. サン・サトゥルノ教会（1089-1119）
Basilica di San Saturno

　カリアリの市街地にあるサン・サトゥルノは、きわめて古い遺構である。ペンデンティヴ・ドームを載せた交差部を中心に、かつてはラテン十字の身廊と袖廊があったが、現存するのは交差部ドームとその奥の内陣、それに側廊の壁だけである。ドームの基部が最も古く、6世紀に遡り、その他の部分はロマネスク期につくられた。交差部をなす大アーチには近年の改修でガラスが入っている[6]。かつて側廊の壁であった厚い石灰岩に囲まれて中に入ると、高いドームの下である[7]。この大きなドームは、古代ローマ的あるいはビザンチン的で、ロマネスク期に現在の姿になったとはいえ、古代の空間が息づいていることが実感される。ドームの高さに比して内陣は低く、スポリアによる柱は著しく短い[8]。このアンバランスさこそが、古代に重ねて建てられたこの教会の来歴を示している。

[7] 大きく古代的な交差部ドーム。奥の内陣は低い

[8] 内陣とアプス。柱は太く長い古代の柱を短く転用したもの

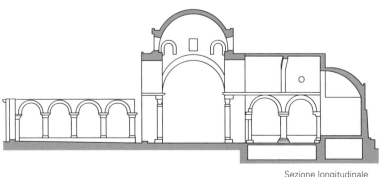

0　　5　　10m　　N

Pianta

Sezione longitudinale

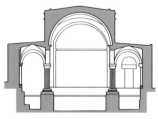
Sezione trasversale

3. サン・ジョバンニ・ディ・シニス教会（11世紀）
Chiesa di San Giovanni di Sinis

　オリスターノから車で20分、地中海につき出した岬の先端に、古代フェニキアの遺跡タロスがある。このすぐ近くにサン・ジョバンニ・ディ・シニスがぽつんと立っている［9］［10］。6-7世紀に遡るトンネル・ヴォールトが袖廊をなし、これに直交して身廊、アプス、側廊がロマネスク期に付加された［11］［12］。袖廊、身廊の交差部には饅頭のようなドームが載っている。側廊は身廊より低い独立したヴォールトで［13］、身廊の上には高窓もあり、たしかにロマネスク教会の形式であるものの、その姿はいかにも原始的である。内部のアーチも壁の厚みのままの基部は低く、太古の建築を思わせる。石材は大きな砂岩の切石で、フェニキアの遺跡から取られたという。

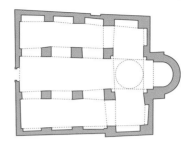

Pianta

［12］交差部。4つのアーチ上に載るペンデンティブドーム

［13］側廊。アーチは壁の厚みがそのまま立ち上がる

［11］身廊は低く壁は厚い。ヴォールトには小さな高窓がある

［9］海を望む立地。身廊と側廊が独立したトンネル・ヴォールトをもつ

［10］側面に袖廊のヴォールトが突き出す。この袖廊に各部が付加された

[14] 正面。高い身廊と低い側廊が典型的なバシリカの形をつくる

4. サンタ・ジュスタ教会（12世紀）
Basilica di Santa Giusta

オリスターノの郊外、サンタ・ジュスタは同名の街の小高い丘にある［14］［15］。正面を西に向け、身廊は高く、小さな高窓を穿ち、スポリアによる様々な柱で側廊と区画され、奥にはアプスを備える［16］。側廊はクロス・ヴォールトが連続し［17］、大理石の柱頭は再利用されたものとロマネスク期につくられたものとが混じる。典型的なロマネスク教会の構成と意匠である。主要な石材は砂岩だが、入口周りでは大理石のまぐさにライオンが彫られ、その上部の十字には茶色い火山岩が用いられている［18］。入口の両脇には付け柱があり、それは屋根を構成するペディメント（破風）近くまで延びてアーチをつくり、そこから小さなアーチを派生させて、側面に回り込む。秀逸な立面構成で、全体が一体的にデザインされたことがうかがえる。内陣の下にはクリプトがあり、低いクロス・ヴォールトをスポリアの柱と柱頭が支えている［19］。鐘楼は1908年に付加された。

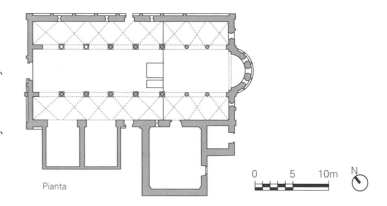

Pianta

0 5 10m

N

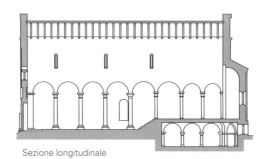

Sezione longitudinale

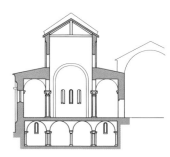

Sezione trasversale

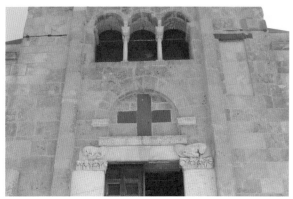

［15］アプスが出っ張った背面。壁全体を小アーチが取りまいている

［16］正面入口上部。まぐさにライオン、火山岩の十字、3連アーチ

［18］側廊の天井はクロス・ヴォールト。高窓からの採光が壁を照らす

［17］身廊と側廊を仕切る様々な柱と柱頭がスポリアを示す

［19］内陣下部のクリプト（地下聖堂）。柱と柱頭がスポリアを示す。

5. サン・シンプリチョ教会（12世紀）
Basilica di San Simplicio

　エメラルド海岸の窓口であるオルビアはサルデーニャの北東に位置する。その駅のすぐ裏手にサン・シンプリチオがある。今は市街地だがこの敷地はかつてネクロポリスであった。この教会はほとんどが花崗岩でできており、石の表情が硬い。正面は身廊、側廊がはっきりと現れ、右の側廊上部に鐘が載る［20］。目立つのは身廊上部の2本の小さな柱が入った3連アーチの窓である。この上には大きなアーチが重なり、入口上部、側廊と、いくつもの大きさのアーチがリズムを生んでいる。側廊のアーチはそのまま側面、背面まで続く［21］。内部は円柱と角柱が並ぶが、左右が1本違うところがロマネスクらしい［22］。円柱の柱頭には羊や人の顔が付いていて、これらはスポリアではなくすべてロマネスク期のものである［23］。

［21］側面と背面では正面から続く小アーチと付け柱がリズムをつくる

［20］正面。右の側廊上部に鐘が載り、左右対称を崩す

[22] 身廊。柱はなぜか1本だけ非対称。石はすべて花崗岩。

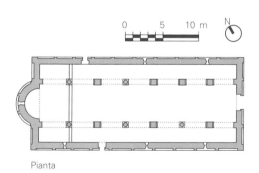

Pianta

[23] 人の顔が付いたロマネスク期の柱頭

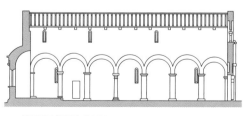

Sezione longitudinale

Sezione trasversale

［27］手前はかつての修道院の跡

［25］正面の装飾と、側面、鐘楼のやや不規則な横縞が
印象的

［26］背面には大小3つのアプスが現れている

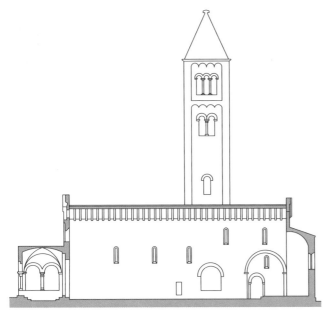

Sezione longitudinale

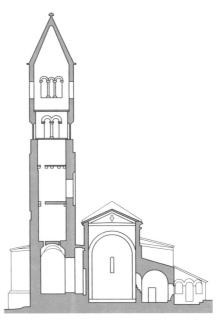

Sezione trasversale

6. サンティッシマ・トリニタ・ディ・サッカルジア教会
（12世紀）

Santissima Trinità di Saccargia

　サッサリから内陸に向かい、平地から台地にさしかかったところにサンティッシマ・トリニタ・ディ・サッカルジアがある。修道院（滅失）とともにつくられたという教会は、人里離れた田舎に立っている［24］［25］。遠くからでも目を引くのは、高い鐘楼と、石灰岩と玄武岩による白黒の横縞である。この縞模様はピサの職人たちによってつくられ、たしかにピサ、ルッカ、ジェノヴァなどに類例があるが、サルデーニャではずっと太く、強く、粗っぽい。正面こそ白黒交互に積んでいるが、側面や鐘楼ではかなり乱れている。正面は3層に分割され、下段にはポルティコがある。中段、上段は柱とアーチのくり返しと、石を組み合わせた幾何学模様の装飾とからなる［26］。側廊がなく身廊と袖廊のみからなり、背面には3つのアプスが付く［27］。中央のアプスには状態のよいフレスコ画が残る。

［24］田園の景観の中で鐘楼が目立つ

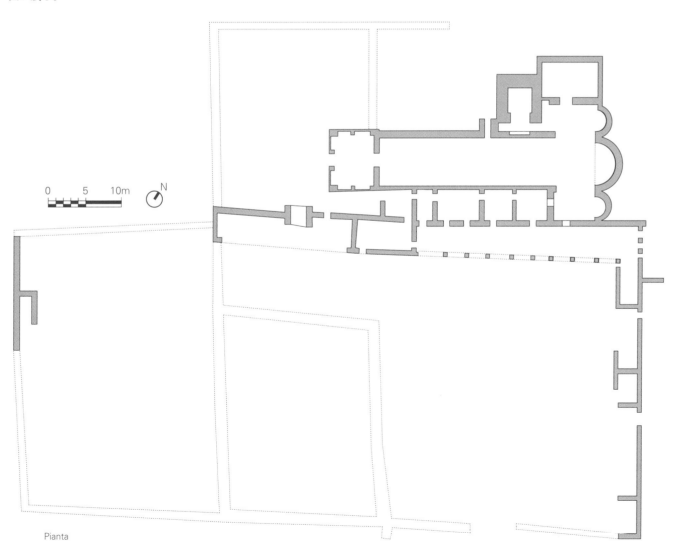

Pianta

[28] 正面には様々なアーチ。上層には蛇腹のような付け柱。勾配の大きなペディメント

[29] 正面入口上部のまぐさの蛇と杖は医術のシンボル。
左に向かい合うライオンと人型

[30] 側面の入口脇。大理石を再利用したモニュメントには
ゴシック的なアーチ

[31] 背面の小アーチにはフリルのような装飾が付く

7. サン・パンタレオ教会 (12世紀, 1261-89)
Chiesa di san Pantaleo

　カリアリの都市圏を抜けて田園地帯を行くと、ド
リアノーヴァの街にサン・パンタレオ教会がある。12世紀の工事の後、13世紀後半に完成した。
後者の時期にはゴシックのデザインが現れている。
砂岩の正面はコーニスで上下に分かれ、様々な要
素が混在している [28]。下は大きさの異なるいく
つものアーチが重なり、入口上部のまぐさにはスポリアによる大理石が用いられ、その中央には蛇
と杖が彫られている [29]。これは聖パンタレオン
が医者であったことに因むと見られる。蛇と杖は
医術のシンボルだからである。正面上部はギザギ
ザのある付け柱の上に、細い半円柱と小さなアー
チが並ぶペディメントが載る。この小アーチは側
面、背面まで繰り返されて、建物全体を装飾して
いる [30][31]。内部は身廊と側廊が6つの柱で分け
られるが、そのうち3つは十字形断面、他の3つは
細い柱を束ねた形である [32]。面白いのはこれら
6つがすべて異なっており、左右でも違うことで
ある。全体としては大きな規則性の中にありなが
ら、よく見ると少しずつ違う、ロマネスクの楽し
みである。特に注目すべきは入口に近い右側の柱
頭で、身廊側は葉っぱだが、側廊側にはキリスト
降誕などのシーンが彫られている [33]。

Sezione trasversale

Sezione longitudinale

Pianta

0　5　10m

N

［32］身廊と側廊を分けるアーチは大きく薄い。技術の進化を物語る

［33］束ね柱の上の柱頭彫刻。ロマネスクは柱頭が低いので細部までよく見える

いろいろなロマネスク

　ロマネスクの特徴は多様性にあると言われる。ロマネスク期の教会はヨーロッパ各地にあるが、その形態、建築材料、細部装飾などが著しく異なる。フランスからスペインの西の果てに至るサンティアゴ・デ・コンポステーラへの巡礼路沿いを中心に、ある程度の様式的統一はあるものの、すべてに通じる共通点は、石積みの基本が半円アーチであることくらいだ。その次のゴシック期の大聖堂が、国によって見分けがつかないほどに似ているのに比べ、ロマネスク期は同じ国でも地方によってプランも、大きさも、高さも、材料も、柱頭も同じ時期につくられたとは思えないほど多種多様である。それらは時に、古代ローマの石材を再利用し、地元の石を積んで、土俗的な装飾も取りこんで構成された。

　サルデーニャのたった7つの教会だけでも、これほど違うのだ。サルデーニャは田舎だが、辺境であるということは、ひとつのメジャーな文明ではなく、いくつもの文化の交錯地点であることも意味する。イタリア本土はもとより、南仏、カタルーニャなどの影響が混じり合っている。また、火成岩も堆積岩もある石材の豊富さが、石の硬軟ばかりか色や形のバリエーションをつくる。そしてスポリアによる不揃いな古材の再利用が多様さを増幅する。この不揃いな部分を、ひとつの建築としてまとめ上げるとき、重要になるのが部材を調整する役割である。柱頭はまさにこの役割を担っ

ており、ここを調整することで長さ、大きさの異なる柱を全体のシステムに接続させる。柱頭は上方からの重さを柱に伝える、力の変化するところであり、アーチ基部の四角から円柱へと、形の変化するところである。それは同時に目のつけどころでもある。人は自然に、力や形の変化に目を向けるものだ。かわいく、ユルく、ヘタウマなロマネスクの柱頭は、いろいろな石材と形を扱う技術の結晶なのだ。

　わたくしの専門は近代日本建築史なので、ロマネスクとはほど遠いのだけれど、近代デザインの中にロマネスク的美学を探すとすれば、それは田舎家趣味や民藝ではないかと思っている。古い民家を茶室や別荘に再生、転用した田舎家は、古材に刻まれた手の痕跡を愛したものだ。また、柳宗悦によって唱えられた民藝は、イギリスのゴシック・リヴァイヴァルの流れにあるアーツ・アンド・クラフツを範として、手仕事の美しさを尊重した。柳の次男であった柳宗玄が、日本におけるロマネスク研究の第一人者となったことは偶然ではないだろう。ロマネスクの楽しみは、古材を活かし、手仕事を積み重ねる、職人たちの営為に思いを馳せることなのだ。田舎家趣味や民藝は、近代化が一定度進んだ段階で、近代化で失われたものとして、歴史の中から忘れ去られていたもの、あるいは見過ごされてきたものたちを「発見」することであった。ロマネスクへの評価と一脈通じるように思う。

Tutte le foto sono di Kazuo Tsuchiya.

参考文献
Roberto Coroneo, *Architettura romanica dalla metà del mille al primo '300* (Storia dell'arte in Sardegna), Ilisso, 1993
柳宗玄『ロマネスク美術』学習研究社、1972
アンリ・フォション『ロマネスク』(上下) 鹿島出版会、1976
金沢百枝『ロマネスク美術革命』新潮社、2015

土屋和男
Kazuo Tsuchiya
1992　工学院大学工学部建築学科卒業 (初田亨研究室)
1994　芝浦工業大学大学院工学研究科修士課程建設工学専攻修了
2000　芝浦工業大学大学院博士課程地域環境システム専攻修了、博士 (学術)
2017　常葉大学造形学部造形学科教授

[1] サン・ジョヴァンニの塔から半島南端を望む。左がオリスターノ湾で、右の外洋側と海の色が違って見える
Vista su capo San Marco dalla torre di San Giovanni di Sinis.

タロスの遺跡と地中海

Le rovine dell'antica Tharros

香川 浩
Hiroshi Kagawa

　なんと豊かな海だろう。いつの時代も人々はそう感じたに違いない。

　サルデーニャ 中部西岸、オリスターノ湾の周辺は恵まれた自然環境を持つ［地図1］。湾を囲むように北側から細長く伸びるシニス半島が、この地形を特徴的なものにしている。丘に登って見渡すと、地中海の深い海と、内海の静かな水面、ラグーン（潟）、そしてビーチの賑わいを望むことができる。ラグーンはフラミンゴの飛来地であるほか、鵜、鷺、鷹、翡翠なども姿を見せる野生動物の宝庫である。そして人間もまた、先史時代以来この地域に定着しており、その痕跡が数多く残っている。この地域を歩くことで、サルデーニャの歴史の厚みと、地中海によって繋がる世界を感じることができる［1］［2］。

　半島の南端部、小高い丘の上に一際目立つ構造物がある。サン・ジョヴァンニの塔［3］といい、スペイン統治時代の15世紀末から16世紀の間に建設された。この周辺がタロス考古学地区になっている。サン・ジョヴァンニの塔は、遺跡の中では比較的新しいものである。全方位を見渡せる監視塔であり、有事の際に機能するトーレ・アルマス（torre de armas、武器の塔の意）である。だから、壁は厚く開口部も僅かである［4］。タロスを訪れたならば、必ずこの塔に登り美しい半島を一望することをお勧めする。

　タロス考古学地区の北端に、ヌラーゲの遺跡がある［5］。ヌラーゲとはサルデーニャ各地に見られる先史時代の石造構造物で、紀元前19世紀から紀元前3世紀頃のサルデーニャ独自の文明である。たとえば世界文化遺産となったバルーミニのヌラーゲの圧倒的な内部空間は、当時の技術力の高さを伺わせるものだ。ここで見られるのはヌラーゲの特徴である円形平面の痕跡［6］のみであるが、太古からそれなりの規模の人の営みがあったことを示している。

［地図1］タロス地図
Mappa della penisola del Sinis nella Sardegna centro-occidentale.

モンテ・プラマの
巨人発掘地
I Giganti di Mont'e Prama

スターニョ・ディ・カブラス
Stagno di Càbras

サン・サルバトーレ・
ディ・シニス教会
Chiesa di San
Salvatore di Sinis

カブラス
Cabras

ラグーン
Laguna

オリスターノ
Oristano

サン・ジョヴァンニ・ディ・シニス教会
Chiesa di San Giovanni di Sinis

サン・ジョヴァンニの塔
Torre spagnola di
San Giovanni di Sinis

タロス考古学地区
Area archeologica
di Tharros

オリスターノ湾

［2］サン・ジョヴァンニの塔から半島北側を望む。右奥がラグーン
で、その向こうにはスターニョ・ディ・カブラスがあり、この地域か
らモンテ・プラマの巨人が発掘された

［3］丘の上に建つサン・ジョヴァンニの塔

［4］サン・ジョヴァンニの塔はスペイン統治時代の15世紀末から16世紀の間
に建設されたトーレ・アルマス（Torre de armas、スペイン語で武器の塔）

［6］ヌラーゲの特徴である円形平面の痕跡

［5］ヌラーゲの遺跡

この地にフェニキア人が到達し、都市タロスを築いたのは紀元前8世紀とされ、墓所の遺跡が二ヶ所残っている。フェニキアとは地中海の東端、現在のレバノンを出自とし、海上交易によって地中海沿岸各地に都市を築いた海の民である。細長い岬のあるタロスの地形は、古代人たちが港を作り易かったのであろう。古代ギリシャの歴史家ヘロドトスが紀元前4世紀に記した『歴史』によれば、エジプトのファラオであるネコ2世の命を受けたフェニキア人が、3年かけてアフリカ大陸を海路で一周したとされる。ことの真偽はともかく、こうした逸話が伝えられるほど航海術に長けた民族であった[地図2]。なお、フェニキアとはギリシャ側からの呼称である。フェニキア人が建設した都市は、北アフリカやイベリア半島まで、地中海の全域に及ぶ。その視点から地図を眺めてみると、サルデーニャは地中海の中央部にあり、海運の中継地として都合の良い場所であることがわかる。タロスから見れば、イタリア本土よりもアフリカ大陸の方がずっと近い。そのサルデーニャに近い北

アフリカ、現在のチュニジアのチュニスに、フェニキア人が築いたのが都市国家カルタゴである。カルタゴもタロスに来ており、様々な施設を建設している。そして紀元前3世紀以降の古代ローマの時代に、さらに多くの施設が建設される。現在タロスに見ることのできる都市遺跡[7]は、概ね古代ローマのもので、整然とした街路には排水路が備えられており、特徴のある寺院や浴場がある。また西洋の都市建築に時折見られるように、前時代の建築から材料を転用した痕跡も見られる。タロスのアイコンとして有名な二本の円柱はこの時代の教会堂のものである[8]。タロスは時代とともにゆっくりと衰退し、1071年にキリスト教の主教座が内陸側の町オリスターノに移され、やがて砂に消えた。

近代になって発掘が進み、今は遺跡を背景に、ビーチで海と戯れることができる[9]。こうした風景は地中海沿岸各地に見られ、たとえばレバノンのビブロス[10](フェニキア発祥の地、バイブルの語源)が挙げられる。

[7] 古代都市タロス。ローマ時代の浴場跡

[地図2] フェニキア人の植民都市と航路
Colonie, aree di influenza e rotte commerciali fenicie.

[8] 海を背景に建つ二本の円柱はタロスのアイコン

[9] シニス半島のビーチは、石英を多く含む砂が白く美しい。
奥にサン・ジョバンニの塔

[10] 地中海の東端、レバノンのビブロスの海と遺跡。(世界文化遺産)
1993年に筆者が訪れた時の写真

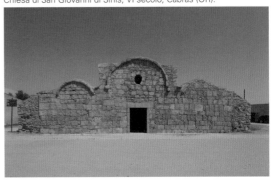

[11] サン・ジョヴァンニ・ディ・シニス教会の正面
Chiesa di San Giovanni di Sinis, VI secolo, Cabras (OR).

[12] サン・ジョヴァンニ・ディ・シニス教会のアプス。増築された年代によって石の積み方が異なる

　現在タロスを訪ねるならば、最寄りの鉄道駅はオリスターノで、そこから車でアクセスする。エリアの入口に駐車場と観光案内、ビーチを望むレストランなどがある。そのすぐ側にある、石造の奇妙な構造物が目に入るだろう。これはサン・ジョバンニ・ディ・シニスというキリスト教の教会堂である [11]。素朴な石造で、6世紀を起源とする。石の積み方を観察すると、場所によって明らかに違いがあり [12]、何度も増築されてきたことが窺える。石材の一部は、タロスの都市遺跡から転用されているそうである。平面形状は 3 × 3 ベイを基本としており、構法こそ異なるがエジプトなどに見られる原始キリスト教の教会堂 [13] に類似した佇まいからは、地中海を通した世界とのつながりを感じる。なお、先述のサン・ジョバンニの塔の名前は、こちらの教会堂から採られたものである。

　タロスの北約5キロにある小さな村に、もうひとつユニークな教会堂がある。サン・サルバトーレ・ディ・シニスは17世紀に建立された教会堂であり、地下にはヌラーゲ時代の"聖なる井戸"がある。今回は村の祭事と重なり見学できなかったのが残念である。このように古代以来の至聖所を上書きするようにキリスト教化する手法を、辺境（現在の西ヨーロッパから見て）で目にすることがあるが、この場所の特別さを強く感じる組み合わせである。周辺の集落も素朴で美しい。

　オリスターノ湾の北側にあるスターニョ・ディ・カブラスは自然の美しい池である [13]。この地域からは、謎に満ちた古代遺物が発見されている。「モンテ・プラマの巨人」と呼ばれる石像である。その巨大さだけでなく、大きな目の表現は類を見ないもので、ヌラーゲとともに文明の独自性を示しており、今やサルデーニャのシンボルである。

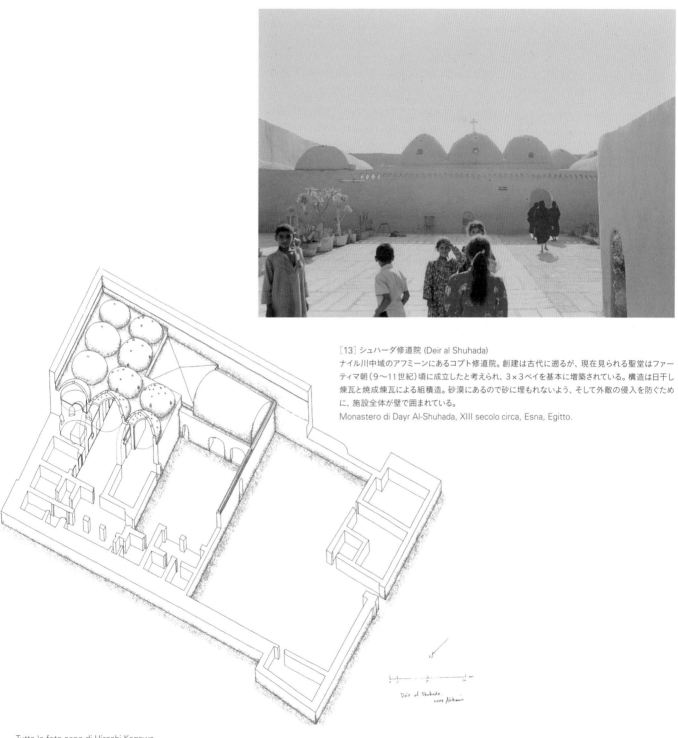

[13] シュハーダ修道院 (Deir al Shuhada)
ナイル川中域のアフミーンにあるコプト修道院。創建は古代に遡るが、現在見られる聖堂はファーティマ朝（9〜11世紀）頃に成立したと考えられ、3×3ベイを基本に増築されている。構造は日干し煉瓦と焼成煉瓦による組積造。砂漠にあるので砂に埋もれないよう、そして外敵の侵入を防ぐために、施設全体が壁で囲まれている。
Monastero di Dayr Al-Shuhada, XIII secolo circa, Esna, Egitto.

Deir al Shuhada.
near Akhmim

Tutte le foto sono di Hiroshi Kagawa.

香川 浩
Hiroshi Kagawa
1991 工学院大学建築学科卒業（波多江健郎研究室）
1994　芝浦工業大学大学院修士課程修了（三宅理一研究室）
中村勉総合計画事務所、東北芸術工科大学環境デザイン学科助手を経て、
スタジオ香川主宰
一般社団法人DOCOMOMO Japan理事、工学院大学建築学部非常勤講師

Il culto delle acque sacre in Sardegna

サルデーニャで出会った水の聖地

陣内秀信
Hidenobu Jinnai

[1] サンタ・クリスティーナの聖なる井戸
Santuario nuragico di Santa Cristina, XI secolo a.C., Paulilatino (OR).
Foto di Giovanni Piliarvu.

地中海の聖なる島

　我々日本人の多くは今でも、水に聖なる意味を感じ取るセンスをもっている。この国では古来、湧水の近くに神社が祀られ、水に神輿を入れて禊を行い安全、豊漁を祈願する祭礼が行われてきた。

　西洋でも古代のギリシアやローマの時代には、水は聖なる要素と考えられ、こうした聖なる場所の意味が広く存在した。だが、キリスト教が普及すると、それは否定され、水と結びついた聖なる場所の意味が弱まり、やがて忘れ去られた。

　キリスト教以前のヨーロッパ大陸に広く分布し、やがて西へ移動したケルト民族がこの面から注目される。水への信仰心をもち、彼らの足跡を留めるフランス各地に、湧水、聖なる井戸が分布するのを確認できるのだ。例えば、フランスのシャルトル大聖堂は、先住民族としてのケルトの水の聖地の上に建設されたことで知られる。

　現代のイタリアにそうした水の聖地を受け継ぐ

場所がないかと思っていた頃、幸いにも私はサルデーニャと出会った。ここに実は、日本、あるいはケルトの世界とも通ずる水への信仰が色濃く見られたのである。

　この神秘に包まれる島には、ヌラーゲという巨石構造物に象徴されるヌラーゲ文明が開花し、紀元前1500年頃からローマ人に滅ぼされる前300年頃まで続いた。ギリシアやエトルリアよりずっと古い時代に、かくも高度な文明があったことは案外知られていない。

　サルデーニャの人々は大自然のもと、土地の力を感じとりながら生きた。その文明の全盛期にさしかかる前13世紀頃、この島では、大地の恵みである「泉」に対する信仰が始まったという。水は生命の源であり、またその霊力が場所に聖なる特別な意味を与えてきたのだ。島のあちこちに「聖なる井戸」と呼ばれる聖なる場所がつくられた。どれも、ヌラーゲに通じる驚くべき高度な石造の技

[2] 精巧な石積みで遠近法を演出する階段　Photo di Carlo Pelagall.

[3] 階段の奥の聖なる井戸の水　Foto di Giovanni Piliarvu.

術を駆使し、崇高で神秘的な雰囲気をただよわせる水と結ばれた聖域を実現している。

高度な技術でつくられた水の神殿

　なかでも、中西部サルデーニャのオリスターノ近郊にあるサンタ・クリスティーナの聖域跡がよく知られ、サルデーニャ観光の目玉となっている。我々法政大学陣内研究室が行ったサルデーニャ調査においても、重要な訪問地の一つだった。ヌラーゲ時代は羊飼いの社会であり、人々の行動範囲は広く、よく移動した。ここは巡礼の地で、遠方からも人々が訪ね、集まり、宿泊もした施設群が集落跡として遺跡となって残っている。

　その一角に、象徴的な中心施設として「サンタ・クリスティーナの聖なる井戸」がある［1］。弧を描く低い石壁で囲われた聖域に、地下に降りる階段の空間［2］がある。地上の降り口では広い幅をもつが、下がるに従って狭まり、遠近法の効果を発揮する。階段の上方は空に開き、上から見ると三角形の整った形をしている。同時代に沢山つくられたヌラーゲの荒々しく豪快な石積みとはまるで違う。驚くほどに精巧にカットされた切石。それをモルタルなしで丁寧に積んだ左右の滑らかな壁がつくり出す見事な階段状の構造物は、現代建築も顔負けだ。まるで冥界に向かうように神聖な気持ちで階段を降りていくと、地中深くに水が湧いている［3］。まさに神秘な泉の水を信仰の中心とする地下神殿なのだ。井戸の上部には明かり取りが設けられ、太古から湧き続ける水面を淡く照らしている。かつてこの神秘的な雰囲気のなかで、聖なる水を用いた魔術的ともいえる治療がなされていたと考えられる。季節による光の入り方を天体の動きから解析し、この古代の儀礼用の施設の構造の秘密を解き明かす天文考古学なるものがあるという。

[4] サン・サルヴァトーレ教会
Chiesa di San Salvatore di Sinis, VI secolo, Cabras (OR). Foto di Yuki Sugihara.

[5] 周辺のムリステネス　Foto di Yuki Sugihara.

[6] サン・サルヴァトーレ教会と周辺のムリステネス　Foto di Hidenori Jinnai.

古代の水の聖地に重なる「田園の教会」

　次に、現代の人々の暮らしの空間としてまだ生きている聖地に目を向けよう。サルデーニャ島中部の岬の先に、フェニキア、ローマの古代文化が重層するターロスというよく知られた都市遺跡がある。その近くのカブラスの町に帰属する「田園の教会」、サン・サルヴァトーレ教会[4]に、是非立ち寄ってみたい。町の住民が大切にするこの教会は、聖なる場所としての驚くべき歴史の重層性を見せる。

　そもそも「田園の教会」、すなわちイタリア語のchiesa campestra という言い方が、私には新鮮な響きをもった。南部サルデーニャのカンピダーノ地方のある村で老婦人から聞いた時、最初は何のことやらわからなかった。前後の文脈から推して、教会の固有名詞ではなく、町外れの田園にぽつんと存在する教会を指す一般名詞であるとようやく理解できた。祭りを大切にするサルデーニャの人々の暮らしにおいて、極めて重要な宗教施設なのだ。貴重な情報を得た我々調査メンバーは、期待をもってこのサン・サルヴァトーレ教会を訪ね、そこに継続している時間の長さに圧倒された。ヌラー

[7] 教会内部　赤い絨毯の下に井戸がある
Foto di Yuki Sugihara.

[8] 教会地下　ヌラーゲ時代の聖なる井戸
Pozzo sacro di età nuragica situato nel sotterraneo della chiesa.
Foto di Hidenori Jinnai.

ゲ時代の聖なる水のトポスが、今なお受け継がれているのに、深い感銘を受けたのである。階段で5メートルほど降りた地下のレベルに、ヌラーゲ人が使った聖なる井戸 [5、6] がある。湧水はここでも生命の源であり、古代の人々にとって重要な信仰の場だった。後にやってきた征服者であるローマ人たちが、この聖なる場所に対して敬意の念を示し、宗教空間として受け継いだことが、壁にウェヌス（ヴィーナス）、マルスなどの神の像が描かれていることからわかる、と案内役の考古学者が説明してくれたのだ。

　中世の人々もここに神聖な雰囲気を感じとり、この地下の空間がそのまま教会の礼拝に使われた。後の時代に、さらにその上に地上の教会堂が建設されたが、地下の井戸は大切に守られてきた。

このサン・サルヴァトーレ教会は、カブラスの町の人たちにとって、守護聖人の祭りの期間、9日間（ノヴェーナ）を過ごす「ノヴェナーリオ」という「田園の教会」であり、厳粛な宗教行列を行ってここへ移動し、教会を囲むムリステネス [7、8] という小さな家に泊まり、祈りと祝宴を行ってきた。実に興味深い習慣だが、イタリアでもサルデーニャ以外で私は聞いたことがない。しかも、面白いことに近年では、快適なこの地を活かし、夏の間、カブラスの町の人々が長期滞在するようになり、一種のヴァカンス村の様相を見せている。ヌラーゲ時代の人々が選んだ優れた場所は、後の時代に幾度も新たな意味を加え、使い続けられてきた。我々が調査で訪れた時も、人々の楽しげな声が響いていた。

静寂に包まれた「水の劇場」の遺跡

　ヌラーゲ時代の聖地の極めつけの場所が、北部サルデーニャのビッティという町の近郊、ロマンゼスという名の土地にひっそり存在する。この地に私は20年程まえ、ある親しい旅行会社と組んで、マニアックなツアーを企画して訪ねた。当時、少し前に発掘されたばかりで、本にも紹介されていない場所だった。

　高台に広がる静寂に包まれたコルクの林に、ヌラーゲ時代を中心に形成された聖域が潜む。東端にある「聖なる井戸」から、こんこんと湧く水を引く堀が西に伸び、その先の西端に、石の階段がまわりに巡るまるで円形劇場［9］［10］のような格好いい空間がある。すべて石を積んで人工的に構築されたこのコンプレックスの全長は約35メートルに及ぶ。案内をしてくれた地元の考古学者が、いかにもという面白い説明をしてくれた。「聖なる井戸」が女性の象徴であるのに対し、堀のまわりに立つメンヒル（立石）は男性の象徴であり、豊穣を意味するというのだ。

　一方、西端の円形劇場のような階段が巡る水を張った空間では、人々がそこに座って囲み、中央で水を用いたさまざまな宗教的、政治的な儀礼、祭礼が行われていたと想像される。水のもつ浄める力が発揮され、禊にあたる儀礼的な行為がなされていたようだ。

　それと関連し、つい最近、奈良県明日香村で発見された飛鳥京跡苑池の湧き水を利用した7世紀の流水施設が思い起こされる。石組みの中に湧き出た水が、大規模な石敷き区画の中に設けられた溝を流れる構造で、天皇が祭祀などで使う重要な空間だった可能性が高いという。

　こう見てくると、ケルト同様、サルデーニャというヨーロッパの古層を留める独特の文化圏には、日本とも相通じる水に聖なる力を感じ、敬う精神性が色濃く受け継がれてきたことがよく理解できる。

［9］ロマンゼスのヌラーゲ西端にある円形劇場
Anfiteatro a gradoni all'estremità occidentale del complesso nuragico di Romanzesu, Bitti. Foto di Hidenori Jinnai.

[10] 円形劇場を反対側から見る
Foto di Gianni Careddu, Wikimedia Commons.

陣内秀信
Hidenobu Jinnai
1947　福岡県生まれ
ヴェネツィア建築大学留学（イタリア政府給費留学生）
ユネスコ・ローマ・センター留学
東京大学大学院工学系研究科博士課程修了
1982　法政大学工学部建築学科専任講師、助教授、教授を経て
2007　法政大学デザイン工学部教授
2018　退任後、法政大学特任教授
専門はイタリア建築史・都市史。地中海学会会長、
都市史学会会長を歴任
『ヴェネツィア　水上の迷宮都市』（講談社現代新書1992）、
『地中海の聖なる島　サルデーニャ』（山川出版社2004）、
『水都ヴェネツィア　その持続的発展の歴史』
（法政大学出版局 2017）など著書多数。

[2] スー・ヌラージ・ディ・バルーミニ
（紀元前1600−同1400年、青銅器時代）
Su Nuraxi di Barumini, XVI-XIV secolo a.C., Barumini (SU).
遠くから見ると石を積んだ小山のように見える

地中海に浮かぶ小島は意外に多いが、私が訪れたのはギリシャのクレタ島、イタリアのシチリア島とサルデーニャ島、フランスのコルシカ島そしてマルタ共和国の五島だけで、いずれもそこにしかない独特の歴史的建築があるから訪れている。クレタには古代ギリシャに先行するクノッソス宮殿、シチリアにはロマネスクの古式をよく伝えるサン・カタルド教会（San Cataldo）、コルシカとマルタには新石器時代の巨石墳墓がある。今回のテーマのサルデーニャには何があるのか。

マルタの巨石遺跡 [1] とくらべると小型だが、種類からいうとはるかに充実した石造遺跡群が集中している。コルシカもマルタもサルデーニャも、石器時代には地中海の中心地だったのではないかと

サルデーニャ

藤森照信
Terunobu Fujimori

謎の石造遺跡の島

Sardegna: la misteriosa isola di pietra

[1] ハジャーイム神殿。マルタ（紀元前3600−3200年）Tempio di Hagar Qim, 3600-3200 a.C.,Malta.

私はにらんでいる。理由は、石器時代の力の象徴ともいうべき巨石による表現はイタリア本土にもなく、この三島にしか残っていないからだ。といいながら、実際三島を巡ってみると、いずれも狭いし平地は少ないし、石器時代の気候は今のように暑く乾燥していないかもしれないが、中心地とにらむのはにらみ過ぎの不安はぬぐえないが。

サルデーニャの各種石造遺跡の中で巨石ファンの間で一番有名なのはヌラーゲと呼ばれる住居跡で、今回の「工学院大学建築系同窓会誌NICHE海外取材班」ももちろん取り上げている。

ヌラーゲ[2]が石器時代の住宅としてユニークなのは、ゴロゴロした石を円筒状に積み上げただけの小山のような形状をとっていたからだ[3]。開口部は狭い出入口と、円筒の頂部だけで、おそらく頂部は木製のトンガリ帽子屋根とし、一部に明かり取りの窓があったのだろう[4]。そのように復原されていた[5]。

[3] しっかりした岩を組んで円筒を作る

[4] 中央には円筒形の「ホール」？があり、かつては屋根が架かっていたにちがいない。一層目には各室に通じる小さな出口が開く

[5] ヌラーゲ・サントゥ・アンティネにあった復原家屋

［6］この丸い穴がきっと一軒の「家」に当たり、ポコポコと連続する

こうした厚い石の円筒住宅が集まって一つのカタマリをなし［6］、カタマリの中央には大きな数階分の円筒が作られ、そこが集落の共同の場となり、作業したり料理を作ったり、祈ったりしていた［7］［8］［9］。

今の目で見ると奇怪な住まいにして、類のない集合形式にちがいないが、私が関心を持ったのは、新石器時代最高最大の住宅群として知られる現トルコ南部のチャタル・ヒュユクの遺跡［10］と、その激しい自閉性が共通するからだ。

チャタル・ヒュユクは、戸数数千、推定人口最大1万人を数えながら、建築に窓というものはな

［7］何かの保管用か

［8］水盤とアーチは儀礼の場だろう。世界最初のアーチ！？

［9］儀礼の場か？

く、土の厚い壁の内に住いは自閉し、出入りは屋上の穴からのみ。こうした建築が隙間なく並んでいるから、一万人の住む"都市"を訪れても、ただ壁が横に長く続くだけ［11］。こうした土の箱が隙間なく続くなかに、共同の場として使われる屋根のないオープンな場がポコリポコリと開いている。こんな完全自閉住宅群というか"都市"のなかにも"王宮"があり、その中心には玉座に腰かけてまさに出産中の女性の像が飾られていた［12］。土を焼いて作られ、その小ささといい乳房と性器を強調した姿といい、日本の縄文時代の土偶との通底性を認めないわけにはいかない。

チャタル・ヒュユクといいヌラーゲといい、人類の住いと都市（住居群）の原型の一つとして完全自閉空間があったにちがいない。チャタル・ヒュユクもヌラーゲも新石器時代の遺跡である。この時代にチャタル・ヒュユクを含む地中海東岸の「肥沃な三日月地帯」で麦による農耕が始まり、旧石器時代の狩猟経済には困難な富の蓄積が起こり、都市化が芽をふく。すると、当然のように周辺の遊牧民や狩猟民といった勇猛な勢力が襲う。季節変動の折には民族移動のようにして包囲し、襲った。

［10］チャタル・ヒュユクの遺跡、トルコ
Sito archeologico di Çatalhöyük, 7100-5700 a.C., Konya, Turchia.
Foto di Omar hoftun, Wikimedia Commons.

［11］チャタル・ヒュユク新石器時代の村の模型
Riproduzione dell'insediamento neolitico di Çatalhöyük.
Foto di Wolfgang Sauber, Wikimedia Commons.

［12］チャタル・ヒュユクの座った女性像、アナトリア文明博物館
La Dea Madre seduta di Çatalhöyük, conservata al Museo della Civilizzazione Anatolica di Ankara, Turchia.
Foto di Nevit Dilmen, Wikimedia Commons.

[13] サ・コベッカーダの巨人墓（紀元前3500–同2900
年、新石器時代）
Dolmen di Sa Coveccada, ,3500-2900 a.C., Mores
(SS).
周囲に羊が群れている。地中海の島は暑くて乾いている
が、サルデーニャには冬に雨が降り、草と樹がそこそこ育つ

[14] 彫像としても素晴らしい。小さな入口がこの施設が人間用であることを語る

[15] 天井石のなくなった室内から入口を見る

　そうした外からの襲撃から守るため完全自閉の
住いと都市（住居群）が必要になった、とまでは
分かるのだが、ヌラーゲの場合、サルデーニャに
そんな狙われるような富がどうして蓄積されてい
たかが分からない。当時の富の蓄積は、保存のき
く食糧に限られるから、農業による穀類か、牧畜
による干し肉か、漁業による干し魚あたりになる
だろうが、干し肉や干し魚のもたらす富はさして
期待できないとすると、時代がさかのぼるほど貴
重になる交易品としての塩か。コルシカやマルタ
と合わせ考えると、乾燥を利用した塩だったかも
しれないし、あるいは何か今は無くなった産物か
仕事があったのか、不明。
　謎の住居遺跡の次に死者のための石造墳墓につ
いて。マルタの巨石遺跡は墳墓だったが、サルデ
ーニャはその姿形がそうとう異なる。

　サルデーニャの石造墳墓には二つのタイプがあ
り、まずはドルメン形式から。ドルメンはケルト
語で石造古墳をさし、平たい石柱を立てて囲み、上
により大きな平たい石を載せ、その上から土を盛
る形式で、新石器時代を象徴する墓として知られ、
ヨーロッパ各地と北アメリカ、東アジアでは朝鮮
半島に分布する。日本の新石器時代の縄文時代に
は作られず、飛鳥時代に入ってから大陸から伝わ
っている。
　サルデーニャでもヌラーゲほど多くはなく、サ・
コベッカーダの巨人墓［13］が印象深い。世界のド
ルメンと較べての特徴は入口にあり、一枚石の中
央に小さな穴をあけている［14］［15］。羊の群れる
草原の立地といい、小さな穴といい、造形的には
「名品」といっていいだろう。

［16］サンエナ・エ・トーメスの巨人墓（紀元前1600-1500、青銅器時代）
Tomba dei giganti di S'Ena e Thomes, età del bronzo, Dorgali (NU).
中央に入口を設け、その両側に手を広げるように石を積んで迎え入れる

　ドルメンの発達形といえるのはカーラ・ゴノネの近くにあるサンエナ・エ・トーメスの巨人墓［16］で、石造の表現力は強くはないが、前面の作りが発達を見せ、平たい自然石を立て、二段に分けて削り、下段に小さな入口を開けている［17］［18］［19］。自然の歪みと人工の加工の二つがあいまって、微笑ましさと記念性がいいバランスで同居する造形となっている。私の好みに合う。中央の石の左右には石が並び、来た人を囲むようにカーブして伸びるのは、この島以外のドルメンでは見たことがない。

［17］期せずして生まれる造形。入口の小ささが利いている

［18］墓の半分の天井石はない。再利用されたにちがいない

［19］中から入口側を見る

[20] タムーリのヌラーゲ。（紀元前1500−同1200年、青銅器時代）
Complesso nuragico di Tamùli, 1500–1200 a.C., Macomer (NU).
地方の「王」を埋葬した大きなドルメンだが、今は崩れている。

[21] タムーリの巨人墓の入り口には巨岩に空けた穴が。

[22] タムーリの巨人墓の復原図
（紀元前1500−同1200年、青銅器時代）
Tomba dei giganti nel complesso
archeologico di Tamùli, 1500-1200 a.C.,
Macomer (NU).

　同型のもっと大型のものがタムーリのヌラーゲ [20] の近くにある。巨人墓は崩れているが [21]、復原図 [22] によると、左右にカーブを描いて並ぶ石の壁が、墓前の空間形成に大きな働きをしていたことがうかがわれよう。この姿を見て、横たわってこちらに向けて股を広げる女体を連想した。ヘンな連想と思われるだろうが、新石器時代の世界の造形は強い共通性を持ち、たとえば日本とマルタには乳房と性器を強調した妊娠中の女性の体を模した土偶 [23] [24] が大量に出土し、先のチャタル・ヒュユクの出産中の土偶をはじめヨーロッパ中から性を印象付ける土偶や石像が出土する。
　大本は旧石器時代の地母信仰にあり、死者の再生を祈り、性交→出産→生→死→再生、という生命循環の速やかな進行を祈り、祈りを込めた造形を石や牙に刻み、その習いが次の新石器時代まで続いた、と私は考えている。

[23] 縄文のビーナス。土偶、国宝、長野県茅野市棚畑遺跡（紀元前3000−同2000）
Venere di Jōmon, MMM–MM a.C., scoperta nella prefettura di Nagano, Giappone. Foto di Takuma-sa, Wikimedia Commons.

[24] マルタのビーナス。ハジャーイム神殿。マルタ（紀元前3600−同3200年）
Venere di Malta, 3600-3200 a.C., scoperta nel sito archeologico di Hagar Qim, Malta.
Foto di Hamelin de Guettelet, Wikimedia Commons.

崩れて岩の小山と化したドルメンの横を見ると、見慣れた石造物が立っているではないか。北はスコットランドのルイス島からイギリスのストーンサークル、フランスのカルナック、アジアでは日本の大湯環状列石など、さらにはメキシコのマヤ遺跡まで集中的に探訪したことのあるスタンディングストーン（メンヒル）[25] にほかならない。

　近づいて確かめると、何本か立つ中のひとつの頂部に二つの可愛い膨らみが掘り出されているではないか [26]。巨人墓には王を、こっちには王女を葬ったのかもしれない。

　石や木の柱を立てる習いは、新石器時代の太陽信仰にしたがって死者の魂を天に届ける装置として出現し、それこそ世界中の人類の足跡のあるところに遺跡として分布している。

　ドルメンの隣にスタンディングストーンが立つ状態に「ここもそうか」と思った。新石器時代の墓標は、まず石と木を立てるところからスタートし、途中でドルメンに変わっていったことがフランスのカルナックやアイルランドのニューグレンジといった大遺跡から知られているが、地中海の孤島でも同じだった。

旧石器時代の地母信仰に続き、新石器時代には太陽信仰が生まれ、二つの信仰が重なって新石器時代の墓制は成立している。地母信仰の旧石器系としてはまず妊婦像が、続く新石器時代に入ってからドルメンが現われ、太陽信仰の新石器時代には立柱が出現している。新石器時代は新旧が複雑に重なり合った墓制をとっているが、生と死に関わる儀礼こそが彼らの信仰の核心だったのだからしかたがない。

[26] 女性を示す乳房が付く。王はドルメンに、女王はスタンディングストーンの下に埋葬したのかもしれない

[25] 周囲にはスタンディングストーンが立つ

93

[27] プラヌ・ムテッドゥのネクロポリス（紀元前3200–紀元前2800年、新石器時代）
Sepolcreto di Pranu Muttedu, 3200-2800 a.C., Goni (CA).
広範な考古学遺跡公園に5つの墓地がある。同心円状の石で構成された「墓2」遠景

[28]「墓2」右手に守護石のメンヒル、中央には四角形の小型の門

[29]「墓2」中央の2つに区切られた埋葬室

スタンディングストーンについてサルデーニャを調べていると、「ネクロポリス（死者の町）」と呼ばれる遺跡のあることが分かった。新石器時代の建造物を代表する立柱遺跡を世界に訪れても、石の柱か、木の柱の場合、穴の跡しか残っておらず、その柱の周囲の様子が失われているというのに、サルデーニャのネクロポリスには周囲を含めセットで残っているというではないか。ほとんどの世界の遺跡ではその後の長い間に周囲の石は運ばれて他の用途に使われたり畑に変わったりしたというのに、サルデーニャで昔のままに温存されたのは、蚊の力だった。蚊の媒介するマラリアが猖獗（しょうけつ）し、島の人口が遺跡のある内陸部から蚊の少ない海岸部に去り、遺跡の一帯はやがて藪と木の茂る密林へと変わっていった。そして、第二次大戦でイタリアは破れ、イタリアに進駐した米軍は、サルデーニャに上陸し、残存兵の武装解除を進めるためDDTを大量に散布して密林に分け入り、手付かずのネクロポリスを発見した、とガイドが説明してくれた。

セットで残るネクロポリスを期待を胸にプラヌ・

[30]「墓2」埋葬室から出土した、オツィエリ文化時代の小さな壺、小剣、黒曜石の矢じり
Goni, reperti da Pranu Mutteddu. Foto di Comune di Goni, Sardegna Digital Library.

ムテッドゥ［27］［28］［29］［30］を訪れたが、点々とメンヒルやドルメンが立ち［31］［32］、その周囲には石が並び、穴や溝が掘られ［33］、何らかの儀式が執り行われたとは分かったが、何がどのようにされたかは見当もつかなかった。現地の考古学者にとってもきっと謎のままだろう。

[33]「墓1」の二重の円陣

[31] 整列した60のメンヒル。サークル状はなしていない

[32] 孔子像をしのばせるメンヒルも混じる

Tutte le foto sono di Terunobu Fujimori.

藤森照信
Terunobu Fujimori
建築史家、建築家。1946年長野県諏訪郡宮川村（現茅野市）生
まれ。東京大学大学院博士課程修了。専門は近代建築、都市計
画史。東京大学名誉教授、東京都江戸東京博物館館長、工学院
大学特任教授。1991年〈神長官守矢史料館〉で建築家として
デビュー。作品に〈草屋根〉〈多治見市モザイクタイルミュージアム〉ほ
か多数。『NICHE 02』（NICHE編集部）の「台湾のフジモリ建築」
にて茶室を紹介。著書に『建築探偵の冒険・東京篇』（筑摩書房）、
『藤森照信の原・現代住宅再見』（TOTO出版）ほか多数。

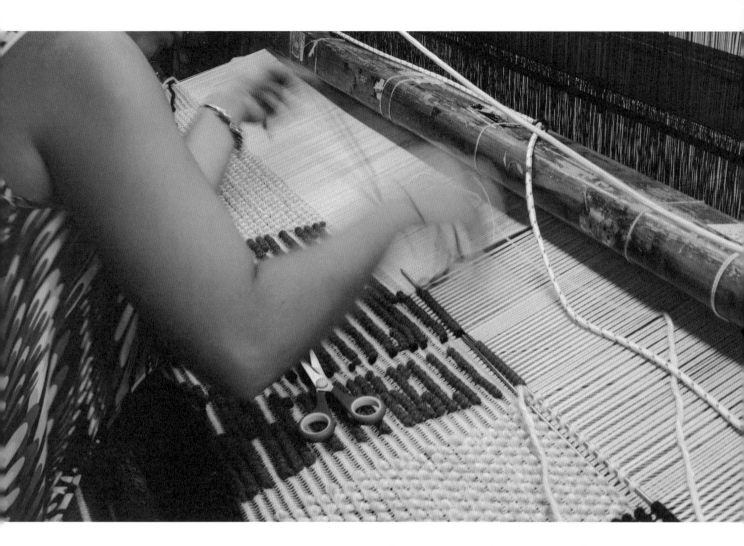

Artigianato tradizionale Sardo

3章 サルデーニャの伝統工芸

[2] タヴォラーラの代表作「サルデーニャの人形」(1931–1932)は、木彫の体に布製のサルデーニャの衣装をまとっている。
Tra le opere più famose di Tavolara troviamo le bambole sarde (1931–1932). I corpi in legno intagliato indossano dei costumi sardi realizzati in stoffa.

Dall'artigianato al design:
l'evoluzione della tradizione Sarda

ステファノ・エルコラーニ
Stefano Ercolani

職人技からデザインへ
サルデーニャの伝統の進化

[1] エウジェニオ・タヴォラーラ(1901–1963)サルデーニャ生まれの彫刻家、陶芸家、イラストレーター、デザイナー。職人技をデザインに変え、サルデーニャの進化の精神を体現した。
Eugenio Tavolara (1901–1963). Scultore, ceramista, illustratore e designer sardo, Tavolara incarna lo spirito di evoluzione che ha trasformato l'artigianato dell'isola in design.

サルデーニャという名前が訴えかけるものは、多くの場合、限られているという印象がある。サルデーニャの精神とは、いわば大陸の中で最も小さく最も古いミニチュア世界であり、ヨーロッパの本質であり、自律した文化のゆりかごである。この小宇宙には、海と風がもたらした外国の知識とサルデーニャ固有の知識が混ざり合って出来た、複雑で凝縮された古風な記憶がある。歴史的な積み重ねと様々な文化の影響の混合は革新的な破壊をものともせず、数千年を重ねたサルデーニャの功利的芸術の傑作として現れた。

20世紀半ば、フランスの考古学者で民族学者のアンドレ・ルロワ＝グーランは、功利主義的でない芸術は存在しないと断言した。近代以前の西洋の視点では、美的要素が、実用的な要素をはじめとする他の要素と組み合わさっている具合に注目した。よって美的な価値は製品の寿命、機能、有用性にあった。

アンジョーニは述べた。「現代の西洋文化で発生した芸術と機能の分断は、芸術と非芸術の定義についての議論を巻き起こし、その中で他の対立が生じた。たとえば芸術と手工芸、芸術家と職人、職人技と芸術的な職人技との間の対立だ。ヴァルター・ベンヤミン等の思想家によって、芸術作品に埋め込まれた反復できない独自性とは複製が不可能な価値であり、連続性とは、より民主的な有用性のためだけにその神聖なアウラが取り除かれたものと考えられていた。こうした美学と実用性、創

造と生産、独創性と連続性の間の対立は、芸術の世界を社会から徹底的に隔てる傾向にある」
以前はこの組み合わせしかなかった。文化全体で、技術と技能と善意で作られた物はすべて芸術とみなされていた。古代ギリシャのテクネを思い浮かべてほしい。テクネとは活動を実行する人間技を示し、後にローマ人にはアルスと呼ばれた。[1]

数世紀後、サルデーニャの伝統を活かした傑作では、芸術の包括的な方法が見られる。日常生活の視点の美学を強調し、芸術面と機能面という区分を乗り越え、複製した製品に価値を与えることができた。サルデーニャの工芸品は、美しさはオリジナリティと緊密に結びつくと考える傾向に反することが証明された。というのも、複製はそれ自体革新的である。既知の要素を新たにつなぐ統合によって創造性が与えられる。さかのぼればヌラーゲ時代の籐のバスケットを含め、すべては常に新たに生まれた。

エウジェニオ・タヴォラーラ[1]は、芸術と職人技、美学と実用性の議論の一部に入る人物だ。彼の記事は1930年代半ばには地方紙や全国紙に掲載され、彼は二重の方法（意味）でサルデーニャの工芸品部門に加わる必要性を支持していた。アルテアは次のように述べた。「『古代の完璧な再提示』を確約し、伝統的な形態と知識の遺産を保護し、そして、現代の芸術家が構想した明確なデザインを用いて様式と図解書を更新した」[2]

アルテアとマニャーニは次のように述べた。「エウジェニオ・タヴォラーラの取り組みを枠にあて

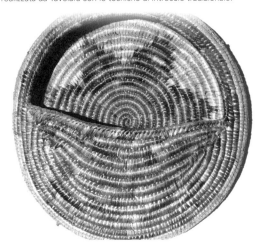

Spesso si ha l'impressione che l'appellativo di isola calzi in maniera restrittiva all'immaginario che si ha della Sardegna. Il suo spirito è più affine a quello di un mondo in miniatura, al più piccolo e antico dei continenti, culla di una delle culture più autentiche e autonome d'Europa. Questo microcosmo possiede una memoria arcaica complessa e compressa, data dalla mescolanza dei saperi autoctoni con quelli stranieri portati dal mare e dal vento. Le stratificazioni storiche e la commistione di diverse influenze culturali emergono nei capolavori d'arte sarda utilitaria, prodotto di ripetizioni plurimillenarie che sembrano non considerare rotture innovative.

Intorno alla metà del secolo scorso, l'archeologo ed etnologo francese Andrè Leroi-Gourhan affermò che non esistesse arte che non fosse utilitaria. Nella visione occidentale premoderna si è constatato come spesso la componente estetica si intrecci con altri fattori, primo fra tutti quello pratico; il valore estetico sta dunque nella vita del prodotto, nella sua funzione e nella sua utilità.

"La scissione tra arte e funzione, avvenuta nella cultura occidentale contemporanea, ha acceso un dibattito per la definizione di ciò che è Arte e ciò che è non-arte, all'interno del quale emergono altre opposizioni, ad esempio quella fra arte o belle arti e artigianato, fra artista e artigiano, fra artigianato e artigianato artistico. La serialità viene considerata da pensatori quali Walter Benjamin un valore incapace di incarnare l'unicità irripetibile dell'opera d'arte, spogliata della sua aura sacrale a unico vantaggio di una fruibilità più democratica. Questo conflitto fra estetica e utilità, creazione e produzione, originalità e serialità, tende a separare drasticamente il mondo dell'arte da quello della società.

Precedentemente, questo binomio era un unicum: in tutte le culture, qualsiasi oggetto realizzato con maestria, abilità e grazia, era considerato arte; basti pensare alla *techne* degli antichi greci, detta poi *ars* dai Romani che indicava la perizia umana nell'eseguire un'attività." [1]

I capolavori tradizionali sardi, a distanza di secoli, consentono di guardare l'arte in modo includente, valorizzando l'estetica nell'ottica del vivere quotidiano, superando la divisione fra dimensione artistica e funzionale, e riuscendo a dare un valore aggiunto alla riproducibilità del prodotto.

I manufatti dell'isola si dimostrano in controtendenza con l'idea che la bellezza sia strettamente legata all'originalità, poiché la ripetizione può essere innovativa in quanto tale. La creatività è data dall'unione di elementi conosciuti tramite nuove connessioni. Tutto nasce sempre come nuovo, anche un cesto di vimini che risale all'età nuragica.

Nel dibattito fra arte e artigianato, estetica e utilità, si inserisce la figura di Eugenio Tavolara [1]: già dalla metà degli anni trenta, in un suo articolo apparso su testate locali e nazionali, aveva sostenuto la necessità di intervenire nel settore dell'artigianato sardo con un duplice approccio: "assicurare 'l'integrale riproposizione dell'antico', salvaguardando l'eredità di forme e saperi trasmessi dalla tradizione, e insieme a rinnovare stile e iconografie attraverso il ricorso a disegni di artisti di chiara impostazione moderna." [2]

"Risulta difficile inquadrare o dare una corretta definizione alla figura di Eugenio Tavolara; altrettanto difficile è trovare un filo conduttore che leghi insieme i vari pezzi della sua opera, oggi per lo più dispersi, così variegati: giocattoli in legno e stoffa [2], sculture [3], prodotti d'artigianato [4], arazzi [5], bassorilievi in gesso [6] e cestini [7].

La logica entro cui si può comprendere la figura di Tavolara è quella della bottega, nell'accezione espressa dal Bauhaus, cioè dalla

---

1 Cfr. G. ANGIONI, *L'estetica dell'utile* in "*Arte Sarda*", Nuoro, Ilisso Edizioni, 2014, p. 12.

2 G. ALTEA, *Il genius loci e il progettista distante. Artisti e laboratori tessili sardi nella Sardegna del secondo Novecento.* in "*Intrecci del Novecento. Arazzi e tappeti di artisti e manifatture italiane*", Milano, Moshe Tabibnia, 2017, p. 351.

[5]「つづれ織り」（1960）。水平織機が織りなす模様は現代性を強調しつつ、サルデーニャの織物の幾何学を想起させる。
Arazzo, 1960. Il pattern, realizzato tramite un telaio orizzontale da Tavolara, richiama le geometrie dei tessuti sardi enfatizzandole in chiave moderna.

[6] 石膏レリーフの「ろうそく祭り」（1946–1947）。タヴォラーラはサルデーニャ文化の祭礼を主題としたレリーフを数多く制作した。
I candelieri (1946–1947), bassorilievo in gesso. Molti sono i bassorilievi realizzati da Tavolara che hanno come soggetto i riti della cultura sarda.

はめたり、正確に定義したりするのは難しい。同様に、今日では散逸したさまざまな作品をつなぐ共通点を見つけることも難しい。彼の作品は、木製や布製の玩具［2］、彫刻［3］、手工芸品［4］、タペストリー［5］、石膏レリーフ［6］、バスケット［7］、彫刻を施した角や木と幅広い。

　タヴォラーラの論理はバウハウスの工房が表明した内容から理解することができる。すなわち、協働作業の実践に基づき、工芸活動にデザイン手法を適用する。タヴォラーラの姿の本質は、計画と協働という2つの言葉でまとめることが出来る。タヴォラーラにとって、工房の論理の実践とは、手工芸の限界を定めることではなく、逆に、その時代の思想と議論に自分自身を投入することだった。イタリア人がアーツ＆クラフト運動の遺産として始まったノヴェチェント（＊1920年代の芸術運動）に参加して経験したのは、モンツァビエンナーレ、ミラノトリエンナーレ、ENAPI（国立工芸品産業協会）だった。

　タヴォラーラの目的の中心は、造形文化として人気のある芸術的創造の基礎を再発見し、産業の連続性との対比するため職人技を活性化し、芸術

が本来備えている魔法的で宗教的な側面を回復することだった。芸術家のタヴォラーラは工芸部門が経験した深刻な危機につき動かされ、民俗的なセンスが低下した原因は、不愉快で不合理で巨大で、美的でも論理的でもなく、不適切な素材を用いて野蛮にくどく装飾したことだと特定した。タヴォラーラは賢明でバランスの取れた現代性を実践した［8］。合理的に、誠実な素材で、とりわけ完璧な技術で作ったのだ」[3]

　アルテアは述べた。「タヴォラーラが1930年代に取った戦略を踏まえ、ジオ・ポンティ（＊建築家、デザイナー）は雑誌『ドムス』にて、1937年のパリ万博に代表される国際的な『挑戦』の視点を提唱した。海外と肩を並べ、競争に打ち勝つモダンなセンスの製品開発の中心を占めたのは『歴史的』製品の『典型的』な特徴だった」[4]

　またアルテアは続けた。「この一派の考え方は国立工芸品産業協会（ENAPI）の主張の中心を成し、サルデーニャ工芸労働研究所（ISOLA）の目的となった。原材料を配り、トレーニングコースを編

prassi che prevede l'applicazione del metodo progettuale ad una attività di tipo artigianale, fondata sulla pratica del lavoro in collaborazione. L'essenza della sua figura può essere racchiusa in due parole: progettualità e collaborazione. Far propria la logica di bottega non significava per Tavolara chiudersi in un orizzonte limitato e febbrile ma, al contrario, inserirsi nel pensiero e dibattito del suo tempo, partecipando alle correnti del Novecento, a partire dall'eredità dell'*Art & Craft*, l'esperienza italiana, la Biennale di Monza e Triennale di Milano, nonché dell'istituzione dell'ENAPI (Ente Nazionale Artigianato e Piccole Industrie). Obiettivo fondamentale di Tavolara è quello di ritrovare nella cultura figurativa popolare i fondamenti stessi della creazione artistica, rivitalizzando l'artigianato allo scopo di contrapporlo alla serialità dell'industria, cercare quindi di recuperare dall'arte quella dimensione magico-religiosa che aveva in origine. L'artista è mosso della grave crisi attraversata dal settore dell'artigianato e ne individua la causa del declino nel gusto di ispirazione folkloristica da lui ritenuto stucchevole e irrazionale, mostruosità non solo estetiche ma anche logiche, eseguite con materiali non idonei e decorate in modo barbaramente prolisso. Tavolara invoca una modernità savia ed equilibrata [8], fatta di razionalità, fedeltà ai materiali e soprattutto di una tecnica perfetta." [3]

"La strategia attuata da Tavolara negli anni trenta raccoglieva le indicazioni proposte per l'artigianato italiano da Gio Ponti il quale, in vista della 'sfida' internazionale rappresentata dall'Esposizione di Parigi del 1937, aveva caldeggiato congiuntamente, sulla sua rivista 'Domus', lo sviluppo di progetti di gusto attuale in grado di reggere il confronto con la concorrenza straniera e il mantenimento, in alcuni centri, del carattere 'tipico' delle produzioni 'storiche'." [4]

"Questa scuola di pensiero era centrale nella politica dell'ENAPI e anticipava quello che sarebbe stato lo scopo dell'ISOLA (Istituto Sardo Organizzazione Lavoro Artigiano), cioè favorire la collaborazione fra artigiani e artisti dando ai primi i progetti dei secondi, distribuire materiali grezzi, organizzare corsi di formazione e allestire eventi espositivi. A livello nazionale le proposte dell'ENAPI non funzionarono e furono molteplici le critiche. In Sardegna però la situazione era assai differente, poiché qui il rinnovamento dell'artigianato affondava le radici in una profonda conoscenza del territorio e in un forte senso di coesione culturale. Tavolara e altri artisti locali lavoravano continuamente con artigiani singoli e gruppi[9], instaurando una relazione diretta e quotidiana, in particolare nel settore tessile dove il confronto fra l'artista e le tessitrici era fondamentale." [5]

In questo periodo, siamo alla fine degli anni trenta e inizio anni quaranta, "entra in crisi il concetto di bottega: l'artista non progetterà più nuove serie di oggetti da realizzare e produrre nell'ambito della propria bottega, ma tenderà progressivamente a identificare il proprio ruolo con quello di designer per l'artigianato" [6].

Se l'orientamento iniziale impresso agli interventi per il recupero del settore artigianale era stato caratterizzato dal binomio tradi-

[7] フルニダ編み技法と毛糸の刺繍で装飾した伝統的なバスケット。
Cestino tradizionale abbellito con la tecnica *frunida* e inserti in tessuto.

3 Cfr. G. ALTEA, M. MAGNANI, *Introduzione* in "*Eugenio Tavolara*", Nuoro, Ilisso Edizioni, 1994, pp. 9-11 e pp. 54-55.
4 G. ALTEA, *Il genius loci e il progettista distante. Artisti e laboratori tessili sardi nella Sardegna del secondo Novecento.* in "*Intrecci del Novecento. Arazzi e tappeti di artisti e manifatture italiane*", Milano, Moshe Tabibnia, 2017, p. 351.
5 Cfr. G. ALTEA, *Il genius loci e il progettista distante. Artisti e laboratori tessili sardi nella Sardegna del secondo Novecento.* in "*Intrecci del Novecento. Arazzi e tappeti di artisti e manifatture italiane*", Milano, Moshe Tabibnia, 2017, pp. 351-352.
6 Cfr. G. ALTEA, M.MAGNANI, *Introduzione* in "*Eugenio Tavolara*", Nuoro, Ilisso Edizioni, 1994, p. 102.

成し、展示会を企画し、職人に芸術家のプロジェクトを提供して、職人と芸術家との協働を期待した。こうした提案はイタリアの国内全体では機能せず、多くの批判を招いた。しかし全くサルデーニャの状況は違った。深い知識と一貫した文化的な感覚に根差して職人技が刷新された。タヴォラーラや他の地元の芸術家たちは、個々の職人やグループと継続的に協働し［9］、直接、日常的な関係を確立した。特に織物の分野では芸術家と織物職人との腕比べが基本であった。[5]

　1930年代の終わりと1940年代の初めの時期、「『工房』という概念は危機に直面していた。芸術家はもはや自分の分野では新たなシリーズを制作せず、次第に工芸品における『デザイナー』に自分の役割を見出していった」[6]

　当初の方針が、工芸分野の回復のため、伝統と現代を組み合わせて介入することだったとすれば、今やその目的は「伝統の刷新」になった。それは絨毯や伝統的な織物の生産に最初に反映された。
　「タヴォラーラは徐々に工夫を重ね、それらを新しい文脈に置き換えた。古代の遺物の装飾的なモチーフを引用し、写真のコラージュやデッサン［10］で新しい文脈に置き換えた。リズムやプロポーション、要素の組み合わせや異なる抑揚の構成に従って装飾の密度を減らし、現代的な家具に求められる様式に合わせた。実際にはタヴォラーラという芸術家の取り組みの結果であったが、この手順によって、典型的な風合いを強調し、維持する工芸生産の継続性が保証された。（中略）これらの製品にはタヴォラーラの名前や、工芸労働研究所で協力した他の芸術家の名前は記されなかった。（中略）サルデーニャではデザイナーの貢献を強調しなかった。何千年にもわたり、工芸品を自律的に創造することを強調したかったからだ。そこで工芸労働研究所の製品として工芸品を宣伝した。つまり、古代から地元に伝わった伝統の結果であり、デザイナーと職人が相互に取り組んだ結果とはしなかった。しかし、デザイナーの姿が消えると、それぞれの個性があった織工も同様に消えた」[7]

　芸術家達と職人達との協働によって、生産の実際の改修と、今では耐え難い「サルデーニャ様式」の克服が可能となった。刷新とは、民俗の伝統を否定することではなく、古代と伝統の完全な融合を作り出すことだと芸術家タヴォラーラは気づいた。

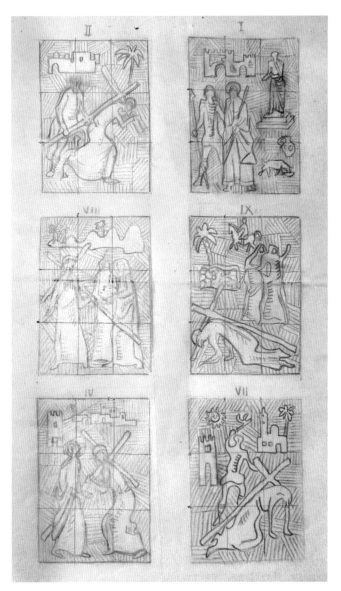

[10] タヴォラーラがデザインした「十字架の道」のスケッチ6枚。1938年に彫刻家のパスク
ワレ・ティロッカと制作した14枚組の木彫レリーフはカルボニアのサン・ポンツィアーノ教会に
現在も展示されている。
Bozzetti per la realizzazione di sei dei quattordici bassorilievi della *Via Crucis* (1938).
I pannelli in legno, realizzati sul disegno di Tavolara, sono stati scolpiti da Pasquale
Tilocca e sono tutt'ora esposti nella chiesa di San Ponziano a Carbonia (SU).

zionale moderno, si puntava ora al "rinnovamento della tradizione".
Se ne ha un primo riflesso nella produzione di tappeti e della tessitura tradizionale.

"Tavolara procedeva alla loro graduale rielaborazione: dopo aver
prelevato i motivi decorativi di manufatti antichi, l'artista li traspo-
neva in un nuovo contesto per mezzo di collage fotografici e di
disegni [10], seguendo ritmi, proporzioni, combinazioni di elementi
e cadenze compositive diverse, riducendo la densità degli ornati per
renderli meglio compatibili con le linee essenziali dell'arredo moderno. Questo procedimento garantiva un senso di continuità alla
produzione che, pur essendo di fatto l'esito del progetto di un
artista, conservava un accentuato sapore di tipicità. […]

I manufatti non erano proposti con il suo nome o con i nomi
di altri artisti che collaboravano con l'ISOLA. […] L'ente sardo non
dava risalto all'apporto del progettista perché l'intento era quello di
enfatizzare l'autonomia creativa di un artigianato che si voleva
mutato nei millenni. Gli oggetti di artigianato erano pubblicizzati
come prodotti ISOLA, vale a dire come frutto di un'antica tradizione
dalla netta impronta locale, e non come esito di un processo di
interazione fra designer e artigiano. Tuttavia, se il progettista scompa-
riva, lo stesso accadeva alle tessitrici intese nella loro individualità." [7]

La collaborazione fra artisti e artigiani ha permesso un effettivo
rinnovamento della produzione e il superamento dell'ormai intolle-
rabile "*stile sardo*", ricordando all'artista che svecchiarsi non vuol
dire rinnegare la tradizione folkloristica, ma significa realizzare una
perfetta saldatura fra l'antico e il moderno.

[7] G. ALTEA, *Il genius loci e il progettista distante. Artisti e laboratori tessili sardi
nella Sardegna del secondo Novecento.* in "*Intrecci del Novecento. Arazzi e
tappeti di artisti e manifatture italiane*", Milano, Moshe Tabibnia, 2017, p.353.

ジュエリー

I Gioielli

職人技からデザインへ
サルデーニャの伝統の進化

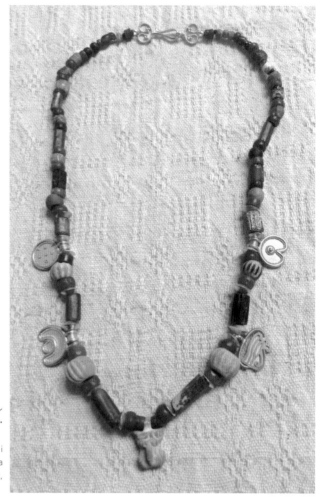

[1] 伝統的な形式で作られた金とガラスビーズのネックレス。カリアリの貴金属工房、ジエッセ・ディ・ガルディーノ・サバによる複製。
Collana in oro e pasta vitrea realizzata secondo i modelli tradizionali. La riproduzione è stata realizzata dall'oreficeria Giesse di Galdino Saba, Cagliari.

「サ」ルデーニャの伝統工芸において、宝飾品は特に長い間遵守されてきた分野の一つである。他の何よりも、地元の学者と島への旅行者の両者の興味をひきるける側面があるからだ」[1]

1700年から1800年にかけて地元の庶民の間で「サルデーニャ流」のジュエリーが普及し、同時に特徴的な衣服が形作られていった。上流階級向けと裕福ではない人向けの宝飾品の生産に明らかな違いはなかったが、前者には金を用いることが多かった。ジュエリーは特別な機会に寄贈されたり、大事な嫁入り道具の一部として授けられたりしたため、宝石を留める用語は「担保」と定義された。貴金属工房は、ドルガーリ、オリエーナ、イッティリ、ガヴォイなどのごく一部の例外を除いて、カリアリ、サッサーリ、ヌオーロ、アルゲーロの都市にあった。金細工師たちはかなりシンプルな道具を使っていた。サルデーニャで広く用いられた金属は銀で、金メッキが施されることも多かった。ガーネット、ターコイズ、珊瑚、真珠、シンプル

なガラスビーズなど半貴石で飾られた骨や、ニッケルや銅のジュエリーの作例も多くある [1]。

サルデーニャでは非常に古くから個人を装飾する伝統があり、島の歴史をひもとけば、技術革新や外部からの文化的影響がある。最初の宝飾品の発見は新石器時代にさかのぼる。この時代、宝石は村の段階的な階層組織の中での個々の地位や役割を強調した。
「新石器時代（紀元前2700年〜1800年）と青銅器時代（紀元前1800年〜900年）には、道具や武器だけでなく装飾品の生産においても冶金学の革命が起こった。石器時代のネックレスに加えて、銅、銀、青銅製の指輪、ブレスレット、ボタンが登場した」[2]

紀元前11世紀から9世紀の間に、偉大な商人であり航海者であったフェニキア人はサルデーニャに上陸して、数多くの主要都市を築き、植民地化を始めた。かなりの量の出土品が示すように、フェニキア人は金属やガラス材料や半貴石を扱う卓

"La gioielleria è uno dei comparti dell'artigianato tradizionale della Sardegna fra i più osservati nel corso del tempo, poiché costituiva uno degli aspetti che più di altri stimolavano l'attenzione sia degli studiosi locali sia dei viaggiatori che visitavano l'isola." [1]

L'uso dei gioielli "sardi" si diffonde fra le classi popolari autoctone a cavallo fra il 1700 e il 1800, parallelamente al fenomeno della formazione degli abiti tipici. Non vi era una netta separazione fra quella che era la produzione dell'oreficeria destinata ai ceti elevati della popolazione o alle classi meno abbienti, la differenza stava nella maggiore disponibilità di ori da parte dei primi. I gioielli venivano donati in occasioni di ricorrenze particolari oppure erano forniti come parte significativa della dote nuziale, da qui il termine prendas (pegno) che definisce un insieme di gioielli. I laboratori orafi, a parte qualche rara eccezione come Dorgali, Oliena, Ittiri e Gavoi, erano situati nelle città di Cagliari, Sassari, Nuoro e Alghero e i maestri orafi disponevano di un armamentario piuttosto semplice. Il metallo più utilizzato era l'argento, largamente presente in Sardegna, il quale spesso veniva dorato. Numerosi anche gli esempi di gioielli in osso, nichel o rame adornati con materiali semipreziosi come i granati, i turchesi, il corallo, la madreperla e semplici paste vitree [1].

In Sardegna la tradizione degli oggetti destinati all'ornamentazione personale è antichissima e si snoda nella storia dell'isola seguendo le innovazioni tecnologiche e le influenze culturali esterne. I primi reperti di oreficeria risalgono al Neolitico, periodo in cui il gioiello sottolineava, all'interno della piramide gerarchica del villaggio, la posizione e il carattere dei singoli individui.

"Nell'Età Eneolitica (2700-1800 a.C.) e in quella del Bronzo (1800-900 a.C.) la rivoluzione della metallurgia investe non solo la produzione degli utensili e delle armi, ma anche quella degli oggetti ornamentali: accanto alle collane litiche fanno la loro comparsa gli anelli, i bracciali e i bottoni in rame, argento e bronzo." [2]

Nel periodo compreso fra l'XI e il IX secolo a.C. sbarcano in Sardegna i Fenici, grandi mercanti e navigatori, i quali avviano un processo di colonizzazione con la fondazione di numerosi centri urbani. I Fenici, come testimonia la grande quantità di reperti, avevano grande abilità nella lavorazione di metalli, materiali vetrosi e pietre dure nonché una vasta produzione artigianale che comprende orecchini, collane, bracciali, pendagli e anelli [2].

Un altro popolo protagonista dell'evoluzione dell'oreficeria è quello romano, la cui gioielli caratterizzati da una forte policromia ottenuta con l'impiego di diverse pietre preziose. Disponiamo di

[1] G. CARTA MANTIGLIA, Gli accessori dell'abbigliamento in "Gioielli. Storia, linguaggio, religiosità dell'ornamento in Sardegna", Nuoro, Ilisso, 2004, p. 189.
[2] P. CORRIAS, Breve storia dell'ornamento prezioso in Sardegna dal Paleolitico all'Alto Medioevo in "Gioielli. Storia, linguaggio, religiosità dell'ornamento in Sardegna", Nuoro, Ilisso, 2004, p. 15.

[3] フィリグリー技法で作られたジュエリー。サンドロ・ピラ貴金属ラボラトリー(ドルガリ、ヌオーロ)による複製。
Esempio di gioiello realizzato tramite la tecnica della filigrana. Il ciondolo è stato realizzato dal Laboratorio Orafo Sandro Pira, Dorgali (NU).

[4] 粒金細工で制作したサルデーニャのボタン一対。サンドロ・ピラ貴金属ラボラトリー(ドルガリ、ヌオーロ)による複製。
Esempio di bottoni sardi realizzati tramite la tecnica della granulazione. I bottoni sono stati realizzati dal Laboratorio Orafo Sandro Pira, Dorgali (NU).

越した技術や、イヤリング、ネックレス、ブレスレット、ペンダント、指輪などを幅広く生産する職人技に長けていた。[2]

　宝飾品の進化におけるもう一人の主人公はローマ人だ。彼らのジュエリーの特徴は様々な宝石を使用した点にある。他の文化と違いローマ人はめったに墓に宝石を持ち込まなかったため、書物や彫刻の情報は豊富にあっても考古学的な証拠は残っていない。

　歴史の積み重ねと地理的に孤立した自然によって、文化的アイデンティティが慎重に保存される一方で、宝飾技術の絶え間ない進化が可能となり、ガラパゴス的にサルデーニャ流のスタイルが発展した。

　島の宝飾技術と材料は他の地域と大して変わりはないが、フィリグリー技法[3]と粒金細工[4]は特筆に値する。フィリグリー技法とは、少量の金や銀を糸状にしたものを渦巻き状にして花のモチーフを形成するもので、粒金細工とは、金や銀の小さな球体を宝飾品の表面に溶接して模様や装飾を施すものだ。

　サルデーニャのジュエリーの特徴は「平面性」で、ボリューム感は出さずに、様々な要素による力強い模様を強調する。渦巻き、乳房、ザクロ、星、太陽の形状という縁起の良いシンボルがふんだんに用いられる[5]。このような趣向に富む魅力的な価値に加えて、宝飾品に純粋に備わる経済的価値を忘れてはならない。宝飾品は隠して持ち運ぶことが可能で、対外価値が下がることのない、素晴らしい嫁入り道具であり、代々継承される貴重な資産だ。

　宝飾品の最たる特徴として、ガンチェラ、ボタン、ブローチは、今なお伝統的な衣服に不可欠だ。ガンチェラ[6]は鎖の一種で、男性や女性が羽織った衣服を留めるクリップの役割を果たす。銀製

Gancera in argento utilizzata per chiudere il costume tradizionale maschile. Foto di Giovanni Piliarvu

I motivi a spirale e i simboli solari vengono enfatizzati dalla planarità di questo gioiello in filigrana. Il ciondolo è stato realizzato dal Laboratorio Orafo Sandro Pira, Dorgali (NU).

una grande quantità di informazioni derivanti da fonti scritte e incisioni, ma a differenza di altre culture non disponiamo di reperti archeologici, in quanto di rado i romani portavano i gioielli nelle tombe.

Le stratificazioni storiche e l'isolamento di natura geografica hanno permesso all'oreficeria una costante evoluzione contrapposta all'attenta conservazione di un'identità culturale, consentendo ai sardi di elaborare uno stile autonomo e riconoscibile.

Nonostante le tecniche e i materiali dell'orafo dell'isola non differiscano molto da quelle di altre regioni, una menzione particolare merita la tecnica della filigrana [3] e quella della granulazione [4]: la prima, più diffusa, consistente nell'uso dell'oro e dell'argento ridotti in fili, applicati poi in forma di spirali e di motivi floreali stilizzati; la seconda consiste nell'uso di minuscole sfere di oro o argento saldate sulle superfici dei gioielli per creare texture o decorazioni.

Peculiarità distintiva della produzione di gioielli sardi è la "planarità", ovvero una marcata assenza di volumi accentuati, messa in risalto da una forte stilizzazione delle varie componenti, arricchita dalla ripetizione di simboli di buon auspicio quali: forme a spirale, mammellari, a melagrana, astrali e solari [5]. Oltre a queste suggestive e affascinanti valenze, non bisogna trascurare quella prettamente

economica insita nel gioiello, un bene occultabile e trasportabile, non soggetto a svalutazioni, dote nuziale per eccellenza e bene pregiato da tramandare da una generazione all'altra.

Tra i manufatti di oreficeria più caratteristici, che tutt'ora sono parte integrante degli abiti tradizionali, troviamo: la *gancera*, i bottoni e le spille. La *gancera* [6] è una sorta di catena che ha il compito di chiudere alcuni indumenti sia del vestiario maschile che di quello femminile, è realizzata in argento ed è costituita da due elementi estremi, in genere cuoriformi, e da una catenella di collegamento.

Il bottone [7] è senza dubbio il più importante e riconoscibile accessorio dell'abito tradizionale sardo. In genere viene realizzato in argento, anche se non è raro l'utilizzo dell'oro. Si possono individuare alcune forme ricorrenti: con calotte simmetriche a forma sferica o semisferica (melagrana), con calotta inferiore emisferica e calotta superiore conica, oppure il bottone a piastra circolare. Altro gioiello che caratterizza gli abiti tradizionali sardi è la spilla [8]. Il suo utilizzo varia a seconda delle località; a volte ferma il copricapo a benda, a volte trattiene lo scialle, altre volte ancora fissa altri gioielli al petto [3].

Fra i gioielli femminili, gli anelli [9] e le collane sono i più comuni, realizzati sia in oro che in argento tramite le diverse tecniche citate precedentemente. Largamente diffuso con una tipologia

[7] 銀製のサルデーニャのボタン。
Bottone sardo in argento. Foto di Giovanni Piliarvu

[8] サルデーニャのブローチ、「ス・コック」の飾りは黒曜石の魔除け。
Spilla sarda adornata con un amuleto in ossidiana chiamato su coccu.
Foto di Giovanni Piliarvu

で、たいていハート形の二つの大きなパーツを鎖
でつなぐ構成だ。ボタン［7］は伝統的なサルデー
ニャのドレスにおいて、最も重要かつ見つけやす
いアクセサリーであることは間違いない。金製の
ボタンも珍しくはないが、一般的には銀製だ。良
く用いられる形には左右対称の球形または半球形
（ザクロ型）、下半分が半球形で上半分が円錐形、円
板状のボタンがある。サルデーニャの伝統的な衣
装を際立たせる貴金属がもう一つある。ブローチ
［8］だ。頭に巻いた布と帽子を留めたり、肩掛け
を留めたり、他の宝飾品を胸に固定したりと、場
所に応じて様々な使い方ができる。3

　女性用のジュエリーでは、前述の様々な技法に
よって作られた金製や銀の指輪［9］とネックレ
スが一般的だ。種類が豊富で、さらに普及したの
はイヤリング［10］だ。一般的には銀線や金線で円
を描き、その内側には獣神を刻み、揃いのペンダ
ントにはサンゴやガラスビーズをセットして、儀
式や祭礼の衣服と一緒に用いる。4
サルデーニャにおけるノヴェチェントの宝飾品の
生産は、正確にはっきりとした道をたどった。伝
統的な宝飾技術は時には現代的、時には革新的な
スタイルを追求している。

　1950年代初頭、革新の波がサルデーニャの職人
技を圧倒した。エウジェニオ・タヴォラーラと建
築家のウバルド・バダスが工房を再編成する活動
を始め、アルゲーロの珊瑚の学校など訓練校を設
立した。サルデーニャの手工業は素朴なセンスを
モットーに復活し、様々な形が作られた。筋や溝
や粗さから生まれる明暗法（キアロスクーロ）が
大きな特徴だ。この重要な変革の時期には、控え
めで、伝統と革新のバランスを際立たせた製品が
生産された。5

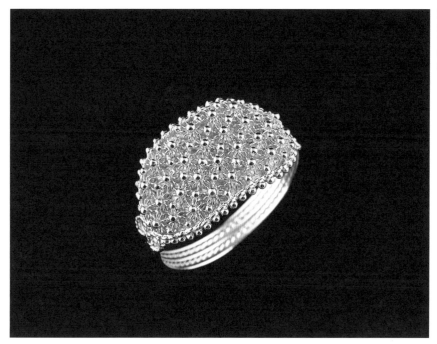

［9］粒金細工で制作したサルデーニャの伝統的な金の結婚指輪。サ
ンドロ・ピラ貴金属ラボラトリー（ドルガリ、ヌオーロ）制作。
Tradizionale fede sarda in oro realizzata tramite la tecnica
della granulazione. L'anello è stato realizzato dal Laboratorio
Orafo Sandro Pira, Dorgali (NU).

［10］金と真珠のイヤリングをつけたサルデーニャの女性。
Una donna indossa orecchini in oro e perle.
Foto di Giovanni Piliarvu

molto varia è l'orecchino [10], spesso realizzato a cerchio in filo
d'argento o d'oro, all'interno del quale non raramente è inscritta una
figura zoomorfa con supporto per il collegamento di un pendente in
corallo o in pasta vitrea, da usare in abbinamento al vestiario cerimoniale o festivo [4].

La produzione di gioielli del Novecento in Sardegna segue un
percorso preciso e delineato: sull'oreficeria tradizionale si persegue la
ricerca di uno stile moderno, talvolta innovativo.

Una ventata di innovazione travolge l'artigianato sardo nei
primi anni Cinquanta, quando Eugenio Tavolara e l'architetto
Ubaldo Badas avviano delle azioni per la riorganizzazione delle
botteghe artigiane e l'istituzione di scuole di formazione come la
scuola del Corallo ad Alghero. La rinascita artigiana della Sardegna
si svolge all'insegna di un gusto primitivista che assume le forme più
svariate, caratterizzato da un forte gusto per i chiaroscuri, creati da
striature, solchi e rugosità. In questo importante periodo di trasformazione sono stati prodotti manufatti caratterizzati per sobrietà ed
equilibrio fra tradizione e innovazione [5].

[3] Cfr. G. CARTA MANTIGLIA, *Gli accessori dell'abbigliamento* in "*Gioielli. Storia,
linguaggio, religiosità dell'ornamento in Sardegna*", Nuoro, Ilisso, 2004, pp. 222-
223 e p. 240.
[4] Cfr. A. TAVERA, *Gli ornamenti del corpo* in "*Gioielli. Storia, linguaggio, religiosità
dell'ornamento in Sardegna*", Nuoro, Ilisso, 2004, p. 258.
[5] Cfr. G. ALTEA, *Tradizione e innovazione nel gioiello contemporaneo. Dal designer
per l'oreficeria all'artigiano-artista* in "*Gioielli. Storia, linguaggio, religiosità
dell'ornamento in Sardegna*", Nuoro, Ilisso, 2004, p. 381, pp. 386-387 e p. 390.

織物

I Tessuti

[1] 水平織機の実演を行う織り手。モーゴロ手工芸品展示場。
Dimostrazione di tessitura con il telaio orizzontale durante la Fiera dell'Artigianato artistico della Sardegna a Mogoro.

毛織物の芸術は人類の歴史の中で常に特権的な位置を占めてきた。先史時代から、機能性、美的価値、文化的価値の完璧なバランスを保っている。何世紀にもわたり、原材料の変化、工芸品の種類、道具や技術の進化によって、織りは大きな変化を遂げてきた。

継続性と、最も熟練した織り手が導入した革新性 [1] の両方の点で、女性は伝統を伝承する中心的な役割を果たした。パンを作った後に糸をつむぎ、機を織ることは優れた主婦に必要な技能と考えられていた。女性はこれらの活動を幼少期から習った。

糸を紡ぐ道具や、織機のおもりが発見されたことから、サルデーニャにおける機織りのルーツは先史時代にあったことがわかる。考古学的な発見から、昔は黒と白のツートンカラーの布地があったという仮説が立てられるが、おそらく、地域社会のある種のストーリーを意匠やシンボルで構成した、とりわけ精巧でカラフルな儀式用の布地も

様々な機会に用いただろう。続くローマ、ビザンチン、ジュディカートの各時代の資料が多数発見されて、サルデーニャに普及した織物の技術や素材が研究できるようになった。[1]

「土着の装飾と色彩の要素に、島の外から持ち込まれたものが重ね合わされた。過剰な対立を生むこともなく、また、サルデーニャ特有の職人技の型に干渉することもなく、既存のものに合うように変更された」[2] 織物製品の特徴は、キリスト教以前の装飾や、ビザンチン、バロック、ルネッサンスの装飾テーマから識別できる。これらの民族のしるしは、地中海 [2] のすべての人々に共通する技術と素材を個人が解釈して生まれたものだ。昔の技法やモチーフが比較的最近の工芸品に残っているのは驚くべきことではない。先史時代の部族文化のシンボルはある村の紋章と化した。シンボルの元の意味が失われて、新しい意味が割り当てられたのは、形が自然に廃れたり、政治的、文化的に好ましくなく、カモフラージュする必要が生じたりしたからだ。[3]

[2] 様々な地中海文化に由来する様式と模様を
組み合わせたサルデーニャの織物。
Tappeto sardo che unisce stili e figure derivanti da diverse culture del Mediterraneo.

Nella storia dell'umanità l'Arte della lana ha sempre occupa-
to un posto privilegiato, rimanendo sin dalla preistoria in
perfetto equilibrio tra funzionalità, valenza estetica e
valore culturale. Nel corso dei secoli la tessitura ha subito grandi
mutamenti come conseguenza del variare delle materie prime, della
tipologia dei manufatti e dell'evoluzione di strumenti e tecniche.

Il ruolo della donna nella trasmissione della tradizione è stato
fondamentale, sia per la continuità sia per le innovazioni introdotte
dalle tessitrici più esperte [1]. Tra le competenze che erano ritenute
fondamentali per ogni buona donna di casa, dopo la panificazione,
vi erano il filare e il tessere, attività che venivano apprese fin da
bambine.

La produzione tessile in Sardegna ha radici nell'età preistorica,
come indicano i ritrovamenti di fuseruole e contrappesi da telaio. I
reperti archeologici ci portano ad ipotizzare un passato di tessuti
bicolore in bianco e nero, ma probabilmente esistevano per diverse
occasioni tessuti cerimoniali particolarmente elaborati e colorati, con
disegni e simboli che costituivano una sorta di racconto della
comunità. Le epoche successive, età romana, bizantina e giudicale,
offrono una grande quantità di materiale per lo studio delle tecniche, dei materiali e della diffusione tessile nell'isola [1].

"Agli elementi decorativi e cromatici autoctoni se ne sono
sovrapposti altri importati, modificati in modo da inserirsi sul
preesistente senza eccessivi contrasti e senza interrompere quella
particolare impronta che dà connotazione sarda all'artigianato
isolano." [2] La riconoscibilità della produzione tessile, caratterizzata
da decorazioni di origine precristiana, temi decorativi bizantini,
barocchi e rinascimentali, è dovuta a questa impronta etnica che
interpreta in modo personale tecniche e materiali comuni a tutte le
popolazioni del Mediterraneo [2].

Non bisogna sorprendersi se in manufatti relativamente recenti
persistano tecniche e motivi arcaici, in quanto la simbologia di una
cultura tribale preistorica si è trasformata in una sorta di araldica di
villaggio: si è perso il significato originale dei simboli e se ne è
assegnato uno nuovo, a volte per corruzione naturale delle forme,
altre per necessità di mimetizzarli in un quadro politico e culturale
non favorevole [3].

[1] Cfr. F.R. CONTU, Il tessuto in "Arte Sarda", Nuoro, Ilisso Edizioni, 2014, pp. 72-
73.
[2] D. DAVANZO POLI, Tessitura come linguaggio: decorazione e simboli in "Tessuti.
Tradizione e innovazione della tessitura in Sardegna", Nuoro, Ilisso, 2006, p. 41.
[3] Cfr. F.R. CONTU, Per filo e per segno in "Tessuti. Tradizione e innovazione della
tessitura in Sardegna", Nuoro, Ilisso, 2006, p. 129 e p. 178.

[3] 直線とジグザグのモチーフが特徴的なサルデーニャ絨毯。
Tappeto sardo caratterizzato da motivi rettilinei e a zig-zag.

[4] 様式化した人型の模様が並ぶサドルバッグ。
Bisaccia abbellita con figure umane stilizzate isolate.

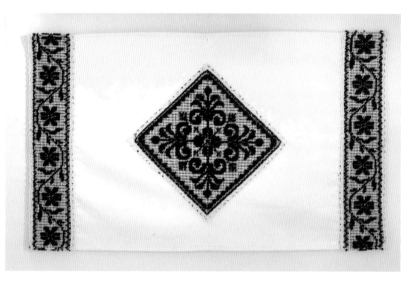

[5] 様式化したパルメット模様と花のモチーフが特徴的なサルデーニャの敷物。
Tappeto sardo caratterizzato da motivi floreali stilizzati, come la palma.

　装飾は大きく5つのグループに分類できる。幾何学的、自然主義的（植物や動物の形態）、擬人化、宗教的、紋章的モチーフである。まず、幾何学的モチーフは最も単純で抽象的な装飾の合成だ。直線的（ジグザグやフィッシュボーン）[3]、単体（四角や三角や図形）[4]、曲線（波状と円）のモチーフに分類できる。[4]　次に「自然主義的な模様は、サルデーニャの織物や刺繍に最も多く、19世紀の工芸品の中にも存在し、現在にも受け継がれている。「自然主義的という言葉には、植物、花、動物の表現が含まれる。植物が描かれた製品は主に16世紀とバロック時代のイタリアの織物の図像学の伝統に由来するが、ヤシの木 [5] のように古代にルーツがあるものもある。（中略）ブドウの房がついたブドウの枝は聖体拝領を暗示し、さらに世俗的には豊穣と豊かさの吉兆である」[5]

動物で最も描かれるものはワシで、天使と関連していることが多い。孔雀 [6] は、羽と太陽との比較から、キリスト像、復活、不死と関連している。サルデーニャの工芸品で顕著な馬は、力、男らしさ、知性の象徴を具体化している。[6]

サルデーニャの織物に使用される主要な素材は、羊毛、麻、綿、絹、亜麻、麻だ。羊毛 [7] は一番多く用いられる素材で、ざらざらした粗い布地を作るために山羊の毛と混ぜることが多い。最上の羊毛は、サルデーニャ産の厚手の織物（オルバーチェ）や特別な毛布の経糸用に取り分け、その他は横糸用の糸として用いた。一方、羊毛のくずは小さな枕やマットレスの中に詰めるか、革やチーズや塩と一緒に輸出した。

［6］様式化した孔雀をピビオーネ技法で表現した伝統的な敷物。
Rappresentazione stilizzata di un pavone realizzato tramite la tecnica dei pibiones su un tappeto tradizionale.

［7］自然の染料で着色した羊毛の糸。
Filo di lana di pecora dopo il processo di colorazione naturale.

Possiamo dividere le tipologie decorative in cinque macro gruppi: motivi geometrici, naturalistici (fito-zoomorfi), antropomorfi, religiosi e araldici.

I primi sono i più semplici, decori sintetici e astratti, che possono essere suddivisi in motivi rettilinei (a zig-zag e a spina) [3], isolati (il quadrato, il triangolo o figure) [4] oppure curvilinei (l'ondulato e il cerchio) [4].

"I 'patterns naturalistici' sono i più diffusi nei tessuti e nei ricami della Sardegna, ancora presenti nei manufatti otto-novecenteschi e tramandati fino ai nostri giorni. Con il termine 'naturalistici' si suole comprendere rappresentazioni vegetali, floreali, e animali. Le specialità botaniche preferite derivano perlopiù dalla tradizione iconografica tessile italiana cinquecentesca e barocca, ma non mancano anche varietà di origine più antica: la palma [5] e [...] i tralci di vite con grappoli d'uva, che, oltre a sottintendere all'eucarestia, in ambito profano è benaugurante di fertilità e di abbondanza." [5]

Gli animali più presenti sono: l'aquila, spesso associata agli angeli; il pavone [6], la cui coda è spesso paragonata al sole, quindi associata alla figura di Cristo, alla resurrezione e all'immortalità;

caratteristico dei manufatti sardi risulta il cavallo, incarnazione simbolica di forza, virilità e intelligenza. [6]

I principali materiali utilizzati per la tessitura in Sardegna erano la lana, il lino, il cotone, la seta, il bisso e la canapa. La lana di pecora [7] era la materia più usata, veniva spesso mischiata con il pelo di capra per ottenere tessuti più ruvidi e grossolani. La lana migliore veniva riservata per l'orbace e per l'ordito di particolari coperte, l'altra era destinata al filato utilizzato come trama mentre quella di scarto era impiegata per riempire guanciali e materassi o esportata insieme alle pelli, al formaggio e al sale.

4 Cfr. D. DAVANZO POLI, *Tessitura come linguaggio: decorazione e simboli* in "*Tessuti. Tradizione e innovazione della tessitura in Sardegna*", Nuoro, Ilisso, 2006, p. 41.
5 D. DAVANZO POLI, *Tessitura come linguaggio: decorazione e simboli* in "*Tessuti. Tradizione e innovazione della tessitura in Sardegna*", Nuoro, Ilisso, 2006, pp. 48-49.
6 Cfr. D. DAVANZO POLI, *Tessitura come linguaggio: decorazione e simboli* in "*Tessuti. Tradizione e innovazione della tessitura in Sardegna*", Nuoro, Ilisso, 2006, p. 50.

[8] 伝統的な衣装を着て肩にサドルバッグをかけた男性たち。昔から物を運ぶ時にはサドルバッグを馬やロバの背に載せたり人が担いだりして重宝した。
Uomini che indossano costumi tradizionali e bisacce. Sin da tempi immemori le bisacce sono sacche utilizzate per il trasporto a spalla o per essere caricate su animali da soma.

[9] エウジェニオ・タヴォラーラがデザインした織物。
Tappeto disegnato interamente da Eugenio Tavolara

サルデーニャの織物工芸において特に重要な役割を果たしたのは亜麻の繊維である。島の各地で亜麻を栽培する文化が広まった。硬くて短い亜麻の繊維はサドルバッグ[8]や鞄の織りに用い、価値の高い長い繊維は、衣類、シーツ、ベッドカバーの布地の横糸と縦糸に用いるため取り分けた。[7]織物の中でも特に薄い布地の製造に用いた材料は足糸だ。例えばタイラギ貝などの軟体動物は繊維を生成する。

織物は他の工芸活動よりもなぜか特別な位置を占める。おそらくサルデーニャの織物は、芸術と職人技、伝統の知識と現代のデザインが出会う表現の場だった。ノヴェチェント初期のサルデーニャの芸術家たちは、サルデーニャの伝統的な織物は優れた芸術だと考えた。そこには何千年にもわたって受け継がれた古風な形態論理が反映されている。

1936年にエウジェニオ・タヴォラーラは、人々がアイデンティティを喪失し近代化を模索して失敗したことに気がついた。そこで素朴な絨毯のテーマにはこだわらずに、原始的な職人技とコントラストを成す、革新的なデザインを提案した。[8]タヴォラーラは絨毯[9]、タペストリー、布地を数多くデザインし、新しい織物工芸の誕生に貢献した。タヴォラーラは織り手との対話を確立し、織り手の独創性を抑えつけることはしなかった。

「ほとんどの場合、芸術家タヴォラーラは古代の布地から伝統的な装飾モチーフを抽出し、新たなバランス、リズム、比率に合わせて再構成する手法をとった[10]」[9]

1962年のサッサリ・ビエンナーレにて、サルデーニャの職人技はまさに国際的な名声の頂点に達した。こうした流れを受けて、1987年にARPスタジオは「タッカス─サルデーニャの新しい絨毯」展をヌオーロで開催した。ミケーレ・デ・ルッキ、エットーレ・ソットサス、アレッサンドロ・メンディーニ、アルド・ロッシなど、国際的に名高い建築家や芸術家がサルデーニャの絨毯のデザインに取り組んだ。1980年代から実施したこのような芸術家を巻き込んだ企画は偶発的であったため、成果には限界があった。デザイナーと職人は安定した関係を確立できず、生産と商品化の戦略を明確に立てられなかった。[10]

[10] タヴォラーラの織物では、サルデーニャ の伝統的なシンボルとアイデンティティが際 立つ。
Le figure rappresentate su questo tappeto disegnato da Eugenio Tavolara evidenziano come si possano rielaborare i simboli tradizionali mantenendo una chiara identità Sarda.

Un ruolo di particolare importanza nell'artigianato tessile dell'isola era ricoperto dalla fibra del lino, la cui coltura era largamente diffusa in varie zone dell'isola; le fibre del lino dure e corte erano impiegate per la tessitura di bisacce [8] e sacchi, mentre invece quelle più lunghe e pregiate erano riservate alla trama e all'ordito dei tessuti utilizzati per il vestiario, lenzuola e copriletti [7]. Altro materiale utilizzato per la tessitura, e in particolare per la produzione di tessuti sottilissimi, era il bisso: filamento prodotto da alcuni molluschi, quali ad esempio la Pinna nobilis.

La tessitura occupa in qualche modo un posto privilegiato rispetto alle altre attività artigianali, ed ha probabilmente rappresentato in Sardegna il punto di incontro fra arte e artigianato, fra i saperi tradizionali e il design moderno. Gli artisti isolani dei primi del Novecento consideravano la tessitura tradizionale l'arte sarda per eccellenza, nella quale si rispecchiano logiche formali arcaiche ereditate e tramandate durante i millenni.

Nel 1936, Eugenio Tavolara, consapevole dei fallimenti di chi aveva cercato una modernizzazione attraverso una perdita identitaria, propose disegni innovativi, senza alcun riferimento ai temi del tappetto rustico, mettendoli in contrasto con la rudezza primitiva dell'esecuzione artigianale [8]. Il nuovo artigianato tessile nacque grazie al contributo di Tavolara, che disegna un gran numero di tappeti [9], arazzi e stoffe, instaurando un dialogo con le tessitrici, senza soffocarne l'inventiva.

"Il metodo dell'artista si fondava nella quasi totalità dei casi sul prelievo da stoffe antiche di motivi decorativi tradizionali, che venivano poi ricomposti secondo nuovi assetti, ritmi, proporzioni [10]". [9]

Con la Biennale Sassarese del 1962, l'artigianato sardo tocca il culmine della propria fama internazionale. In questo clima viene organizzata da ARP Studio a Nuoro nel 1987 la mostra "Taccas. Nuovi tappeti sardi" nella quale architetti e artisti di rilievo internazionale, fra i quali Michele De Lucchi, Ettore Sottsass, Alessandro Mendini, Aldo Rossi, si cimentano nella progettazione del tappeto sardo. Il limite principale delle iniziative messe in atto dagli anni Ottanta in poi per coinvolgere gli artisti sta nel carattere episodico, il quale preclude l'instaurarsi di un rapporto stabile tra designers e artigiani impedendo così una strategia ben chiara di produzione e di commercializzazione [10].

[7] Cfr. G. CARTA MANTIGLIA, *I materiali della tessitura: lana, lino, cotone, seta, bisso, canapa* in "*Tessuti. Tradizione e innovazione della tessitura in Sardegna*", Nuoro, Ilisso, 2006, pp. 65-67 e p. 84.
[8] Cfr. G. ALTEA, *Questioni di trama. L'intervento degli artisti nella tessitura sarda* in "*Tessuti. Tradizione e innovazione della tessitura in Sardegna*", Nuoro, Ilisso, 2006, pp. 383-386.
[9] G. ALTEA, *Questioni di trama. L'intervento degli artisti nella tessitura sarda* in "*Tessuti. Tradizione e innovazione della tessitura in Sardegna*", Nuoro, Ilisso, 2006, p. 391.
[10] Cfr. G. ALTEA, *Questioni di trama. L'intervento degli artisti nella tessitura sarda* in "*Tessuti. Tradizione e innovazione della tessitura in Sardegna*", Nuoro, Ilisso, 2006, p. 402, pp. 407-408 e p. 412.

職人技からデザインへ
サルデーニャの伝統の進化

かご

L' Intreccio

[1] サルデーニャの女性は、母から娘へと受け継がれ
る古代の伝統に従い、今日もかごを編む。
Ancora oggi, le donne della Sardegna realizzano
i cesti seguendo l'antica tradizione tramandata
di madre in figlia.
Foto di Emiliano Cappellini.

かごを編む技術は、先史時代から人間が身につけた知識の一つである。人間は居住地にあった植物繊維から動物繊維に至る素材を知り、材料の物性や、編み方、結び方、より方、結び方を認識した [1]。

「かごの編み目では、曲げとねじれに対する繊維の力学的抵抗が力の場を生み出す。そして、かご職人は規則的に作るべき形を生み出す。平面の形成に編む技術を用いるのは織物と同じだが、織機は使わないのが相違点だ」[1]

かご製品は、人間が非常に長期にわたり様々な方法で様々な形に開発してきた技術の証である。他の製造業の貢献や影響にさらされながらも、利用可能な素材を使用し、長い間継続してきた。

かごははるか古代の知恵の一つと考えられているが、ヌラーギ時代後期に初めて作られた明確な証拠がある。いくつかの小さなブロンズ像は、ロープ、武器、衣服の部品と同様に、らせん状の技法で作ったかごや容器を再現している。カルタゴ人が占領した時代、既にサルデーニャのかごは他の地中海文明の影響を受けて進化していた。新しい素材や道具を取り入れ、かごの技術は洗練されていった。ローマ人が支配した時代、かご製品の生産は広く普及していた。ローマ風の田舎の別荘、農地、職人の工房では、複雑な装飾が施された植物由来の工芸品が数多く発見された。特に家庭や農業活動で、コルブラ [2]、カニステッダ、ピスケッダと呼ばれる一連の硬いかごを使用していた裏付けがある。[2]

サルデーニャの伝統的な社会はパン作りの儀式と強く結びついていた。植物性繊維でできた容器は、穀物を挽き小麦粉にし、パンを作るために必要だった。かごは家庭用品を構成する基本的な道具だった。特に裕福な農民の家では、パンを作る部屋にずらりと並べた底の深いバスケット（コブラ。コルブラと同類）や、底の浅いバスケット（カネストリ）が、家主の地位を明らかにした。[3]

［2］古代から鐘型の構造が特徴的な底の深いバスケット、コルブラ。
Esempi di corbule antiche, riconoscibili per la loro caratteristica struttura campaniforme.

La tecnica dell'intreccio è tra i saperi acquisiti dall'uomo fin dalla preistoria e comporta la conoscenza dei materiali presenti nel luogo in cui viveva, dalle fibre vegetali a quelle animali, nonché la consapevolezza delle loro proprietà fisiche e il modo in cui intrecciare, legare, torcere e annodare la materia prima[1].

"Nell'intreccio è la resistenza meccanica delle fibre alla flessione e alla torsione che genera un campo di forze, che attraverso la modellazione dell'artigiano danno regolarità alla forma che si vuole creare. La tecnica dell'intreccio è usata anche, come la tessitura, per la produzione di superfici piane, ma si differenzia da questa perché non comporta l'impiego di telai" [1].

I lavori di intreccio sono una testimonianza di abilità che si sono sviluppate in tempi lunghissimi in forme e modi differenti, subendo l'apporto e l'influenza di altre manifatture ma mantenendo notevoli continuità legate alle materie prime disponibili.

Sebbene l'intreccio sia considerato uno dei saperi più antichi, le prime prove evidenti della produzione di cesti arrivano dalla tarda età nuragica: alcuni bronzetti riproducono ceste e contenitori lavorati con la tecnica a spirale, oltre che corde, armi e elementi del vestiario. Nel periodo punico, grazie all'influenza delle altre civiltà del Mediterraneo, la già evoluta arte dell'intreccio sardo affina la sua tecnica, prendendo coscienza di nuovi materiali e strumenti. In età Romana la produzione di prodotti di intreccio era ormai molto diffusa e nelle ville rustiche romane, nei campi agricoli e nei laboratori artigiani, sono stati trovati numerosi manufatti di origine vegetale, adornati con complesse decorazioni. Abbiamo testimonianza dell'uso di una serie di cesti rigidi, utilizzati specialmente nelle attività domestiche e agricole, che prendono il nome di *corbula* [2], *canistedda* e *pischedda* [2].

Nella società tradizionale sarda, fortemente legata al rito della panificazione, i contenitori in fibra vegetale necessari ai lavori di trasformazione dei cereali in farina e successivamente in pane, erano una componente fondamentale del corredo domestico. Specialmente nelle case dei contadini benestanti, l'insieme dei cesti, delle corbe e dei canestri, sistemati con cura nella stanza dedicata alla panificazione, rivelava lo status delle proprietarie [3].

1 T. COSSU, *L'antica cultura dell'intreccio* in "*INTRECCI. Storia, linguaggio e innovazione in Sardegna*", Nuoro, Ilisso Edizioni, 2011, p. 13.
2 Cfr. T. COSSU, *L'antica cultura dell'intreccio* in "*INTRECCI. Storia, linguaggio e innovazione in Sardegna*", Nuoro, Ilisso Edizioni, 2011, pp. 13-26.
3 Cfr. G.M. DEMARTIS, *Cestineria* in "*INTRECCI. Storia, linguaggio e innovazione in Sardegna*", Nuoro, Ilisso Edizioni, 2011, p. 57.

[3] 壁を飾るのは麦わらとイグサを編んで作ったふるい。パンの製造に用いた。
Crivelli tradizionali realizzati in paglia e giunco, utilizzati per la panificazione.

[4] 日常生活で用いる取手のついたバスケット、サ・ピスケッダ。
Sa Pischedda: cesto tradizionale con manico utilizzato durante la vita di tutti i giorni.
Foto di Gavino Bazzoni alla collezione privata di Nando Nocco.

[5] オマール海老漁で用いる筌（うけ）。
Nassa per la pesca all'aragosta.

かごの形とサイズは一定であるため、サルデーニャ全土のパンの生産地で、すべてのかごは機能的に用いられた。その証拠に、多くのかごの容積は一定で、小麦や小麦粉の測定単位として用いられたことは記憶に値する。多様なかごの工芸品は様々な機会に用いられた。結婚の際の嫁入り道具として、教会で聖人像の衣服や遺物の容器として、そして新生児の揺りかごにもなった。[4]

女性が大半を制作するかごの種類としては、ふるい [3] や干草細工が挙げられる。干草は柔軟性があり作業が容易な素材だ。ほぼ常に男性が制作したのは取手がついた円筒形のバスケットで、硬い植物性繊維（サトウキビ、オリーブ、柳）を用いた特色がある。水産業の実作業に使用したため、筌 [5] や漁の網などは多様性や独創性に欠けている。主に男性が制作したかごの中では、イースター用のヤシの木が際立っている [6]。背の低い椰子の木の葉やナツメヤシの葉で作った特定の工芸品は、通常のかごとは異なり実用性はないが、キリスト教の祭礼にて象徴的な機能を果たす。[5]

かごの工芸品に用いられるシンボルは非常に多様で、地域ごとに多彩だった。ストライプ、三角形、ひし形といった単純で抽象的な幾何学模様から、メアンドロス模様や星のような複雑なものまで幅広い。動物 [7]、植物、人型が描かれることもある。明快な幾何学的形状と平面性が際立つ装飾は古風なもの、奥行きや曲線的な輪郭の効果を追求した装飾は外国の影響を受けたものと考えられる。底の浅いバスケットの場合、装飾は、円形または楕円形の容器の型に応じて、中心点から渦巻き状または放射状に広がるように配置された。

しかし、サルデーニャの伝統的なかごの文脈では、装飾の表現は義務ではなかった。むしろ、他の文明に汚染されなかった島の中心部では、特例ばかりが作られた。[6]

[6] 聖週間のヤシの日曜日を祝う装飾品。この伝統は、キリストのエルサレム入場の際に群衆が祝福のしるしのヤシの枝を振って歓迎したという福音書の記述に基づく。

Decorazioni realizzate per festeggiare la domenica delle palme durante la settimana santa. La tradizione prende spunto da un passa del Vangelo, nel quale si narra dell'entrata di Gesù a Gerusalemme, accolto da una folla che, in segno di festa, agitava rami di palma.
Foto di Gavino Bazzoni alla collezione privata di Nando Nocco.

[7] 様式化した鳥の模様で装飾した伝統的なかご。
Esempio di cesto tradizionale decorato con figure di uccelli stilizzati.

Le caratteristiche di forma e dimensione rappresentano una costante in tutti i cesti funzionali al ciclo della panificazione in ogni zona di produzione dell'isola. A giustificazione di ciò è bene ricordare che molti canestri e corbe avevano capienze fisse e venivano utilizzati come unità di misura per grano e farina. Le versatilità dei manufatti intrecciati si dimostrava in numerose altre occasioni come il trasferimento rituale del corredo nuziale, la fabbricazione di contenitori di abiti e accessori dei simulacri dei santi o altre volte diventavano culle per i neonati [4].

I tipi di intreccio eseguiti per la maggior parte dalle donne sono i crivelli [3] e altri lavori di fieno, materiali facilmente lavorabili perché più flessibili. I cestini cilindrici [4], muniti di manici, erano quasi sempre eseguiti dagli uomini e si caratterizzavano per l'utilizzo di fibre vegetali rigide (canna, olivastro, salice) e per minore varietà e fantasia in fase esecutiva, in quanto erano utilizzati per attività rurali o per la costruzione di nasse e reti da pesca [5]. Fra gli intrecci prevalentemente maschili risalta quello delle palme pasquali [6]: un particolare manufatto in foglie di palma nana o da dattero che, al contrario della cestineria, non ha alcuna utilità pratica ma assolve funzioni simboliche legate al rito cristiano [5].

I simboli utilizzati nell'arte dell'intreccio sono assai vari e mutano di zona in zona: si va da semplici schemi geometrici astratti, quali bande, triangoli e rombi ad altri più complessi come le greche, o le stelle; a volte sono presenti anche delle raffigurazioni animali [7], vegetali o umanoidi. I decori da ritenere arcaici sono quelli caratterizzati da una forte geometrizzazione e planarità, mentre le decorazioni che cercano effetti di profondità e contorni curvilinei, rivelano influssi stranieri. La collocazione delle decorazioni dei canestri risulta essere condizionata dalla sagoma circolare o ellittica dei contenitori e si diparte dal punto centrale del manufatto secondo schemi stellari o a raggiera.

Nell'ambito della cestineria tradizionale isolana la presenza di decorazioni non è però una costante obbligatoria e assoluta anzi, nelle aree centrali non contaminate da altre civiltà, costituisce una vera e propria eccezione [6].

[4] Cfr. G.M. DEMARTIS, *Cestineria* in "*INTRECCI. Storia, linguaggio e innovazione in Sardegna*", Nuoro, Ilisso Edizioni, 2011, p. 64.
[5] Cfr. G.M. DEMARTIS, *L'intreccio* in "*Arte Sarda*", Nuoro, Ilisso Edizioni, 2014, pp. 216-217.
[6] Cfr. G.M. DEMARTIS, *La decorazione nella cestineria tradizionale sarda. Caratteri e dinamiche* in "*INTRECCI. Storia, linguaggio e innovazione in Sardegna*", Nuoro, Ilisso Edizioni, 2011, pp. 255-257.

[8] ジグザグ状の突起をつけたピッカーレ技法のかご。
Esempio di cesto tradizionale realizzato con la tecnica *piccada*.

[9] 中心部を布で覆ったフルニーレ技法のかご。
Esempio di cesto tradizionale realizzato con la tecnica *frunida*.

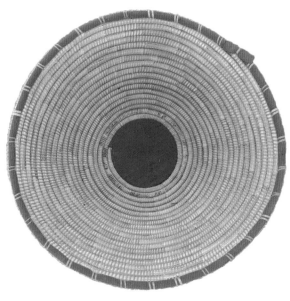

「中部北部のサルデーニャでは、伝統的な工芸品を装飾する動作を、刺す（ピッカーレ）、飾る（フルニーレ）、塗る（ピンターレ）という三つの動詞で定義した。ピッカーレとは、容器の底や容器の縁のリング構造に規則的なジグザグ状の突起を足し、すき間を効果的に構成する装飾だ［8］。フルニーレとは、かごの底（ジリェドゥ）を布地で覆う装飾の手法［9］だ。ピンターレとは、背景の繊維よりも色の濃い繊維を用いて色彩のコントラストを成す手法［10］で、素材による色の違いや、植物を煎じて染めて乾かした色味で2色を構成した」[7] こうした幾つかの装飾は実用的なニーズから生まれた。装飾は縁や容器の底を強化し、すぐ摩耗しやすい部分を補強するのに役立つ。

伝統的なかごに関する技術と用途と知識は、農業に縛られた農村経済の危機と、第二次世界大戦の重圧の影響を受けて悪化し、ほぼ完全に放棄されるまで衰退を記録した。しかし、伝統的なかごが家具を補完するものとして再評価されたことで、合成素材の使用や機械による作業など避けられない変化はあるものの、商業目的の生産は持ちこたえた。

すべての原因は紛れもなく工芸品分野での質の低下だった。サルデーニャ工芸労働研究所（ISOLA）がきめ細やかに介入し対処した。事実、1950年代から1960年代にかけて、サルデーニャの地元の製造業は一新した。芸術家と職人の協働が始まり、かごの芸術にも革新の息吹が吹き込まれた。[8]

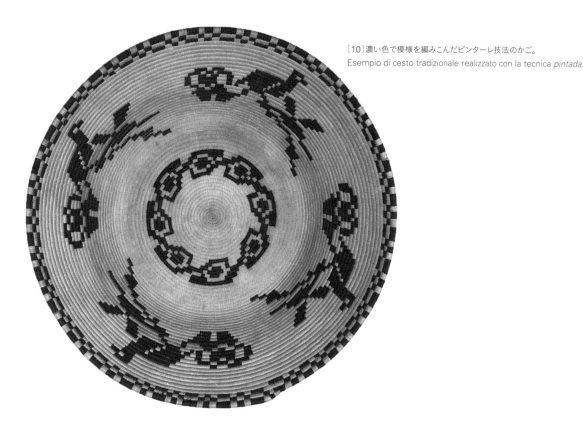

[10]濃い色で模様を編みこんだピンターレ技法のかご。
Esempio di cesto tradizionale realizzato con la tecnica *pintada*.

"Nella Sardegna centro settentrionale tre verbi definiscono le azioni del decorare e ornare i manufatti tradizionali: piccare, frunire e pintare:

La decorazione piccada consiste nel dare luogo a giochi di vuoti e pieni, ottenuti da una serie di zig-zag regolari appoggiati a strutture ad anello, al fondo dei contenitori o sulla loro imboccatura [8].

La decorazione frunida consiste nell'applicazione di materiali tessili sul girieddu, ovvero il fondo dei canestri [9]. La decorazione pintada, indica le manifatture a contrasto cromatico piano [10], tramite l'utilizzo di fibre più scure rispetto a quelle che fanno da sfondo, sia per la loro natura, sia per differente essicazione o perché tinte con infusi vegetali" [7]. Alcune di queste decorazioni nascono da esigenze pratiche: servono da rinforzo per il bordo, per il centro del recipiente o per irrobustire parti che si potrebbero usurare velocemente.

L'insieme delle tecniche, usi e saperi legati alla tradizione dell'intreccio hanno risentito della crisi dell'economia contadina legata all'agricoltura e al peso della seconda Guerra Mondiale, registrando un progressivo declino fino al quasi totale abbandono. Tuttavia la rivisitazione dei cesti tradizionali come complementi di arredo ha fatto si che la produzione ai fini commerciali sia sopravvissuta, anche se con cambiamenti inevitabili, come l'utilizzo di materiali sintetici e l'esecuzione a macchina.

Tutto questo ha causato un'innegabile involuzione qualitativa di questo settore dell'artigianato, combattuta unicamente dai capillari interventi dell'ISOLA. Infatti, tra gli anni Cinquanta e Sessanta, avviene in Sardegna un rinnovamento di tutte le produzioni manifatturiere locali: nasce la collaborazione fra artisti e artigiani e anche l'arte dell'intreccio giova di una boccata di innovazione [8].

[7] G.M. DEMARTIS, *La decorazione nella cestineria tradizionale sarda. Caratteri e dinamiche* in "INTRECCI. Storia, linguaggio e innovazione in Sardegna", Nuoro, Ilisso Edizioni, 2011, pp. 260-261 e p. 265.
[8] Cfr. G. ALTEA, *Intrecci moderni. Dai "lavori femminili" all'oggetto di design* in "INTRECCI. Storia, linguaggio e innovazione in Sardegna", Nuoro, Ilisso Edizioni, 2011, p. 427 e pp. 430-433.

ステファノ・エルコラーニ
1972　サルデーニャ、サッサリ生まれ
1999　トリノ工科大学卒業
2008　OFFICINA29 ARCHITETTIスタジオを設立
主に建築設計監理やインテリアデザインを手がける。
数年前から室内や暮らしを主なテーマに据え、自身の
建築観を模索している。特にデザインに関心があり、
設計した家に提案しようと近代のユニークなヴィン
テージを探している。

Stefano Ercolani
1972　Nasce a Sassari, dove vive e lavora
1999　Si laurea al Politecnico di Torino
2008　fonda lo studio OFFICINA29 ARCHITETTI
Si occupa principalmente di progettazione architettonica, di interni e direzione lavori. Da diversi anni sperimenta una propria visione dell'architettura concentrandosi prevalentemente sugli interni e sul tema dell'abitare. Particolarmente interessato al design e alla ricerca di pezzi di modernariato unici, da proporre nelle abitazioni da lui progettate.

綜絖の動きを説明するマリアントニア氏の手
Dettaglio delle mani della Signora Mariantonia,
mentre spiega il funzionamento dei licci.
Foto di Emiliano Cappellini.

COLONNA

Viaggio nella tradizione tessile Sarda

エミリアーノ・カッペリーニ
Emiliano Cappellini

サルデーニャの織物の伝統をたどる旅

コラム

マリアントニア・ウールー織物会社での経験を報告する。私は2年ごと開催される3日間のサマースクール「L.U.N.A」にて、サルデーニャの文化にじっくりと触れながら織物を学んだ。ワークショップに参加するにあたり、初めのうちはどのような経験を期待して良いものかとためらった。私は織物の芸術については浅学で、知っていることは大学で少し読んだものに限られており、不慣れな不安にのみこまれた。これまで織物について興味はあったものの、何の準備もしないうちにこういった機会を得ることになった。

誤解のないように記すと、織物は自分の研究を読み解くカギだが、それは今回の経験に限らない。糸を織ることの背後に潜むコンセプトこそ、このサマースクールの要点だ。個人の能力は先細りでも、形や色を変え、強い絆を他者と結べば、何か新しいものが描ける。この暗喩は地理的にも文化的にもサルデーニャ島の中心を旅する際に常に共通するものだ。つまり、相互のつながりが創造的な過程となる。この混迷の糸を端からほどいていこう。

2019年8月、私はサムゲーオに到着した。人口3000人の村はオリスタノから40kmの位置にある。古い列車が北のサッサリと南のカリアリをつなぐ。私はサルデーニャの中央を走る時代遅れの鉄道に乗って到着した。険しい大地の山を登って、サルデーニャの伝統的で牧歌的な迷路に降り立った。ブドウ畑と広大な谷の風景が広がる。ティルソ川が数軒の農家の家畜にいまなお水を与え、石造りの農家や田舎の教会や農場は祖父母の物語に命を吹き込む。残念ながらグローバリゼーションの筋書き通りに、過疎化現象はこの小さな現実に手厳しく、古い物語と寂れた廃墟だけが残った。

マリアントニア・ウールーと3人の息子。左からグラツィアーノ、ジュセッペ、アントネッロ
Mariantonia Urru e i suoi figli: Graziano, Giuseppe e Antonello.
Foto di Valentina Sommariva.

In veste di membro del team editoriale di NICHE, è un piacere per me poter raccontare l'esperienza vissuta presso l'azienda tessile Mariantonia Urru, in occasione di L.U.N.A: una scuola estiva biennale della durata di tre giorni, durante i quali si studia la tessitura entrando a stretto contatto con la cultura sarda.

Non sapendo cosa aspettarmi da un'esperienza come questa, inizialmente mi sono sentito intimorito dall'invito alla partecipazione al workshop. Le mie nozioni riguardo l'arte tessile, infatti, erano superficiali e poco chiare, limitate alla lettura frettolosa e sommaria di qualche pubblicazione per non farmi trovare completamente impreparato. Nonostante il mio tentativo di studio, questa esperienza è comunque riuscita a stupirmi perché contrariamente alle mie aspettative non parlava di tappeti.

Non vorrei essere frainteso, la tessitura è stata la chiave di lettura della mia ricerca, ma l'esperienza non si è limitata a questo. Il concetto nascosto dietro l'intreccio dei fili è stato il fulcro di questa scuola estiva: la capacità del singolo capo di assottigliarsi, cambiare forma e colore, legarsi indissolubilmente ad altri e disegnare qualcosa di nuovo. Questa metafora è stata il fil rouge che ha accompagnato questo viaggio nel cuore fisico e culturale della mia isola: l'interconnessione come processo creativo.

Adesso scioglierò questa confusa matassa partendo dal bandolo: il mio arrivo a Samugheo.

La mia esperienza a Samugheo è avvenuta nell'agosto del 2019. Il paesino, che conta 3000 anime, è collocato al centro della Sarde-gna e dista 40 km da Oristano. Sono arrivato su un vecchio treno, lo stesso che collega Sassari a Cagliari e che spacca in due la Sardegna con la sua ferrovia anacronistica.

Nel salire la montagna su un terreno scosceso, stavo in realtà scendendo nei meandri della tradizione bucolica sarda. Un paesaggio fatto di distese di vite e vaste vallate, dove il Tirso ancora abbevera gli animali dei pochi allevatori rimasti, e i casolari in pietra, le chiese campestri e le fattorie, restituiscono vita alle storie dei propri nonni. Sfortunatamente, il fenomeno dello spopolamento non è stato gentile nei confronti di queste piccole realtà, e con le sue promesse di globalizzazione ha lasciato solo vecchie storie e malinconici ruderi.

Al mio arrivo ho conosciuto i membri del workshop: un gruppo composto da dieci persone tra studenti, ricercatori e appassionati, eterogenei per età, nazionalità e professione.

In occasione di questo primo incontro abbiamo avuto il piacere di conoscere i designer che hanno collaborato per anni con l'azienda realizzando pezzi unici nel rispetto della tradizione. Durante il workshop questi hanno rivestito i panni di insegnanti, facendoci capire quanto fosse delicato e creativo il ruolo di designer come mediatore tra innovazione e storia. Il team era capitanato da Giuseppe Demelas, terzo genito della signora Mariantonia Urru e, così come gli altri tre fratelli, membro attivo dell'azienda a conduzione familiare. La sua presenza è stata una costante durante tutto il corso, mostrandoci in veste di cicerone i meccanismi di quel mondo che lui ha vissuto sin da quando era bambino. Finito un primo tour

緒巻
Subbio anteriore
(subbio tessuto)

Subbio posteriore
(subbio ordito)
巻取

踏木
Pedaliera

筬
Licci in metallo

ワークショップで用いた水平織機の一例。参加者の不慣れな手では70 cm幅の織物を1cm制作するのに平均10分を要した
Un esempio di telaio orizzontale utilizzato durante il workshop. Le mani inesperte degli studenti hanno impiegato
una media di dieci minuti per realizzare un solo centimetro di tappeto largo 70 cm.
Foto di Emiliano Cappellini.

到着してワークショップのメンバーに会った。年齢、国籍、職業が異なる10人のグループには学生、研究者、愛好家が混ざっていた。また、私たちが最初の会合で会ったのは、何年もこの織物会社と協力して伝統を尊重したユニークな作品を創作してきたデザイナー達だ。彼らはワークショップで教師の役を務めた。デザイナーが革新と歴史の間を取り持ち、いかに繊細で創造的な役割を果たすかを私たちは理解した。マリアントニア氏の三男のジュゼッペ・デメラスがチームを率いた。彼の三人の兄弟もこの家族経営の企業で熱心に働いている。彼はワークショップの間ずっと付き添い、この世界の水先案内人として、子供の頃から過ごした世界のからくりを見せてくれた。社内の見学ツアーを終え、絨毯製作のすべての手順が明らかになった後で、実際に製作するべく織機へと連れていかれた。会社の重鎮であるマリアントニア氏は織機の上に前かがみになって、まるで機械の一部と化して私たちを待っていた。彼女はもつれた糸の間で節くれだった手を、忍耐強く、非現実的な速さで優雅に動かし、60年間、織機に捧げた秘密を明らかにしてみせた。生徒は皆、その動きをぎ

こちなく真似て原理とメカニズムを解明しようと試みた。木製の小さな織機に覆いかぶさっていると数分後には背中が急に痛み出し、思うように動けず疲れ果てた。他の参加者に引き継ぎ、私は織物を作る織機の理論的な側面に焦点をあてることにした。

始めに、2種類の織機を区別する必要がある。古い竪機は床から天井へと立てた垂直な2本の支柱で出来ている。縦糸を上軸に巻き取ると、下軸でぴんと引き伸ばす。大きな千枚通しのようなものでその下に横糸をくぐらせると、縦糸が完全に隠れるまで、木製の重い筬で叩きこむ。縦型の織機では技術的なバリエーションが限られるため、多彩色の大きな絨毯や、数種類のサドルバッグ、葬儀用の特別なラグを製作する。縦型の織機は場所を要するし、織り方が限られるので廃れる寸前だ。ワークショップで使用したのは伝統的な水平型織機で、平行する2本の重い台で構成されている。この台が緒巻と呼ばれる前方の巻取り器具と、巻取と呼ばれる後方の器具横断型の可動部品を支えている。経糸を構成する糸は金属製の櫛のついた二

自動織機でピビオーネの絨毯を製作中の織工
Una tessitrice intenta a realizzare un tappeto a pibiones con il telaio automatizzato.
Foto di Emiliano Cappellini.

実験用の織物を作るワークショップの参加者。この特別な織機では2人の織り手が同時に作業して非常に大きなラグを作る
Una studentessa intenta a battere un tappeto sperimentale realizzato durante il workshop. Questo specifico telaio,
veniva utilizzato da due tessitrici contemporaneamente per realizzare tappeti molto grandi.
Foto di Emiliano Cappellini.

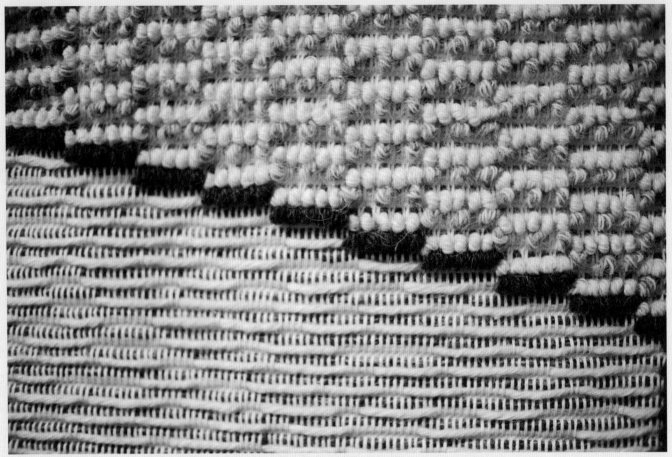

デザイナーのパウリーナ・ヘラーラ・ラテリエの織物「地中海1」の詳細。伝統を尊重し、ピビオーネの技術とピアーナの技術を組み合わせている

Dettaglio del tappeto: Mediterraneo #1, disegnato dalla designer Paulina Herrera Latelier. Da notare come, nel rispetto della tradizione, sia stata combinata la tecnica del pibiones con quella piana.
Foto di Emiliano Cappelini.

つの筬の間で引き伸ばされ、踏木のペダルと連結した綜絖の中に入る。この類の織機で製作する布の幅は最小50 cmから最大75 cmである。水平型織機では、厚手の羊毛織物、下着や家庭で用いる杉綾織（ヘリンボーン）のリネン、パン製造用、鞄、荷鞍用の布を製作する。交差させる糸の可能性は無限で、背景となるさまざまな種類の横糸の織り方の「リッス」「ブリアーリ」「モステペイ」、カールする「ピビオニス」や、小麦「ラヌ」、横糸の面「ウニンデンテ」、重ねた横糸「バガス」「ラウル」「プンテアグ」によって複雑で多色な装飾が施される。

私が背中を痛めながらサムゲーオで学んだ技術は主に以下の2つだ。「ピビオーネ」とは、編み針を使用してウールの横糸を大きく巻き付けてからコンパクトに丸めるテクニックで、ピビオーネとい

うサルデーニャ産の小さなブドウを連想させる。横糸と編み針のサイズに応じて5〜10 mmの厚さの、非常に重い点描型の織物が出来上がる。

「ピアーナ」とは、横糸を追加するテクニックだ。数センチ以内であっても、生地の強度を損なわないよう多少多く織り込む。使用する横糸にもよるが、ピビオーネの織物に比べると軽く、3〜5 mmの厚さの線状の風合いが特徴的な織物だ。

サルデーニャ文化のシンボルは数多く、神秘的で様々な種類がある。その由来は古くヌラーゲ時代に根差し、他国から流入した文化や信仰に影響されることはほとんどなかった。良く見かける形状には花や幾何学的なモチーフや、宗教的なもの、擬人化されたもの、動物形状や紋章がある。今日、これらのデザインはコンピュータで作成し、升目状の紙に印刷する。

dell'azienda, durante il quale sono stati chiariti tutti i passaggi della produzione di un tappeto, siamo stati portati ai telai per passare al lato pratico della realizzazione. China su un tappeto, ci aspettava la Signora Mariantonia, caposaldo dell'azienda, immersa nel suo mondo quasi facesse parte del telaio. Le sue mani nodose si muovevano tra il groviglio di fili con una grazia e una velocità surreale, mentre con molta pazienza, ci svelava i segreti di sessant'anni di dedizione al telaio. Ogni studente ha avuto l'occasione di mettersi alla prova imitando goffamente i suoi movimenti, cercando di sbrogliarne i principi e i meccanismi.

Dopo soli pochi minuti la mia schiena era indolenzita a furia di stare piegato sull'aderente telaio in legno, e lo sforzo impiegato per coordinare i movimenti mi aveva sfiancato. Ho dato quindi il cambio ad un altro studente e mi sono limitato a concentrarmi sull'aspetto teorico della realizzazione di un tessuto a telaio.

Bisogna fare anzitutto una distinzione tra due tipi di telaio:

Il telaio verticale, più antico, è costituito da due montanti verticali fissati tra pavimento e soffitto. L'ordito viene avvolto sull'asse superiore e quindi teso su quello inferiore. La trama viene avviata verso il basso con una sorta di grosso punteruolo d'osso ed infine battuta con un pesante pettine in legno fino a serrare e nascondere completamente i fili dell'ordito. Sul telaio verticale, che consente limitate variazioni tecniche, si producevano grandi coperte policrome, alcuni tipi di bisacce e un particolare tappeto funebre. L'importante ingombro e un ridotto numero di stili di tessitura, hanno portato il telaio verticale sull'orlo dell'estinzione.

I telai orizzontali tradizionali, utilizzati durante il corso, sono costituiti da due pesanti cavalletti paralleli che fungono da supporto per le parti mobili poste trasversalmente: un subbio anteriore, detto "subbio del tessuto", ed uno posteriore detto "subbio d'ordito". I fili che costituiscono l'ordito vengono tesi tra i due subbi passando attraverso un pettine in metallo, e si inseriscono all'interno dei licci, collegati alla pedaliera. La larghezza media dei tessuti prodotti su questo tipo di telaio va da un minimo di 50 a un massimo di 75 cm. Sul telaio orizzontale possono essere realizzati teli di orbace, tele e tessuti spigati per la biancheria personale e della casa, teli per la panificazione, per sacchi e per bisacce.

I possibili incroci dei fili sono innumerevoli e possono essere caratterizzati da complesse decorazioni policrome su fondi di diverso genere, con la tecnica delle trame lanciate ("a lìtsus, a briàli, a mos'te

pèi"), a riccio o a grani ("a pibiònis, a rànu"), a faccia di trama ("un'indente") e a trame sovrapposte ("a bàgas, a làuru, a punt'e agu").

Le tecniche studiate a Samugheo, a discapito della mia schiena sono state principalmente due: la tecnica Pibiones e la tecnica Piana.

La tecnica a Pibiones è realizzata mediante l'impiego di ferri attorno ai quali la grossa trama in lana viene avvolta a creare un ricciolo molto compatto, che ricorda un piccolo acino d'uva, che in sardo è detto, appunto, "Pibione". Ne scaturisce un tessuto molto pesante e molto spesso, dai 5 ai 10 mm, a seconda delle dimensioni della trama e dei ferri, caratterizzato da una texture puntinata.

La tecnica Piana è realizzata con una trama supplementare, anch'essa molto grossa, che viene portata in rilievo per tratti più o meno lunghi, anche se generalmente non superiori a pochi centimetri per non compromettere la resistenza del tessuto. Si tratta di un tessuto più leggero e meno spesso rispetto al precedente, dai 3 ai 5 mm, a seconda del titolo di trama utilizzato, caratterizzato da una texture lineare.

Il ventaglio simbolico della cultura sarda è tanto vasto quanto misterioso. Ha le radici profondamente immerse nell'epoca nuragica ed è stato solo in minima parte influenzato dalla commistione di culture e credenze. Tra le figure più utilizzate troviamo quelle religiose, antropomorfe, zoomorfe e araldiche, allegate a motivi floreali e geometrici. Oggi i disegni vengono realizzati digitalmente e stampati su uno spartito quadrettato. Le caselle facilitano il conteggio dei fili da parte delle tessitrici, oltre a descrivere il colore del filato da utilizzare e il tipo di punto da eseguire. Nei moderni telai automatizzati, solo l'intervento di battitura viene fatto dal macchinario, lasciando alla tessitrice il compito di leggere, interpretare e realizzare il disegno. L'intervento della macchina permette la creazione di tappeti più grandi e precisi, ma è la forte presenza della mano artigiana a dare un valore aggiunto in termini di qualità e autenticità. Il vero processo evolutivo del sistema non si limita all'utilizzo di nuove tecnologie o alla diffusione su vasta scala, ma è qualcosa di più creativo. È l'intervento del designer all'interno del processo a permettere la vera evoluzione del prodotto artigiano. Se prima l'oggetto era legato strettamente alla tradizione e utilizzato in funzione di questa, ora il mercato mostra più possibilità, le case si sono trasformate e la stessa fruizione del prodotto è irrimediabilmente cambiata. Il nuovo style living parla una lingua più internazionale, e l'oggetto tradizionale deve essere riletto in chiave contemporanea non solo per

織り手が糸目を数えたり、使用する糸の色や織り込むステッチの種類を確認したりする時に升目が役に立つ。現代の自動織機では機械でステッチを織り込むので、織り手の仕事はデザインを読み取り、解釈し、仕上げることだ。機械の使用によって大きな作品を正確に作れるようになったが、職人の手を介することで品質と信頼性の観点で付加価値が加わる。実際にシステムの進化によって新技術の導入と広範囲の普及に加え、より創造的な制作が可能になった。デザイナーがプロセスへ介入することで、手工業製品は真の進化をとげられるようになった。これまで伝統と結び付いた物は機能の通りに用いたが、市場に様々な可能性が現れて住宅は変化し、同じ製品でも利用方法は完全に変わった。新しい生活スタイルは国際的になり、伝統的な物は残すだけではなく、生活の進歩に合わせて現代的に再解釈する必要がある。創造には進歩と対話の過程が必要だという教えが、サムゲーオでの私の経験を強く特徴づけた。私の原点であるサルデーニャで集中し、個人として豊かな経験をしたこと、職業人として自分のルーツに触れたことに深く感謝している。

この伝統に根差した会社のルーツをたどるため、創業者のマリアントニア・ウールー氏（以下M）にインタビューを行った。

あなたにとってマリアントニア・ウールーの工房とは何か。
M：仕事であり家族だ。現代的な視点で地域を再解釈し、サルデーニャ文化の価値を高めるため1981年にテキスタイルの会社を設立した。デザイナーがデザインして職人が手作業で仕上げた織物を中心に生産している。顧客のニーズに合わせて製作過程を調整するが、千年続く伝統を常に軸にしている。

いつ織物を始めたのか。年月を経て仕事はどのように進化したか。

M：私は14歳で織り始めたが、既に子供の頃から織機の経験があった。村の誰もが織機を所有し、母から娘へと知識を伝えた。1880年代に私の末の子供が6歳になり、働く情熱がわいた。当時は販売するために織っていたわけではない。サルデーニャ地方の職人協同組合が作られ始めた。私の末の子供がずいぶん大きくなった折に村の女性たちが働き始めて、私も組合に加わった。貯金して水平機を購入し、工芸の職人として登録した。村の他の女性たちが織るのに疲れた時も私は織り続けた。数年後に私の献身は報われ織機は何台にも増えた。そのうち子供たちが大きくなり、勉強のため村を出る必要があったが、私は満足していた。子供たちは自分の将来のために勉強するのだし、学位を得てもサムゲーオでは価値がないと私にはわかっていた。だから私は一人で働き続け、私の仕事は遅かれ早かれ終わるだろうと思った。数年が経ち、私は反対したが、子供たちは学んだ知識を最大限に活かして会社を引き継ぐことにした。現在は織物を扱うだけでなく、家族経営となった仕事を担っている。

グローバリゼーションが地球のあらゆる場所で手工芸に変化をもたらした事にワークショップで気が付いた。実際にサムゲーオの市場はどのように変わったのか。
M：私が働き始めた時は、職人は個人で市場に行き、原材料を買った。調度品（織物）が完成すると自分の家で売った。生産と販売方法はこれ以外になかった。一方、現代の市場では、自社製品も伝統も世界中に輸出が可能となった。裏返せば、この変化に適応していない人たちには本当に不利だ。多くの小規模のビジネスは終わらざるを得ず、低価格、低品質競争で壊滅した。

工芸の危機にも関わらず、なぜあなたの会社は成長し進化を続けられたのか。
M：私たちは外部の建築家やデザイナーに自社製品をデザインしてもらい適応している。彼らの広

沖縄からの参加者の花城美弥子教授（写真右）は持参した織機でマリアントニア氏（中央）に日本の古来の織り方を
教えた。ウールー社の協力者のアンジェリカ・ロスナー氏（中央）はワークショップ参加者にデザインの着想を与えた
La Professoressa Miyako Hanashiro insegna alla Signora Mariantonia un metodo di tessitura
giapponese molto antico. Tra le due, troviamo la Professoressa Angelika Rosner, collaboratrice della
famiglia Urru e fonte di ispirazione durante il workshop.
Foto di Emiliano Cappellini.

la mera sopravvivenza ma più per l'opportunità di evolversi.

L'evoluzione e il dialogo, come processi tanto necessari quanto creativi, rappresentano un insegnamento che ha caratterizzato fortemcntc la mia esperienza a Samugheo. Sono profondamente grato per questa full immersion nelle mie origini che mi ha arricchito a livello personale, mettendomi in contatto con le mie radici, e a livello professionale.

Per poter risalire alle radici di quest'azienda permeata di tradizione è stata fondamentale l'intervista della capostipite di quest'attività: la Signora Mariantonia Urru.

Cosa è per Lei il laboratorio tessile" Mariantonia Urru"?
È il mio lavoro e la mia famiglia.

È un'azienda tessile fondata nel 1981 con lo scopo di valorizzare la cultura sarda tramite una rilettura del territorio in chiave contemporanea. Produciamo tessuti, in particolare tappeti, che vengono progettati da designer e realizzati a mano da artigiani. Il processo creativo viene adattato in base alle esigenze del cliente, ma sempre con il rispetto dovuto ad una tradizione millenaria.

Quando ha iniziato a tessere, e come si è evoluto negli anni in suo lavoro?

Ho iniziato a tessere qualcosa di compiuto all'età di 14 anni. Già dall'infanzia però avevo sperimentato il telaio. Tutti in paese ne avevano uno, e la conoscenza si tramandava di madre in figlia.

La passione è diventata lavoro negli anni 80, quando il più piccolo dei miei figli aveva già 6 anni. In quel periodo non si tesseva per rivendere, ma la regione Sardegna aveva iniziato a proporre delle cooperative artigiane. Le ragazze del paese hanno iniziato a lavorare, e quando il più piccolo dei miei figli era grande abbastanza, mi sono unita a loro. Con dei risparmi messi da parte ho comprato un telaio orizzontale e mi sono iscritta all'albo delle imprese artigiane. Mentre le altre lavoratrici del paese piano piano si sono stancate del telaio, io ho continuato a lavorare. Questa dedizione negli anni è stata ripagata e i telai si sono moltiplicati. Intanto i miei figli crescevano, e per studiare, hanno dovuto lasciare il paese. Io ero contenta perché si stavano formando per il loro futuro, e sapevo che i loro titoli di studio non sarebbero stati valorizzati a Samugheo. Così ho continuato a lavorare da sola, consapevole che presto o tardi la mia attività si sarebbe conclusa. Anni dopo, nonostante io mi sia ribellata alla loro decisione, i miei figli hanno voluto riprendere la mia azienda, sfruttando al meglio i titoli di studio conseguiti. Certo ora non si occupano solamente dalla Tessitura, ma sono comunque parte dell'attività che è diventata a conduzione familiare.

い視点に助けられて、伝統的なテキスタイルは国際的になった。私たちの織物の文化は大変特殊で、伝統に結びついている。個人的かつ本質的な性質のままグローバル市場に合わせるのは難しい。

なぜ過去と未来をつなげようと思ったのか。
M：働き始めて会社に織機がまだ数台しかない時期に実験を始めた。型は維持しながらも少し伝統からは離れた作品をいくつか試作して楽しんでいた。本当に急進的な変化を遂げたのは私の息子たちだ。思い切って投資し、新しい技術とアイデアで会社の視野を広げた。子供たちが、現代と歩調を合わせる建築家やデザイナーを紹介してくれた。

昔からサルデーニャの伝統的な織物の特徴はシンボル、色、様式にある。デザイナーのモダンなデザインで、古代からの芸術の価値を危険にさらす必要はあるのか。
M：創造性とは伝統を厳守する事ではなく、伝統を強化する手段だと私は信じている。絨毯とは歴史的にラグが進化したものだ。新しい生活スタイルに応じて変化が必要だ。私たちが販売している織物のほとんどは、伝統的な用いられ方ではなく、絵のように壁に掛けられることが多い。同様に、創造性の進歩という視点からデザインのパターンが考えられている。私たちの文化遺産に関わる素材、技術、そして多くのシンボルですら実験が可能だ。この観点から私たちは綜絖による織りとピビオーネの技術を組み合わせて最初のラグを作り始め、職人の手によってより複雑なデザインを作成した。

職人としてデザイナーとどのような関係を築いたか。
M：私見では双方の職業は密接な共存関係にある。職人がいなければ文化を特徴づける経験は無く、デザイナーがいなければ進歩もなく伝統は過去に追いやられるだろう。デザイナー達の規格外のアイデアは仕事の上で刺激になった。時には例外的な要求や難しい要求に対して、職人は知識で応える必要があった。この対立が創造的な過程の要となり、対話から最も美しい生地を織ることが出来た。

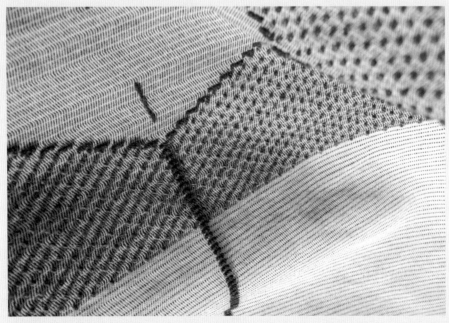

マリアントニア・ウールーの「地中海」コレクションより「アカエイ」。すべて手作業のピビオーネ技法で制作している。ウール90％、コットン10％。ポリーナ・ヘレール・レテリエのデザイン
Mediterraneo Collection di Mariantonia Urru, "Razze". Realizzato interamente a mano con la tecnica dei pibione. 90% lana, 10% cotone. Design di Paulina Herrera Letelier.
Foto di Valentina Sommariva.

Durante il corso ci siamo resi conto di quanto la globalizzazione abbia stravolto l'artigianato in ogni angolo del pianeta. In una realtà come quella Samughese, quanto e come si è evoluto il mercato?

Quando ho iniziato, gli artigiani andavano personalmente al mercato per comprare le materie prime, e una volta realizzato il pezzo d'arredo, lo si vendeva a casa propria. Il ciclo di produzione, realizzazione e vendita, era relegato a questo territorio. Il mercato moderno, invece, ci ha permesso di esportare i nostri prodotti e le nostre tradizioni in tutto il mondo. È anche vero che c'è stato il rovescio della medaglia per chi non si è adattato a questa trasformazione. Molte piccole aziende sono state costrette a chiudere, divorate dalla concorrenza a basso costo e bassa qualità.

Cosa ha permesso alla sua azienda di continuare a crescere ed evolversi nonostante la crisi dell'artigianato?

La nostra capacità di adattamento dovuta agli architetti e i designers che hanno disegnato per noi. Il loro punto di vista più ampio ha aiutato la nostra tradizione tessile, rendendola più internazionale. I tessuti della nostra cultura sono molto particolari e legati alle nostre tradizioni. Questo carattere personale e autentico, difficilmente si addice al mercato globale.

Come è nata questa voglia di mediare tra passato e futuro?

La sperimentazione è nata all'inizio della mia carriera, quando l'azienda contava solo un paio di macchinari. Mi divertivo nel realizzare qualche prototipo scostandomi leggermente dalla tradizione, ma mantenendone l'impronta. Il vero cambiamento radicale è avvenuto con i miei figli che, investendo coraggiosamente, hanno allargato gli orizzonti dell'azienda con nuove tecnologie ed idee. Sono stati loro ad introdurre gli architetti e i designers che ci hanno portato al passo coi tempi.

La tradizione tessile, con i suoi simboli, colori e stili, ha caratterizzato la Sardegna sin da tempi immemori. Il designer, con la sua progettazione moderna, può rischiare di svalorizzare quest'arte così antica?

Credo che la creatività non debba essere limitata nel seguire troppo rigidamente la tradizione, ma possa essere il mezzo per rafforzarla. I tappeti, storicamente, sono stati l'evoluzione delle coperte. Questa trasformazione è stata necessaria per assecondare i nuovi modelli di vita. Allo stesso modo, molti dei tessuti che vendiamo, non vengono utilizzati come tradizionalmente ci si aspetta, ma vengono spesso appesi come fossero quadri. Anche la progettazione del disegno può essere vista in quest'ottica di evoluzione creativa. Si può sperimentare anche se i materiali, le tecniche e spesso i simboli, si rifanno al nostro patrimonio culturale. Con questa prospettiva abbiamo iniziato a realizzare i primi tappeti unendo lo stile dei licci a quello dei pibiones, creando disegni sempre più complessi con l'aiuto delle nostre tessitrici.

Lei come artigiano, che rapporto ha stretto nei confronti dei designers?

Questi due mestieri, a mio parere, sono strettamente interconnessi e vivono in simbiosi. Senza gli artigiani, non avremmo l'esperienza che caratterizza una cultura, e senza i designers, la tradizione rimarrebbe relegata al passato incapace di evolversi. I designers, con le loro idee fuori dagli schemi, sono stati una fonte di stimoli per il mio lavoro. Il sapere artigiano è dovuto andare incontro a richieste inconsuete e a volte difficilmente realizzabili. Questo confronto è stato il fulcro del processo creativo, il dialogo che ha permesso d'intrecciare i tessuti più belli.

エミリアーノ・カッペリーニ
1993　サルデーニャ、アルゲーロ生まれ
2016　サッサリ大学建築学科卒業
2018　アルゲーロにて同大学院建築学修了
2018　株式会社ATELIER OPA入社
　　　　デザイナー、建築家

Emiliano Cappellini
1993　Nasce ad Alghero
2016　Consegue la laurea in architettura all'Università di Sassari.
2018　Consegue la laurea magistrale in architettura ad Alghero.
2018 - 2020　lavora all'Atelier OPA nel ruolo
　　　　di designer, architetto e ricercatore.

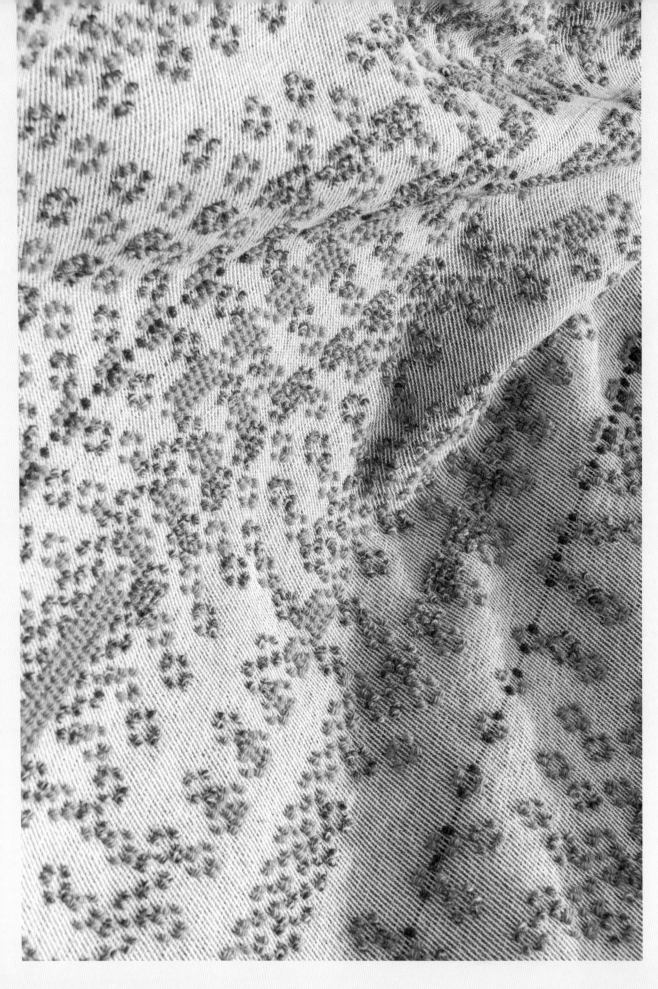

左ページ　Pagina a sinistra
サルデーニャ島のエメラルド海岸のホテル「アビドール」を彩った
マリアントニア・ウールーのタペストリー「Torigu」。ビビオーネと
リッスの技法で織っている。90％毛、10％綿。ポリーナ・ヘレール・
レテリエのデザイン
Mariantonia Urru ha realizzato un arazzo intessuto con le
tecniche "pibiones" e "litsus" per l'hotel "Abi d'Oru" sulla
Costa Smeralda in Sardegna. 90% lana, 10% cotone.
Design di Paulina Herrera Letelier.
Foto di Valentina Sommariva.

右ページ　Pagina a destra
マリアントニア・ウールーの「遺産」コレクションより「暗喩」
1800年代のサルデーニャの伝統的なベッドカバーの織りの柄を
再現した。
現実と伝説の動植物を単色でピビオーネの技法で描く。80％毛、
20％綿。
プレッツィアーダ・スタジオのデザイン
Heritage Collection di Mariantonia Urru, "Allusion".
Basato sulle tradizionali coperte da letto sarde del 1800,
la tecnica dei pibiones descriveva piante e animali mitici
e reali. 80% lana, 20% cotone.
Design di Pretziada Studio.
Foto di Valentina Sommariva.

La Cultura Sarda

4章 サルデーニャの文化

サルデーニャの風景

Il paesaggio Sardo

ジョバンニ・ピリアルヴ
Giovanni Piliarvu
Foto e testi di Giovanni Piliarvu

[1] ラ・ペローザ海岸のアラゴンの塔。スティンティーノ、サッサリ
Torre aragonese immortalata dalla spiaggia La Pelosa, Stintino (SS)

[2] ガッルーラの風で曲がったコルク樫の木
Quercia da sughero piegata dal vento della Gallura.

サルデーニャ島。矛盾する古代の大地。太古の昔から、地中海の波が透明な海と心地よい海岸を愛でてきた。長い歴史において、古代世界で最も活気に満ちた盆地は注目の的だったが、時には歴史の狭間でヨーロッパ大陸から孤立することもあった。豊かであると同時に貧しい大地、憧れの観光地でありながら静かなる大自然の土壌でもある。透明な水がきらめく、魅惑的な夏の甘い生活（ドルチェ・ヴィータ）とは対照的に、踏み込みにくい野生の奥地には非常に豊かな植生と世界でも稀な動物が生息する。有名であると同時に未知の島。サルデーニャの風景のすべてのニュアンスを伝えるのは容易ではない。しかし、一枚のイメージは千の言葉に値すると言われている。読者には私が撮った写真から少しでも情景を伝えられたらと願う。

自分の故郷を思い浮かべると、風景と感覚が巧みに混ざり合って目に浮かぶ。まず、塩をはらんだ風を感じ、素足は三脚の隣で細かい砂に沈む。地中海の茂みに踏みこむ度に、そこかしこにある乳香樹の強烈な香りに包まれる。太陽の光に照らされて徐々に溶ける1月の朝の霜、春の強烈で変化に富む色彩、そしてふもとの小さな村を従えた広大な緑の谷。風にさらされた石や、雨で湿った大地に野生の馬が残した瑞々しい足跡は、数か月後には夏の不毛な乾きでひび割れる。そして、未だ火山の形を保った小さな山々の上では、無数の人型の雲が方々で踊る。樹齢数百年のコルク樫はある高さまで幹の周りの皮を剥ぎ取られ [2]、古代の崇拝の場として建立した石からほど遠くない場所にロマネスク様式の教会は孤高にそびえ、昔の輝かしき日々を今なお示す青銅器時代の建物がリ

Torre d'avvistamento spagnola presso Santa Caterina di Pittinuri, Cuglieri (OR).

Sardegna. Antica terra di contraddizioni. Da tempo immemore accarezzata dalle onde del Mediterraneo, con mari limpidi e spiagge accoglienti. Nella sua lunga storia è stata al centro dell'attenzione nel bacino più vivo del mondo antico, ma a volte anche fortemente isolata dal continente europeo a causa dei giochi della storia. Terra ricca e insieme povera, ambita meta turistica ma anche silenziosa terra di natura. Un'immagine sfavillante di trasparenti acque con una patina di glamour da Dolce Vita estiva fa contrasto con un entroterra impervio e selvaggio, popolato da una ricchissima vegetazione e animali unici al mondo. Isola famosa e allo stesso tempo sconosciuta. Non è facile raccontare il paesaggio sardo e tutte le sue sfumature. Si dice però che un'immagine valga mille parole. Spero quindi, con l'aiuto delle mie foto, di riuscire a darvene almeno un'idea.

Quando penso alla mia isola natale mi appare davanti agli occhi una complessa amalgama di scenari e sensazioni. Prima di tutto il vento impregnato di salsedine, i piedi scalzi che affondano nella fine sabbia accanto al treppiedi. L'onnipresente e intenso profumo di lentisco che avvolge ogni passo nella macchia mediterranea. Il gelo mattutino di gennaio che si scioglie lentamente all'arrivo del sole, i colori intensi e vari della primavera e le immense valli verdeggianti con i tacchi che spiccano dominando dall'alto i paesini dell'entroterra. Pietre levigate dal vento e impronte fresche di cavalli selvaggi sulla terra umida di pioggia che a distanza di pochi mesi sarà screpolata dalla secca e arida estate. E ancora piccole montagne a forma di vulcano su cui danzano immense nuvole con, qui e lì, i segni dell'uomo. Centenarie querce da sughero spoglie all'altezza del tronco [2], chiese romaniche che si ergono alte e solitarie non distanti da pietre innalzate in tempi remoti come luogo di culto, il paesaggio accompagnato ritmicamente da costruzioni dell'età del bronzo che ancora testimoniano tempi di gloria lontani.

Quale modo migliore per scoprire l'isola se non quello di mettere le macchine fotografiche nel bagagliaio e iniziare a guidare?

Cominciamo il viaggio da Sassari, seconda città dell'isola e mia città natale. Siamo in una zona poco distante dal mare, un insediamento di antiche origini che è cresciuto in seguito al rifugio verso

ズミカルに立ち並ぶ風景。この島を散策するのに、カメラを車のトランクに入れてドライブするよりも良い方法があるだろうか?

　サルデーニャ島の第二の都市、私が生まれたサッサリから旅を始めよう。海からそう遠くない地域で、港湾都市トゥリス・リビソニスから住民が内陸部へ避難するにつれて古代からの生活圏として発展した。今日のポルト・トレスは、11〜12世紀頃のサラセンの海賊の襲撃から始まった。中世の初めに敵は海から来て、自分達の保護を兼ねた監視塔をあちこちに建設して19世紀半ばまで活動した。現在、これらの塔は島中の沿岸の景色の一部となった [1]。その美しさは過ぎ去りし時をしのばせ、島で最も美しい幾つかの入り江に見事なアクセントを構成する。かの有名な東海岸のバリサルド塔、ボーザより少し南の西海岸のサンタマリア・ディ・ピッティヌリ塔、小さなスティンティーノ村から数キロ先の最北西端にあるラ・ペローザのアラゴンの塔 [3]。この港のある村は、比類なき天然の宝石たるアシナラ諸島への入り口で

ある。1998年までは刑事植民地だったが、現在はアジナラ国立公園となった。この風景を際立たせるのは灯台草で、島は季節によって緑、赤、黄色に染まる [4]。野生動物の中でこの土地の主役を務めるのは固有種の小さなアルビノのロバ(アジネロ)だ。アジナラ島と似ているように思えるが、ロバ(アシノ)ではなく、島の曲がりくねった様子を表すラテン語の「シヌアリア」に由来する。

　話を戻してポルトコンテの北西湾とカタルーニャの小都市、アルゲーロに移動しよう。人気のある観光地の一つとして本当に忘れがたい景色がある。澄み切った海を眺めると、眠れる巨人を思わせるカポ・カッチャの壮大な岩の構造が見える [5]。ここでは西海岸の夕日が見もので、毎日陽が沈むと世界は息を飲むような色彩に染まる。

　さて、内陸のメイログ地区に移動して、サルデーニャの最も印象的なランドマークの一つであるヌラーゲと初の対面を果たそう。この地域の土地は小さな火山で形成された。現在は休火山だが、島で最も肥沃な土地の一つとなった。したがって、沢

[4] アジナラ国立公園に繁殖する灯台草。ポルトトーレス、サッサリ
Distesa di euforbia nel Parco Nazionale dell'Asinara, Porto Torres (SS).

[5] アルゲーロ湾から眺める「眠れる巨人」カポ・カッチャ。サッサリ
Il "Gigante addormentato" di Capo Caccia, affacciato sul golfo di Alghero (SS).

l'interno della popolazione dalla città portuale di Turris Libissonis, odierna Porto Torres, all'inizio delle incursioni dei pirati saraceni intorno al XI-XII secolo. Dal mare arrivavano i nemici e per proteggersi, a partire dall'alto medioevo, sono state erette una serie di torri di avvistamento, attive fino alla metà del XIX secolo, che ora fanno parte integrante del paesaggio costiero di tutta l'isola. La loro bellezza ricorda tempi andati e costituisce un magnifico accento di alcune delle insenature più belle dell'isola. La famosissima torre di Bari Sardo nella costa orientale, quella di Santa Maria di Pittinuri [3] nella costa occidentale poco a sud di Bosa, o ancora la torre aragonese della Pelosa [1], nella estrema punta nord-occidentale a pochi chilometri dalla piccola Stintino. Questo villaggio portuale è la via d'accesso per l'isola dell'Asinara, un gioiello naturalistico con pochi rivali. È stata una colonia penale fino al 1998 ed ora ospita il parco nazionale omonimo. Il paesaggio è caratterizzato dall'euforbia, che con il cambiare delle stagioni colora l'isola di verde, rosso o giallo [4]. Fra gli animali selvatici che popolano il territorio il protagonista assoluto è l'asinello albino, specie endemica che ricorda per assonanza il nome dell'isola, anche se il nome Asinara non sembra derivare

dalla parola asino, ma dal latino "sinuaria", quindi l'isola sinuosa.

Torniamo ora sulla terraferma e ci spostiamo nel golfo nord occidentale di porto Conte e la cittadina catalana di Alghero. È una delle mete turistiche più ambite dell'isola e il paesaggio sicuramente uno dei più memorabili, con la vista che si apre sul limpidissimo mare e la magnifica conformazione rocciosa di Capo Caccia che ricorda un gigante addormentato [5], qui ogni giorno al calar del sole il mondo si tinge di quei colori mozzafiato che caratterizzano il tramonto della costa di ponente.

Ci spostiamo verso l'interno, nella zona del Meilogu, per andare a fare il nostro primo incontro con quello che è uno dei più imponenti simboli dell'isola: il nuraghe. Il territorio di quest'area è ancora modellato dai suoi piccoli vulcani, ormai inattivi, che hanno reso il terreno uno dei più fertili dell'isola. Non è quindi un caso che ci sia un'altissima concentrazione di resti antichi, tanto da dare all'area centrale il nome di "valle dei Nuraghi". Le antiche costruzioni dell'età del bronzo, ben 7000 complessi nuragici ancora integri, caratterizzano il paesaggio dell'intera isola e proprio nel territorio di Torralba si erge una delle strutture più colossali, il

[6] サントゥ・アンティネのヌラーゲ集落付近の羊の群れ。トラルバ、サッサリ
Gregge di pecore vicino al nuraghe di Santu Antine nella valle dei Nuraghi, Torralba (SS).

山の古代遺跡が密集し、中心部が「ヌラーゲの谷」と名付けられたのは偶然ではない。青銅器時代の古代遺跡として7000ものヌラーゲの建築が今なお原型を留めており、島全体の風景を特徴づけている。中でもトッラルバには、最も巨大な建造物の1つであるサントゥ・アンティネのヌラーゲがある［6］。まるで番人のような三角形の形状で、太陽と月の光線をメイログの谷にやさしく迎え入れる。

メイログの火山の丘から、島の北東のガッルーラに向かおう。道に沿ってあちこちに建築愛好家のお目当てのロマネスクの教会が現れる。イタリアとフランスに由来する様々な宗教的なオーダーの影響を受け、サルデーニャのロマネスク様式で数々の新しい表現形態が発展してきた。ガッルーラに着くと、テンピオ・パウザニアの町の向こうに地域のシンボルとなる石がある。素晴らしい花崗岩の産地の中央に小さなアッジュス村がある。

1980年代の法律で石の採掘を止めたので、今なお「月の谷」とガッルーラ全域の特色である風化した岩石層を鑑賞できる［7］。ここでもヌラーゲの存在感は失われていないが、この地域では特産品のコルクが有名で、地元の経済を支えている。エメラルド海岸は最も高貴な場所だ。島の他の場所と同じく視覚的には比類なき物珍しさがあるが、写真家の目から見れば、珍しい形の花崗岩がうっすらと雪をかぶったり、一日の始まりに凍てついた露をまとったりする場所でしかない。ガッルーラからは島で一番高い山の頂上が垣間見える。例えばがっしりとしたリンバラ山や、その南に接し、サルデーニャの壮観の一つに数えられるバルバギアの山岳地帯だ。

ローマ人がバルバギアと呼んだことから、ラテン語やギリシャ語を話さない人々は野蛮人（バルバロ）とみなされたことを示唆している。結果的に丘陵地や小さな村々は孤立したが、この地形の

nuraghe Santu Antine [6]. Con la sua forma trilobata sembra fare da guardiano accogliendo dolcemente i raggi del sole e della luna nella valle del Meilogu.

Dalle colline vulcaniche del Meilogu ci spostiamo verso la Gallura, la zona nord orientale dell'isola. Lungo la strada appaiono qua e là alcune delle numerose chiese romaniche meta di moltissimi appassionati di architettura. In Sardegna questo stile si è sviluppato fino dalle origini dando espressione a numerose forme inedite grazie ai vari influssi di ordini religiosi provenienti da Italia e Francia. Arrivati in Gallura, appena oltre la cittadina di Tempio Pausania, si trova il cuore di pietra della regione. Il piccolo borgo di Aggius sorge al centro di una splendida terra granitica. Grazie a una legge degli anni '80 che ha fermato la raccolta della pietra oggi è possibile ammirare le formazioni rocciose levigate dal vento che caratterizzano la "Valle della Luna" e la Gallura intera [7]. Anche qui non manca la presenza nuragica, ma quest'area è famosa soprattutto per il suo sughero, fondamentale per l'economia locale. La Costa Smeralda è la parte più blasonata. Come nel resto dell'isola la costa offre chicche visive senza paragoni, ma per occhio del fotografo c'è poco che possa superare le insolite forme dei massi di granito coperte da una lieve

spolverata di neve o da una coltre di rugiada gelata all'inizio del giorno. È qui in Gallura che si iniziano ad intravedere i picchi più alti dell'isola, come il massiccio del Limbara che confina a sud con una delle parti più suggestive della Sardegna: la Barbagia.

Chiamata Barbagia dai romani, che indicavano barbari tutti popoli che non parlavano latino o greco, è caratterizzata da un susseguirsi verdeggiante di alti rilievi e paesini un tempo isolati, culla di moltissime antiche tradizioni conservate proprio grazie alle fattezze della regione. Non si può rimanere immuni al fascino dei borghi montani come Fonni [8], il paese più alto dell'isola con i sui 1000 metri sul livello del mare o Orgosolo e i suoi murales, ma ancora Oliena, Mamoiada, Orani, Seulo patria dei centenari e Ulàssai. Nel comune di Gairo spicca il monumento naturale Perda e Liana che rivaleggia per bellezza con i tacchi di Ulàssai, che hanno ispirato tra gli altri l'artista Maria Lai, originaria del posto [9]. Quando si arriva in Barbagia non ci si può limitare ad osservare il territorio dalla macchina. Con zaino in spalla e scarpe da trekking ai piedi c'è solo l'imbarazzo della scelta. Due tra i più spettacolari percorsi sono sicuramente l'escursione nella valle di Lanaitho, che porta al segreto villaggio nuragico di Tiscali vicino a Oliena, e la

[7] 月の谷の夜明け。アッジュス、サッサリ
Scorcio sulla Valle della Luna all'alba, Aggius (SS).

[8] フォンニ付近の雪景色。ヌオーロ
Paesaggio innevato nei pressi di Fonni (NU).

お陰で古い伝統を守る揺りかごになったという特徴がある。標高千メートルの島で最も高い場所にあるフォンニの町［8］や、壁画の町オルゴーゾロ、そしてオリエーナ、マモイアーダ、オラーニ、ウラッサイの中心部のセウーロといった山の中の町の魅力を放っておく訳にはいかない。ガーイロ村では天然記念物のペルダ・リアナ山が屹立し、他でもない、マリア・ライが生まれ影響を受けたウラッサイと美しさを競い合っている［9］。バルバギアに到着したら、観光しに車から出ない手はない。リュックを肩に背負い、トレッキングシューズを履けば、覚悟を決めるだけだ。最も壮観なラナイトゥ渓谷を確実に楽しむ遠足ルートが2つある。オリエーナ付近にある知られざるティスカリのヌラーゲの集落につながる道と、ガドーニとセウーロの境でフルメンドーザ川の水が作り上げた峡谷へ下りて「サ・スティディオーザ」の滝のしだれ柳の壁に向かう道だ。季節によって、海へと注ぐ滝の水量は激しい流れだったり、わずかな水流だったりする。

バルバギアの美しさと言ったら他の場所を旅する気が失せるほどだ。三脚とカメラを肩に背負えば、この地域が放つ魅力を少しでもフレームに収めるべく時間を無限に費やすことができる。しぶしぶこの地を後にして南に向かうとしよう。その地域は穏やかな丘陵地であることからマルミーラと名づけられた。サルデーニャで唯一のユネスコの世界遺産であり世界的にも有名なヌラーゲの宮殿たる「スー・ヌラージ」がある。夜明けの光に包まれた荘厳な美しさは息を飲むほどだ。この地域にも自然が作り出すハイライトがある。サルデーニャ語でサ・ヤラ・マンナとして知られるジャアラ・ディ・ジェストゥリ高原だ。火山によって隆起したゲストゥリ、トゥイーリ、ジェノーニ、セッツの間の広い地域は環境による地理的特色がある。鉄器時代からヨーロッパ原産の野生の馬が広く分布する最後の生息地だ。春に雨で形成される一時的な沼地（パウリ）［10］は、仔馬の家族にとって暮らしの拠点となる。その比類なき風光明媚な美しい時間帯を写真家は「ゴールデンアワー」

[9] ウラッサイのティジッドゥ山。ヌオーロ
Monte Tisiddu nei pressi del paese di Ulàssai (NU).

discesa nel canyon creato dalle acque del fiume Flumendosa, al confine tra Gadoni e Seulo verso la parete piangente della cascata "sa Stiddiosa".

E ancora cascate che precipitano sul mare e acqua che a seconda della stagione scorre impetuosa o fatica giù languida.

La bellezza della Barbagia rende difficile proseguire il viaggio verso altre mete. Con treppiede e macchina fotografica in spalla si potrebbe passare un tempo infinito alla ricerca di inquadrature che riescano ad esprimere anche solo in parte quello che questa regione regala. A malincuore lasciamoci alle spalle questa zona e proseguiamo verso sud nella Marmilla, caratterizzata dai suoi gentili rilievi che danno il nome alla regione. Qui si erge la reggia nuragica di "Su Nuraxi", la più famosa al mondo e unico patrimonio materiale dell'UNESCO in Sardegna. La sua maestosa bellezza al sorgere delle prime luci del giorno lascia senza fiato. Anche questa regione non manca del suo fiore all'occhiello naturalistico: l'altopiano della Giara di Gesturi, conosciuta in sardo come Sa Jara Manna. Questa ampia area di origine vulcanica che si innalza tra i paesi di Gesturi, Tuili, Genoni e Setzu è caratterizzata dalle sue peculiarità geografico ambientali, ed è habitat degli ultimi cavalli selvaggi d'Europa, che popolano il territorio con gran probabilità fin dall'età del Ferro. I Paùlis, gli acquitrini temporanei che si formano in primavera con le piogge [10]., sono la fonte di sostentamento per le famiglie di cavallini, e una bellezza paesaggistica senza paragoni durante quella che i fotografi chiamano "l'ora d'oro".

Torniamo nella parte occidentale dell'isola, sulla costa opposta, per trovare una delle due perle marittime sarde: Bosa. La cittadina della provincia di Oristano, è uno dei borghi più belli d'Italia e una vera delizia visiva. È l'unico borgo attraversato da un fiume navigabile, il Temo, con numerose case colorate che si concentrano strette e sembrano salir su verso il castello di Serravalle che le domina dall'alto. La presenza della fortezza, la sua vicinanza al mare e il fatto di essere annoverata fra i borghi più belli la accomunano a Castelsardo, sulla sponda nord dell'isola.

Le meraviglie continuano scendendo a sud lungo la costa. La cascata di Capu Nieddu, che scorre dirompente o placida a seconda della stagione verso il Mar Mediterraneo, l'arco naturale di S'Archittu e ancora giù fino alle magnifiche dune di Piscinas [11]. Il cielo stellato che si apre sulla sabbia adornata di piccoli cespugli e alberelli nodosi inarcati dal vento si apre sconfinato nelle notti di luna nuova.

Proseguendo sullo stesso versante dell'isola entriamo in un altro piccolo mondo: il Sulcis Iglesiente. Questa grande area è stata sede di una delle due più grandi miniere di carbone d'Europa agli inizi del '900. In tempi antichi era coperta da una lussureggiante foresta

と呼ぶ。

島の西側に戻ろう。反対の西海岸にはサルデーニャに二つあると例えられる真珠の一つ、ボーザがある。イタリアの最も美しい町の一つに挙げられるオリスタノは本当に目の保養になる。唯一、入船できるテモ川が町を横切り、丘にそびえるセッラヴァッレ城に向かって数々のカラフルな家々がひしめきあっている。要塞の存在、海への近さ、そして島の北岸のカステルサルドと同じく最も美しい町であるという事実。地中海に向かうカプ・ニエドゥの滝は季節によって激しく、あるいは穏やかに流れる。天然記念物のサルキットゥのアーチ型の岩をくぐり、ピシーナスの壮大な砂丘まで行こう [11]。新月の夜、小さな茂みが彩る砂地の上に星空が広がり、風で曲がった小さな節くれだった木々は腕を伸ばす。

続けて島の斜面を進み、もう一つの小さな世界、スルチス・イグレジエンテに入ろう。この広い地域には、1900年代初頭に二つあったヨーロッパ最大級の炭鉱の一つがあった。古代に森が生い茂っ

た場所は、時を経て約400 km²の広さの石炭盆地と化した。第二次大戦後に採掘活動は格段に減速し、かつて開発業者が用いた建物は風景の中に目に見える印として残り、往時を間近で目撃した建物（真珠）として改装された。サルデーニャで太陽が不足することはめったに無い。鉱山の集落のネビダから数キロの距離に、最も太陽に愛された場所の一つがある。パンディズッケロという離れ岩である。

さらに南下すると、サンピエトロ島とサンタンティオコ島という隣り合った二つの島に到着する。漁師たちの住まいとして名高く、彫刻的な岩、酔わせるような香り、広い海からの風といった魅力が詰まっている。私にとって最も大切な場所の1つは、サンタンティオコ島の西海岸沖に立つ孤高のマンジャバルケ灯台だ [12]。この小さな宝石は時を経て磨かれた岩礁の正面で、沖のボートを海から突き出す岩から遠ざけながら、冬の波の激しい力にも耐えている。

南西の海岸に立ち寄ってからサルデーニャの首

[10] ジャアラ高原に雨水が貯まった盆地「パウリ」。マルミラ、南サルデーニャ
Bacino di acqua piovana detti "paùli", nell'altopiano della Giara di Gesturi, Marmilla (SU).

Albero piegato dal vento nel deserto di Piscinas, territorio di Arbus (SU).

che il tempo ha trasformato in bacino carbonifero con un'estensione di quasi 400 km². L'attività mineraria è diminuita drasticamente nel secondo dopoguerra lasciando segni visibili nel paesaggio, con gli edifici una volta usati dall'indotto collegato ora trasformati in perle visive testimoni di un vicino passato. Se in Sardegna il sole fa raramente sentire la sua mancanza, uno dei posti che sembra amare di più sono i faraglioni di Pan di Zucchero, a pochi chilometri dalla frazione mineraria di Nebida.

Scendendo ancora più a sud arriviamo a dirimpetto alle due isole di San Pietro e Sant'Antioco. Famose soprattutto per essere patria di pescatori, offrono suggestioni composte da sculture rocciose, profumi inebrianti, vento di mare aperto. Uno dei posti a me più cari è il faretto di Mangiabarche, solitario al largo della costa ovest di Sant'Antioco [12]. Davanti a una scogliera levigata dal tempo il piccolo gioiello resiste all'impetuosa forza delle onde invernali tenendo alla larga le imbarcazioni dagli scogli affioranti.

Sfiorando la costa sud occidentale, ci avviciniamo alla capitale sarda, ricca di alcune delle spiagge e insenature che rendono la Sardegna orgogliosa del suo mare: Tuerredda, Cala Cipolla, Pula e via fino all'antica città di Cagliari.

Il capoluogo è graziato da una luce che ogni giorno ne carezza gentilmente le forme, accentuandone la bellezza con tramonti infuocati che decorano il centrale quartiere Castello. È facile rimanere incantati dalla bellezza delle saline di Molentargius che riflettono il cielo infinito, dai fenicotteri rosa che hanno fatto casa di questi luoghi o dalla vista della sella del Diavolo che si affaccia al golfo degli Angeli.

Cagliari è il luogo di arrivo di questo immaginario viaggio attraverso l'Isola alla ricerca di alcuni dei luoghi più belli da immortalare con l'obiettivo fotografico. Permettetemi di salutarvi con l'atteggiamento di molti sardi quando mostrano la loro terra. In modo forse un po' schivo ma contemporaneamente forte, come le piccole querce piegate dal maestrale. Con un poco di orgoglio nascosto nel sapere cosa proveranno i viaggiatori quando vedranno con i loro occhi l'universo Sardegna.

都に近づこう。サルデーニャが誇る南の海沿いの海岸や入り江がたくさんある。トゥエラッダ、カーラ・チポッラ、プーラ、そしてカリアリの古代都市に向かう。

　毎日、恩赦の光が首都の造形を優しくなぞり、灼熱の夕日は中心部のカステッロ地区を照らしてその美しさを際立たせる。果てしない空を映し出し、ピンクのフラミンゴが巣を作るモレンタルジュス・サリーネ公園の塩沼の美しさや、天使（アンジェリ）の湾を見渡す悪魔の鞍（セッラ・デル・ディアーヴォロ）の岬の光景には、いとも簡単に魅了

されるだろう。

　この想像上の旅においてカリアリが終着点だ。島を横断し、最も美しい場所をいくつか探し出してカメラのレンズに焼き付けた。多くのサルデーニャの人々が自分の島を紹介する時の方法で挨拶させて頂きたい。少し内気に、そして同時に、夏の北西風で曲がった小さな樫の木のように強く頭を下げよう。少しばかりの誇りをこめて、サルデーニャという宇宙は、旅行者の目から見たらどのように感じられるのかを知りたいと思う。

[12] サンタンティオコ島のマンジャバルケ灯台。南サルデーニャ
Faro Scoglio di Mangiabarche nell'area del Sulcis, al largo dell'isola di Sant'Antioco(SU).

ジョバンニ・ピリアルヴ

1978　サルデーニャ、サッサリ生まれ

2005　フィレンツェ大学外国語と文学学科卒業

2006　外国貿易研究所でのインターンシップで東京に移住した後、
　　　イタリア語教師としてイタリア文化を教える

2015　風景写真家として東京のアイランドギャラリーに参加し、
　　　日本とイタリアで多数の個展を開催する。写真家として海外の雑誌や
　　　メディアに発表し、「Sigma」や「Dolce & Gabbana」など
　　　カメラやファッションの著名なブランドと協働する

2017　日本サルデーニャ協会会長。
　　　写真に限らず様々なアーティストとのコラボレーション多数。

漫画道を追ってイゴート・トゥベリと旅したドキュメンタリー「Manga do.
Igort e la Via del Manga」（ドメニコ・ディスティロ監督、2018）出演。

Giovanni Piliarvu

1978　Nasce a Sassari

2005　Consegue la laurea in Lingue e Letterature Straniere
　　　all'Università degli studi di Firenze con il massimo dei voti.

2006　Si trasferisce in Giappone, Tokyo per un tirocinio presso
　　　l'Istituto Commercio Estero e in seguito inizia l'attività di
　　　insegnante di lingua e cultura italiana.

Dal 2015 entra a far parte della Island Gallery in Tokyo come
　　　fotografo paesaggista. Al suo attivo numerose mostre
　　　personali sia in Giappone che in Italia. Collabora con varie
　　　riviste e pubblicazioni internazionali oltre a lavorare come
　　　fotografo per noti BRAND nel campo della moda e della
　　　fotografia come "Sigma" e "Dolce & Gabbana".

Dal 2017 è il presidente dell'associazione Isola Sardegna Giappone,
　　　circolo sardo ufficialmente riconosciuto in Giappone.

Numerose le sue collaborazioni con altri artisti non esclusivamente
in ambito fotografico. Protagonista insieme a Igort Tuveri del
documentario "Manga do. Igort e la Via del Manga" di Domenico
Distilo (2018)

写真　ジョヴァンニ・ピリアルヴ
解説　杉原有紀、エミリアーノ・カッペリーニ

Foto di Giovanni Piliarvu
Testi di Yuki sugihara e Emiliano Cappellini

サルデーニャ各地の祭礼

Riti in Sardegna

Festa di Sant'Antonio.
16 gennaio, Ottana, Nuoro.

1月16日　オッターナ、ヌオーロ
聖アントニオ祭

夜、広場の大きなたき火の周りが舞台となる。雄牛の体から30キロの重さのベルがリズミカルな音を立てる。仮面の頬に刻まれた2枚の葉と額の星が鮮やかだ。
Dopo il calar del sole le maschere si radunano nella piazza principale del paese dove viene acceso un grande fuoco. Qui si notano chiaramente le due foglie sulla guancia e la stella sulla fronte, simbolo di buon auspicio e marchio di riconoscimento dell'artigiano.

農民や動物の守護聖人である聖アントニオ祭がサルデーニャ各地で催される。山間部のバルバギア地方では様々な仮面のカーニバルがある。ヌオーロのオッターナでは動物の本能と人間の理性の争いがテーマだ。雄牛の演者（ス・ボーイ）は長い角がついたイノシシ製の仮面と、白い羊の毛皮を身に着ける。
La festa di Sant'Antonio, patrono di contadini e animali, viene celebrata in tutta la Sardegna. Ci sono vari carnevali mascherati nella regione montuosa della Barbagia, il cui tema ricorrente è la battaglia tra istinto animale e ragione umana. Il personaggio rappresenta *su Boi* (il bue): una maschera con sembianze bovine (ma non è raro che appaiano altri animali) vestita con una pelliccia di lana bianca e un grappolo di campanacci di bronzo.

雄牛の所有者（メルデュル）の役割は、床に寝そべり労働を拒否する雄牛を木の棒で叩き起こすことだ。この疲れた顔の仮面は、雄牛の仮面と同様に梨の木で出来ている。
Il ruolo del padrone dell'animale (*su Merdule*) è quello di tenere sotto controllo con il suo bastone di legno il bue che si ribella. Questa maschera è fatta con il legno di pero selvatico e rappresenta un volto antropomorfo, spesso deforme e dall'espressione impassibile.

Il Lunissanti di Castelsardo.

カステルサルドの聖月曜日

日が暮れるとカステルサルドの旧市街では松明と子供たちが手にしたロウソクに灯がともり、グレゴリオ聖歌が響く。4人一組の歌い手はポリフォニーの歌唱法により5人分の歌声を披露する。3つの歌唱グループがキリストの頭蓋骨、胸、十字架を象徴する。受難の道具は再びサンタ・マリア・デッレ・グラツィエ教会に運ばれ、翌年のルネサンティの開帳まで保管される。

Uno dei tre cori del rito di Lunissanti, Castelsardo (SS). Durante il tramonto, nel centro storico di Castelsardo, le torce e le candele tenute dai bambini vengono accese durante l'esecuzione dei canti gregoriani intonati da 3 cori (*Miserere, Stabat Mater e Jesu*). I tre gruppi, costituiti da 4 voci ciascuno, simboleggiano il cranio, il petto e la croce di Cristo. Gli strumenti della sofferenza vengono nuovamente trasportati nella chiesa di Santa Maria delle Grazie e conservati fino all'anno successivo.

サルデーニャ各地ではイースター前後にキリストの受難、死、復活を再現する祭礼を行い、この期間を聖週間と呼ぶ。カステルサルドでは聖なる月曜日「ルニサンティ」の祭礼が有名だ。白く長いチュニックを着た聖十字架同胞団の使徒たちは、夜明け前にサンタ・マリア・デッレ・グラツィエ教会のミサに集う。その後、「ミステリー」と呼ばれる受難の道具（手袋、ロープと鎖、柱、鞭、いばらの冠、十字架など）をノストラ・シニョーラ・ディ・テルグ教会に運び、聖母マリアに捧げる。

Processione dei misteri di Lunissanti nei vicoli di Castelsardo (SS). Molti sono i riti che si svolgono in Sardegna per riprodurre la passione, la morte e la risurrezione di Cristo durante la Settimana Santa. Castelsardo è famoso per la festa di "Lunissanti", o Lunedì Santo. Gli apostoli della Confraternita Santa Croce, vestiti con una lunga tunica bianca, si radunano per la messa nella Chiesa di Santa Maria delle Grazie prima dell'alba. Successivamente, portano gli strumenti della Passione di Cristo chiamati "Misteri" (guanti, corde e catene, colonne, fruste, corone di spine, croci, ecc.) alla Chiesa di Nostra Signora di Tergu e le dedicano alla Vergine Maria.

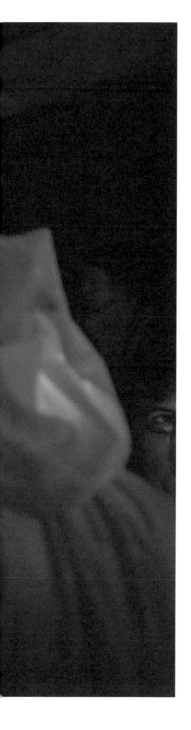

Festa di Sant'Efisio
1 maggio, Cagliari.

5月1日　カリアリ
聖エフィジオ祭

カリアリ旧市街のローマ通りに赤や黄色のバラの花びらをまく「サラマドゥラ」の瞬間。
Sa Ramadura: rito propiziatorio in cui petali di rose rosse e gialle vengono
sparsi in via Roma nel centro storico di Cagliari durante la festa di Sant'Efisio.

カリアリの守護聖人を称えた聖エフィジオ祭が5月1日に
行われる。
エフィジオはローマの植民地であったエルサレムで250年
頃に生まれ、異教の教育を受けて育った。ローマ帝国皇
帝ディオクレティアヌスの命で、キリスト教信者を弾圧する
役回りを任されたが、天啓に導かれて改宗した。異教徒の
多いサルデーニャに移り、島民をキリスト教に変えようと努
め、皇帝にも改宗するよう手紙を書き、カリアリの現スタン
パーチェ地区の洞窟に投獄された。303年にノーラの海岸
で処刑される前に、エフィジオは「カリアリの町を敵の侵略
から守ってほしい」と祈りを捧げた。1652年からペストが
まん延してカリアリの人口は半分の1万人になった。人々
はエフィジオに祈りを捧げ、「ペストを克服できたら、エフィ
ジオを称えてスタンパーチェからノーラまでパレードを行う」
と1656年に誓った。すると9月の豪雨で疫病が消えたた
め、翌年5月から聖エフィジオ祭が行われている。エフィジ
オが監禁された場所は数回の改修を経て18世紀から聖
人の名を冠する教会となり、パレードの出発点になった。
5月1日になると、民族衣装を着た人々がサルデーニャ各
地から集まる。騎馬隊と共にエフィジオの像を掲げた山車
はノーラに向かい、3日後にカリアリに戻ってくる。

La festa di Sant'Efisio in onore del Santo patrono di Cagliari si svolge
il 1° maggio.
Efisio nacque a Gerusalemme, una colonia romana, intorno al 250, e
crebbe sotto un'educazione pagana. Per ordine dell'imperatore romano Diocleziano fu incaricato di reprimere i credenti cristiani, ma si
convertì in seguito all'illuminazione divina. Si trasferì in Sardegna per
istruire al cristianesimo la popolazione pagana autoctona ma, dopo
aver tentato di convertire l'imperatore, fu imprigionato in una grotta
nell'attuale distretto di Stampace a Cagliari. Prima di essere giustizia-
to sulla costa di Nora nel 303, Efisio promise di proteggere Cagliari
dalle invasioni nemiche. Intorno al 1652 la peste si diffuse e la popolazione di Cagliari fu decimata fino ad arrivare a 10.000 abitanti. I ca-
gliaritani pregarono Efisio di proteggerli, promettendo in cambio di
onorare il Santo con una sfilata da Stampace a Nora, ripetuta ogni
anno per rinnovare il voto. Dopo la scomparsa della peste, il luogo in
cui Sant'Efisio fu confinato divenne una chiesa, nonché punto di partenza della sfilata in suo nome. Da allora, il 1° maggio di ogni anno,
persone in costume tradizionale si radunano da tutta la Sardegna per
onorare la statua di Sant'Efisio che, accompagnato da una scorta a
cavallo, viene trasportata verso Nora per poi tornare a Cagliari tre
giorni dopo. Anche l'emergenza del Covid-19 non ha fermato la promessa al santo e nel maggio del 2020 i soli officianti alla cerimonia
hanno portato a compimento il voto nella 364esima edizione.

地方独自の色彩とデザインが反映された、豪華な伝統衣装を身纏う女性たち。
刺繍やレースが施されたショールや、代々受け継がれた金細工のネックレス、
ブローチ、指輪やブレスレットを身に着けて聖エフィジオを称える。

I lussuosi costumi tradizionali sardi riflettono i colori e i disegni unici della regione. Le donne festeggiano e onorano Sant'Efisio facendo mostra di scialli ricamati, collane, spille, anelli e bracciali tramandati di generazione in generazione.

花や野菜や聖人の図で飾られたカリアリのエルマスの牛車（トラッカス）。パレードは昼過ぎに始まる。女性たちのスカートは幾重ものペチコートにシルクのスカートを重ねたもので、カリアリの暗い色の好みを反映している。数百人が民族衣装に身を包み移動する。

Traccas di Elmas: carro di buoi decorato a festa.
I costumi, i quali colori scuri rispecchiano la tradizione cagliaritana, vengono indossati in onore di Sant'Efisio.

ラウネッダスの演奏者たち。先史時代に由来する楽器で、木製の3本のパイプから同時に音が鳴るため
循環呼吸法で演奏する。男性たちの伝統的な衣装は、麻または綿の白いシャツに白いズボンを合わせた
もので、黒いベストと、ラガスという黒いスカートと、ベリタというウール製で袋状の帽子を重ねる。19世
紀からこのような男性の服装がサルデーニャ各地で普及した。

Suonatori di *Launeddas* percorrono le vie del centro di Cagliari durante la festa di Sant'Efisio. La *Launeddas* e uno strumento preistorico a fiato, suonato con il metodo della respira-
zione circolare. I costumi tradizionali da uomo sono camicie di lino o di cotone bianco e pantaloni bianchi, abbinati a un gilet nero, una gonna nera, chiamata *Ragas*, e un copricapo
simile a una borsa di lana chiamata Berritta. Dal XIX secolo, l'abbigliamento maschile come
questo si è diffuso in tutta la Sardegna.

5月下旬　サッサリ

サルデーニャの騎馬行列と仮面の祭礼

I gruppi folkloristici isolani durante la Cavalcata Sarda.
Penultima domenica di maggio, Sassari.

5月の終わりから数えて2番目の日曜日、サッサリでは騎兵隊や民族衣装の行進のほか、サルデーニャ各地の祭りが披露される。本来は1月16日前後にバルバギア各地方に行かないと見られない、聖アントニオ祭の仮面のカーニバルが続けて披露される。

Sassari, durante la penultima domenica di maggio, ospita la cavalcata sarda: una sfilata a piedi, a cavallo o sulle tracas (carri addobbati), di tutti i costumi popolari e le maschere della tradizione sarda. Durante il giorno di festa, nelle vie della città si radunano tutti i personaggi visibili durante la festa di Sant'Antonio nei diversi paesi dell'isola.

ヌオーロのフォンニからの参加者が演じるのは人間と自然との闘いを描く仮面のカーニバルだ。黒塗りで黒い衣装の人間（ソス・ブットゥードス）は手に持った杖で、暴れる熊（スルツ）を繰り返し叩く。

Le maschere del carnevale di Fonni hanno tre protagonisti principali: *Sos Buttudos, s'Urthu e su Ceomo. Sos Buttudos* viene dal nome del montone non castrato: sono uomini vestiti a lutto con il viso imbrattato di fuliggine. S'Urthu è un personaggio violento e istintivo, che con agilità cerca di scappare dal padrone arrampicandosi su alberi e davanzali.

オリスタノのウラ・ティルソでは豊穣と再生がテーマだ。毛皮のブーツをはいた人間に繰り返し殴打され、イノシシの頭と羊の毛皮をまとった半人半獣のスルツは殺されて地面に突っ伏す。膀胱から水とワインの血を流し、大地を豊かにする。古代の農業の神であるディオニュソスの情熱と死を表す。

Maschera di *S'Urtzu* e *Sos Bardianos* tipiche di Ula Tirso. A Ula Tirso (OR) le maschere principali sono *S'Urtzu, Su Maschinganna, Sos Domadores e sos Bardianos. S'Urtzu*, mezzo uomo e mezzo animale, funge da vittima sacrificale del carnevale, venendo ripetutamente picchiato da Sos Domadores e Sos Bardianos, entrambi con un bastone in mano e gambali in pelle. Viene "ucciso" lungo il percorso rilasciando a terra il vino che porta nascosto sotto le pelli, simulando il sangue come rito propiziatorio per la terra

ヌオーロのオラーニでは永遠の善悪の闘いと自然への敬意を表すカーニバルが1980年代に復活した。ミノタウルスのス・ブンドゥたちが通行人を威嚇し、ダンスに誘う。牛の角がついたコルク製の卵形の仮面は半身半獣であることを、ウールのコートとベルベットのズボンは農民の姿を、オリーブや樫などの木製の熊手は種まきの道具を象徴する。

Il carnevale di Orani (NU), ripreso negli anni '80, simboleggia il rapporto dell'uomo con la natura. *Su Bundu* è il personaggio che rappresenta un contadino trasformatosi in bestia. Porta sul volto una maschera di sughero ovale con corna di mucca e indossa un cappotto di lana e pantaloni di velluto. In mano tiene i tipici strumenti di semina quali: rastrelli di legno di olivastro e sacchi di orbace.

ヌオーロのソルゴノではサ・トゥベラというカーニバルで動物の求愛と戦いを演じる。雄牛の角が生えたアレステスたちは顔や腕をコルクのすすで黒くして、山羊や羊の毛皮を身に着け、骨をぶらさげている。スルツを仕留めると、13回飛び跳ねてから頭飾りを高く掲げる。牧畜と生命を表す古代の儀式は異教として585年にキリスト教に禁じられたが、繰り返し演じられてきた。

Maschere di *Is Arestes* e *S'Urtzu*, tipiche di Sorgono (NU). Gli Arestes indossano pelli di capra, pecora o bue adornate con ossa di animali; sulla testa portano un copricapo sormontato da corna, con il viso e le braccia annerite dal sughero bruciato (*zinzieddu*). Durante il corteo propiziatorio gli Arestes mimano scontri, evocando combattimenti o danze tipiche del corteggiamento tra animali. Al segnale del capo branco, gli Arestes effettuano tredici salti intorno a *S'Urtzu: la vittima sacrificale*. Al nuovo segnale del capobranco, gli levano il copricapo e lo innalzano al cielo.

マモイアーダのカーニバルは「手に縄を持つ人」が名前の語源のイソハドーレスが演じる。白い仮面と赤い上着は、サルデーニャを侵略したムーア人を、投げ縄は繁殖と健康を表す。観客の中に若い女性を見つけては投げ縄でつかまえる。（黒い木製の仮面と毛皮とカウベルを着けたマムトーネスと共にパレードする。）

Una delle due maschere del carnevale di Mamoiada è lo Issohadores, letteralmente "persone con la corda (sa soha) nelle mani". Il lazo è simbolo di addomesticamento e salute, e viene lanciato per catturare le giovani donne del pubblico, portando fortuna. Questo è uno dei modi per permettere all'universo femminile di prendere parte alla celebrazione riservata quasi unicamente agli uomini. Altro elemento importante è il colore rosso della giubba probabilmente legato alla fertilità, e l'uso dello scialle femminile (s'issaletto) legato sui fianchi.

マモイアーダのカーニバルでイソハドーレスと対を成すのがマムトーネスだ。由来は明らかではないが、サルデーニャの仮面の中では最も知られた存在だ。黒い木製の仮面はハンノキや野生の梨の木で出来ている。羊の毛皮をまとい、背中には30キロのカウベルを飾り、複雑なステップで踊る。

La figura del mammuthone, le cui origini sono tutt'ora sconosciute, è una delle più celebri nel panorama folkloristico sardo. La maschera nera è di legno d'ontano o pero selvatico e il corpo è coperto con una pelle di pecora (*sas peddes*) e adornato con ben 30 chili di campanacci sulla schiena.

サルデーニャの祭礼の歳時記

人類の太古の文明から、神に感謝し心からの行為が行われた。神の恩寵と加護に、そして慈愛と将来の繁栄が保証されるよう感謝した。長い時間を経て様々な形式や特徴のある祭礼が生まれた。古代からの特色が保たれたが、決定的な歴史の瞬間を際立たせる進歩もあった。サルデーニャにおける異教徒やキリスト教の祭礼を、毎月一つずつ、計12の事例を紹介しよう。

Ringraziare le divinità è un sentito gesto fin dalle prime civiltà umane. Ringraziare per la grazia e la protezione ricevuta, ma anche per garantirsi benevolenza ed un florido futuro. I riti assumono caratteristiche e forme diverse lungo il corso del tempo, e in Sardegna se ne conservano tratti arcaici, ma anche evoluzioni che contraddistinguono momenti storici definiti e precisi. 12 esempi, uno per mese, di feste, riti e rituali, con fondamenti pagani e cristiani, nel corso dell'anno in Sardegna.

Sardegna, un anno di Festas

ジョバンニ・ファンチェッロ
Giovanni Fancello

1月 Gennaio

南サルデーニャの小麦のフレーク

ヴィッラチードロでは健康の象徴である小麦を、サパ（ブドウのシロップ）と蜂蜜で調理する。小麦のフレークは、農村での贖罪の儀式（聖アントニオ祭）において祭りを司る典型的な食べ物だ。元旦には宗教行事の行列が通りを歩き、教区の教会の中庭へと向かう。大晦日の夜に信徒の家族たちは地域のメインの広場にたき火を起こし、その炎でス・トリグ・コトゥを準備する。祭礼に用いるのにふさわしい小麦が一粒ずつ選り分けられる。それを洗い、昔ながらのテラコッタ製の土鍋で茹でる。サパと蜂蜜をふんだんに使って味付けした小麦は、元旦の朝に地元の教会で最初のミサに参加した信者に提供される。神々に祈り感謝する祭礼は異教の祭礼とも共通する。

Su Trigu Cotu a Villacidro

Il grano, simbolo di prosperità e salute, viene cotto con sapa e miele. Questo cibo è il simbolo di una festa tutta improntata su rituali propiziatori propri del mondo contadino. Il primo giorno dell'anno, si organizza una processione religiosa che gira per le vie, e si conclude sul sagrato della chiesa parrocchiale. La sera del 31 dicembre le famiglie preparano, nella piazza principale del paese, su di un fuoco a legna, Su Trigu Cotu. Il grano viene selezionato, chicco per chicco, per essere degno di partecipare al rito. Viene poi lavato e messo a bollire in acqua dentro una pentola di terracotta, stresciu de terra. La mattina del primo giorno dell'anno, il grano viene condito con abbondante sapa e miele e offerto ai fedeli che hanno partecipato alla prima messa nelle chiese del paese. Una festa con similitudini nelle feste pagane organizzate per invocare e ringraziare gli dèi.

2月 ガヴォイの太鼓のカーニバル
Maschere di Sos Tumbarinos sfilano durante il carnevale di Gavoi.

3月 聖母マリア像の「捜索」の行進
Processione dell'Addolorata durante la Settimana Santa ad Alghero (SS).

2月 Febbraio

ガヴォイのカーニバル

ヌオーロのガヴォイのカーニバルは元旦に始まり、四旬節の最終日（訳注＊4月初旬）の夜遅くに終わる。脂の木曜日（＊イースターの断食にはいる前日）に太鼓の演奏家たちが集って始まる「太鼓の集会」はとてもにぎやかな祭りだ。太鼓（ソス・タンバリノス）と、笛（ス・ピピオール）と、トライアングルと、豚の膀胱の弦楽器を用いる。コルクのすすで顔を黒くした一同が、激しく太鼓の音を響かせながら村の通りを練り歩く。そら豆とラードを合わせた特別な料理（ジョビア・ラルダイョーラ）で脂の木曜日を祝う。ガヴォイのカーニバルは、古代のディオニュソスの祭りを再現するものではない。

Carnevale a Gavoi

A Gavoi, un tempo il carnevale iniziava nei primi giorni dell'anno, e finiva col buio dell'ultimo giorno che precedeva la Quaresima. Oggi è una festa molto vivace che inizia con il "giovedì grasso", quando si riuniscono i suonatori di tamburo, *sa sortilla 'e tumbarinos*. I tamburi di *sos tumbarinos*, sono accompagnati dal piffero, *su pipiolu*, il triangolo, *su triangulu*, e da uno strumento a corda su una vescica di animale, *su tumborro*. Tutti insieme girano per le vie del paese, con la faccia colorata di fuliggine, suonando all'impazzata i tamburi. Il "giovedì grasso" è festeggiato anche con piatti identificativi della giornata: fave e lardo, chiamato *jobia lardajola*. Il Carnevale di Gavoi non è che una riproposta degli antichi riti dionisiaci.

3月 Marzo

アルゲーロの聖週間

受難の金曜日の午後遅くに、嘆きの聖母の像の行進から儀式が始まる。聖火曜日に「ミステリーの行列」（＊受難の6つのシーンを描いた彫像を運ぶパレード）はサンフランチェスコ教会を出発し、サンタマリア大聖堂に向かう。この行事は「捜索」と「磔刑」が行われる聖なる木曜日まで続く。「捜索」とは、息子を必死に探し求めて教会から教会へとさまよう悲しみの聖母の彫像を運ぶ儀式だ。この「捜索」の後に聖キリスト像を掲げた行進が始まり、「磔刑」の儀式を行う大聖堂に到着する。聖なる金曜日の祭典は夕方に始まり、大聖堂で祭典を行う。「聖週間」のハイライトはキリストを十字架から降ろす瞬間の痛みを集団で追体験する「降架」の儀式だ。キリストの亡骸の像を運ぶ行列に寄り添う女性たちは赤々とした松明「ファロル」を持ち、敬虔な姿勢を示している。

Settimana Santa ad Alghero

Le celebrazioni iniziano con la Processione dell'Addolorata, che ha luogo nel tardo pomeriggio del Venerdì di Passione. Il Martedì Santo ha luogo la Processione dei Misteri che parte dalla chiesa di San Francesco e si dirige verso la cattedrale di Santa Maria. Le celebrazioni proseguono il Giovedì Santo con le cerimonie de las cerques e dell'*Arborament*. La prima di queste processioni, con una statua di Nostra Signora dei Sette Dolori, che vaga di chiesa in chiesa, alla ricerca disperata del figlio. Concluso il rito de *las cerques*, parte il *Santcristus*, con una processione che termina in cattedrale per il rito dell'Arborament. La celebrazione del Venerdì Santo ha inizio la sera e si svolge in cattedrale. Il momento più intenso della Settimana Santa, è il rito del Desclavament, con il quale la collettività rivive il doloroso momento della deposizione. Le fiaccole rosse, "farols", sono portate dalle donne in processione ad accompagnare il Cristo Morto, con un effetto suggestivo di pia partecipazione.

トゥリタンの殉教者

ガヴィーノとプロトとジャヌアリオの3人の聖人は捕らわれて、ポルト・トレスの町のバライの独房に監禁された。首をはねられ、頭を海に投げ入れられた。この地域では彼らに捧げた祭礼の時期に、3人の聖人の殉教を思い起こす奇跡の印として3つの泡の筋が現れると言われている。4月25日に市内中心部にあるサン・ガヴィーノ教会にて、農民たちの宗教的儀式が行われる。5月3日から再び殉教者たちを記念したマンナ祭が盛大に行われ、6月8日の五旬節（聖霊降臨祭）まで続く。この際、サン・ガヴィーノ教会からサン・ガヴィーノ・アル・マーレ教会まで殉教者の像を行列が運ぶ。聖人たちが殉死した10月25日にはサルデーニャ国内外でミサが行われる。

Martiri Turritani di Porto Torres

I tre santi, Gavino, Proto e Gianuario, vennero catturati e rinchiusi in cella nella località che viene denominata Balai. Decapitati e le loro teste buttate in mare. Si narra che durante la festa a loro dedicata, in quella località, compaiono tre strisce di schiuma, per effetto miracoloso e nel ricordo del martirio dei tre santi. Il 25 aprile i riti religiosi si celebrano nella basilica di San Gavino, in centro città, e sono organizzati dagli agricoltori. Il 3 maggio vengono nuovamente commemorati i martiri con una grande festa, la *Festha Manna*, che dura sino al giorno della Pentecoste, 8 giugno. Per l'occasione i simulacri dei martiri vengono trasportati in processione dalla basilica di San Gavino fino alla chiesetta di San Gavino al mare.

サッサリの騎馬行列

毎年5月の最後から2番目の日曜日に、サッサリで行われる騎馬行列とサルデーニャの民族衣装のパレードは、今や最も壮観な島の民俗文化の行事の1つになった。パレードには徒歩の人、騎兵隊、花やリボンや日用品で飾った山車や牛車、島の各地から来たグループが街の中央通りを歩く。約3000人がその土地特有の衣装を身に着けて参加する。立派な晴れ着に身を包んだ騎士・騎兵もたくさんいる。サッサリに初めて騎兵隊が登場したのは、1711年にスペイン国王フェリペ5世が訪ねて来た際だった。サッサリの貴族たちは一番良い衣装を披露し騎乗した。1899年にイタリア国王ウンベルト1世とマルゲリータ王妃がサッサリの街を訪れた際に、島全体で歓迎し、優雅な晴れ着に身を包んで行進した。それが初回となり、毎年5月にその華やかさが塗り替えられている。

Cavalcata sarda a Sassari

Sfilata folkloristica, con cadenza annuale, dei costumi tradizionali della Sardegna che si svolge la penultima domenica di maggio, diventata ormai uno dei più suggestivi appuntamenti folkloristici e culturali dell'isola. La cavalcata è una sfilata, lungo le vie centrali della città, a piedi, a cavallo, o nei caratteristici carri, *sas traccas o carros*, addobbati con fiori, nastri e oggetti della quotidianità, e di gruppi provenienti da ogni parte dell'isola. I partecipanti a piedi sono circa 3000 e indossano il costume caratteristico del luogo di provenienza. Numerosi sono anche i cavalieri magistralmente vestiti a festa. I primi segni della Cavalcata di Sassari, si hanno nel 1711, in occasione della visita del Re Filippo V di Spagna, quando la nobiltà sassarese sfoggiò i migliori costumi per "far cavalcata". La sontuosa cavalcata che ogni maggio rinnova i suoi fasti, ebbe la sua prima edizione nel 1899, quando il Re d'Italia Umberto I e la Regina Margherita, visitarono la città di Sassari e l'intera isola li accolse, sfilando con i propri eleganti e preziosi costumi.

フォンニのサン・ジョヴァンニ祭

6月24日から28日の守護聖人の日には聖人の存在が際立つ。名誉ある一団（シスタンジャルトゥ）が村の通りを行進し、独特で趣向に富んだ花のようなパン（ス・コーン・デ・ヴローレス）を運ぶ。また、熟練した騎手たちは組になり、走る馬に乗りながら、向こう見ずなアクロバット（サ・アレーラ・エ・ヴローレス）を行う。前述のパンは花祭りに捧げるもので、セモリナ粉、湧き水、蜂蜜、すりおろしたアーモンド、ラードから作る。ケーキ型のフォカッチャに、160羽の小鳥と5羽の雌鶏を支える芦の棒を突き刺して、精巧で複雑に構成が出来上がる。中心には、小麦の粒に見立てた粒と3羽の小鳥で装飾した巣を配置する。巣の周りには4羽の雌鶏がいるが、そのうち1羽は背中に小鳥を乗せている。

Festa di San Giovanni a Fonni

La festa del Patrono del paese, ha momenti che la caratterizzano dal 24 al 28 giugno: la sfilata de *S'Istangiartu*, un drappello d'onore, che porta in processione per le vie del paese *Su Cohone de Vrores,* un originale e suggestivo pane floreale; *Sa Arrela e' Vrores,* dove abili ċavalieri si esibiscono nelle spericolate pariglie e dimostrazioni di balentia con i cavalli in corsa. Il pane dedicato alla festa dei fiori, *Su Cohone de Vrores,* è preparato con semola, acqua di fonte, miele, mandorle grattugiate e strutto. Una complessa elaborazione composta da una focaccia a forma di torta sulla quale vengono infilati dei bastoncini di canna che reggono 160 *pugiones* (uccelli) e cinque *puddas* (galline). Al centro della composizione si trova il nido decorato con dei chicchi di grano finto e con sopra tre *pugioneddos* (uccellini). Attorno al nido, vi sono quattro *puddas,* una delle quali porta sul dorso un *pugioneddu.*

5月　サッサリの騎馬行列
La Cavalcata Sarda di Sassari.

6月　サン・ジョヴァンニ祭のパン
Su Cohone de Vrores, pane per la festa di San Giovanni Battista a Fonni.
Foto di Brotzu Renato, Sardegna Digiral Library.

セーディロのサン・コスタンティーノの競馬

312年のミルウィウス橋の戦いでは、コンスタンティヌス1世がマクセンティウスを倒し、キリスト教が異教に勝利した。この歴史的な出来事を再現する祭礼がオリスタノのセーディロで行われている。まず、教区司祭が競馬（アルディア）のリーダーとなる騎手を指名する。リーダー（パンデラ）は、2人の騎手と3人の護衛を先導する役を担い、コンスタンティヌス1世とその軍隊を象徴する。その後に百人の騎手が続き、マクセンティウスが率いる異教徒を表す。7月6日の夕方に馬上競技が始まると、騎手たちはライフル銃で何回も空砲を鳴らしながら岬（スー・フォルティゲドゥ）に向かう。司祭から祝福を受けた後、サントゥ・アンティヌ（コンスタンティヌスの地元での呼び名）教会の円形の聖域にて挑発的かつ熱狂的に馬を走らせ、信仰を巧みに交えた祭礼を再現する。翌朝の夜明けに、前夜の命知らずの競馬の儀式を再度行う。

Ardia di San Costantino a Sedilo

Il 6 luglio, festa accompagnata da rituali concepiti al fine di mimare un evento storico a Sedilo, Oristano: la battaglia di Ponte Milvio, quando Costantino, nel 312, sconfisse Massenzio, e per confermare anche la vittoria del cristianesimo sul paganesimo. Il parroco designa il capocorsa - *prima pandela*, al quale spetta il compito di guidare l'Ardia con due cavalieri e tre scorte che simboleggiano Costantino e il suo esercito. È seguito da altri cento cavalieri che rappresentano i pagani guidati da Massenzio. La sera del 6 luglio inizia la giostra, i cavalieri si dirigono verso *su Fortigheddu*, accompagnati da numerosi spari di fucile a salve. Dopo aver ricevuto la benedizione del parroco, ha inizio la suggestiva e folle corsa nel vuoto e successivamente attorno al santuario di Santu Antinu, mimando e riproponendo rituali che sanno di destrezza e di devozione. All'alba del mattino seguente, si ripropone lo spericolato cerimoniale della sera precedente.

オリエーナの聖ルッソリオ祭

8月21日の聖ルッソリオ祭はオルビアのオリエーナの人々がこよなく愛する祭りだ。宗教的な側面は聖イグナチオ・デ・ロヨラ教区が指揮している。この祭りは羊飼いと農民の生活と深く結びついており、15世紀に疫病が奇跡的に終結したことから始まった。オリエーナでは古くからこの聖人ルッソリオを崇拝しており、住民たちは常に彼を庇護者とみなした。実は、オリエーナの真の守護者はイグナチオ・デ・ロヨラで、古くは聖マリア・アッスンタだったが、人々は一年のうち聖ルッソリオに最も心を寄せて祭礼を準備する。この催しは聖ルッソリオに捧げた17世紀の教会が建つ同名の広場で行われる。ルッソリオという名前は、ルックス・オリエンス（東の光）に由来する。

Festa San Lussorio a Oliena

Il 21 agosto, San Lussorio è la festa più amata dagli olianesi, curata per la parte religiosa dalla parrocchia di Sant'Ignazio di Loyola. La festa è legata, per tradizione, alla vita dei pastori e dei contadini. Le sue origini risalgono al Quattrocento e sarebbero conseguenti ad un miracoloso intervento per la cessazione di un'epidemia. A Oliena, la venerazione per questo Santo è antichissima e i suoi abitanti lo hanno sempre considerato il loro patrono. In realtà il vero patrono di Oliena è Sant'Ignazio di Loyola e anticamente era Santa Maria Assunta, ma gli Olianesi continuano a riservare a San Lussorio la festa più sentita dell'anno. Le manifestazioni hanno luogo nell'omonima piazza, dove esiste una chiesetta del XVII secolo dedicata al santo. Il nome Lussorio deriva da *Lux oriens*, luce che sorge.

7月　サン・コスタンティーノの競馬
S'Ardia di San Costantino a Sedilo (OR).
Foto di Cristiano Cani, Wikimedia Commons.

9月 オリスタノの救済の聖母像
Simulacro della Madonna del Rimedio di Siapiccia (OR).
Foto di Comune di Siapiccia, Sardegna Digital Library.

9月 Settembre

オリスターノの救済の聖母

救済の聖母を称える素晴らしい祭礼が8月29日から9月9日にオリスターノで開催される。シニスの海岸で聖母マリアの像が発見されてから、この宗教的な祭りは人々の心に深く根差してきた。期間中毎日、数回のミサや宗教的儀式が行われる。行事のハイライトは9月7、8、9日だ。7日の午後に行われる「サ・クルーサ・デ・イス・トレス・パンデラス」という騎手たちの壮観な催しは必見だ。8日に救済の聖母の像が人々の行進と共に教区教会に運ばれ、9日に聖域に戻される。救済の聖母マリアを礼拝する宗教の始まりは、三位一体の秩序が承認された13世紀初めにさかのぼる。救済に駆けつけた聖母と、そのキリスト教の慈善活動の支援と、奴隷（＊ムーア人に支配されたサルデーニャの人々）の救済に感謝した。

La Madonna del Rimedio a Oristano

Una bellissima festa, in onore alla Madonna del Rimedio, si celebra a Oristano tra il 29 agosto e il 9 settembre. È una festa religiosa ben radicata nel cuore della gente sin da quando la statua della Santa Vergine venne trovata sulla spiaggia, nella costa del Sinis. Dal 29 Agosto al 6 Settembre si celebrano i riti religiosi, con diverse messe quotidiane. Le celebrazioni più belle e caratteristiche si svolgono il 7, l'8 e il 9 settembre. Il pomeriggio del 7 settembre si ha "Sa Cursa de is tres Pandelas": una imperdibile e suggestiva manifestazione equestre. L'8 settembre la statua della Madonna del Rimedio viene portata in processione fino alla chiesa parrocchiale e il 9 settembre viene riportata al suo santuario. La devozione ed il culto alla Vergine Maria del Rimedio risalgono agli inizi del XIII secolo, perpetrati dal fondatore dell'Ordine Trinitario per ringraziare la Madonna accorsa in aiuto e a sostegno della sua opera di carità cristiana, per la redenzione degli schiavi.

10月　モルゴンジョーリの聖スイア像
Simulacro di Santa Suia nella chiesa di San Giorgio, Decimoputzu (SU).
Foto di Mousegraph, Wikimedia Commons.

11月　ギラルツァのサン・セラフィノ教会
Chiesa di San Serafino, Ghilarza (OR).
Foto di Cristiano Cani, Wikimedia Commons.

10月 Ottobre

モルゴンジョーリの聖スイア祭

聖スイア（＝ソフィア）は、3世紀末にカリアリの貴族の家に生まれたとされる。子供の頃からキリスト教の信仰を隠さず、ローマ帝国の権威に屈することなく、15歳で宗教裁判にかけられた。スイアは皇帝ディオクレティアヌスの迫害の犠牲者だった。この聖人の祭典は、古くは「サンタ・スイアの羊の群れ」と見なされた羊飼いが組織し、各自が持ち寄った羊を管理した。祭は10月14日の行進から始まる。人々は貴い衣装をまとった聖人の像を掲げて村を出発し、聖人に捧げた田舎の教会まで12 kmを行進する。この教会は聖スイアの村があったであろう場所に建てられた。16日の行進で聖人の像はモルゴンジョーリの教会に戻される。

Santa Suia a Morgongiori

Santa Suia, sarebbe nata a Cagliari alla fine del III secolo in una famiglia nobile. Nella sua giovinezza non fece segreto della sua fede cristiana, allora non condivisa dal potere romano. Fu processata all'età di 15 anni, per la sua scelta religiosa. Suia fu vittima della persecuzione di Diocleziano. I festeggiamenti della santa sono organizzati dai pastori che anticamente venivano considerati "il gregge di Santa Suia", donando ciascuno una pecora e provvedendo alla sua custodia. La festa inizia il giorno del 14 ottobre con il trasporto in processione per 12 Km, attraverso una strada impervia, del simulacro della santa, rivestita con oggetti preziosi, dal paese alla chiesa campestre a lei dedicata, edificata nel luogo dove presumibilmente sorgeva il villaggio di Santa Suia. Il 16 il simulacro viene riportato nella Parrocchia di Morgongiori.

11月
Novembre

ギラルツァの大天使ラファエルのノヴェナリオ

ギラルザでは、大天使のラファエルを称える非常に重要な祭典が10月24日に始まり、11月4日の戒律の日まで続く。律修司祭のミケーレ・リケリによれば、現在の教会の所在地はその昔にウラ・ティルソの自治体が所有するもので、隣のギラルツァの人々と戦って何度も守った財産だったという。しかし、ギラルツァの人々は敵の死体を自分の陣地に引きずり込み、自分たちが優勢だと誇示した。そこで、大天使ラファエルの名を冠したサン・セラフィノ教会を平和の証として境界に建設して領地を区切った。しかし、ウラ・ティルソの人々はこの結果に納得しなかった。小さな教会から盗まれた鐘は今なお川底に沈められている。

Novenario di San Raffaele Arcangelo a Ghilarza

A Ghilarza grande importanza assume la festa in onore di San Raffaele Arcangelo, che inizia il 24 ottobre e prosegue fino al 4 novembre, che è la giornata del precetto. Secondo quanto afferma il canonico Michele Licheri, sembra che in un lontano passato, la località in cui si trova la chiesa fosse proprietà del Comune di Ula Tirso, tant'è che gli Ulesi avrebbero difeso la proprietà combattendo con i Ghilarzesi. Questi ultimi, però, ebbero la meglio e per dimostrarlo trascinarono nel loro territorio il cadavere di un avversario. Il confine venne delimitato dalla costruzione della chiesetta di San Raffaele Arcangelo, chiamato San Serafino, in segno di pace. Questa pace non trovò mai consensi fra gli Ulesi, i quali avrebbero rubato la campana del piccolo tempio facendola finire in fondo al fiume, dove si troverebbe ancora.

12月
Dicembre

オルゴーゾロのカンデラリア

年末に子供のための祭りが催される。オルゴーゾロでは今日も「サ・カンデラリア」が続いている。大晦日の朝、祭りの衣装を着て白い袋を肩にかけた4歳から12歳の子供たちのグループが村の家々を回る。最も裕福な住人を探し出し、「ロウソクをもらえませんか」と贈り物を求める。大人たちは家で小さな訪問者たちを待ち、最高のご馳走を捧げる。オルゴーゾロの主婦がこの時期に用意するソス・ココネスとは、セモリナ粉、イースト、ラード、塩で作ったつやのある美味しい丸型のパンだ。加えて、ビスケット、菓子、新鮮な果物、ドライフルーツ、少額のコインが手渡される。正午まで托鉢が行われ、その後、子供たちはグループ内で獲得した物を交換する。子供たちの果たす役割は重要だ。この活動によって子供は自分の成長を示し、家族のニーズに自由な裁量で貢献できる。食料が不足した時代に、祭りは村の基礎的な役割を担った。子供たちの要求は、最も貧しい人々への一種の富の再分配だと考えられていた。

Candelaria a Orgosolo

Una festa sul finire dell'anno dedicata ai bambini. A Orgosolo, "Sa Candelarìa" è ancora attiva. I bambini, dai 4 ai 12 anni, vestiti a festa, la mattina del 31 dicembre, si raggruppano e girano per le case del paese, con un sacco bianco sulle spalle, cercando di visitare quelle abitate dai più benestanti, per chiedere doni: *A nolla dàzes sa candelarìa?* ci date la candelarìa? I grandi attendono nella loro casa i vari giovani visitatori e offrono loro le migliori prelibatezze: *sos cocònes* (pane preparato per l'occasione dalle massaie orgolesi, decorato, lucido, gustoso, di forma rotonda, composto da semola, lievito, strutto e sale), biscotti, dolci, frutta fresca, secca e monetine. Una questua che si protrae fino a mezzogiorno, poi, fra i vari componenti del gruppo, segue lo scambio di quanto racimolato. Un ruolo importante assumono i bambini, perché con questo gesto, danno prova di maturità e contribuiscono in piena libertà ai bisogni della famiglia. In tempi di carestia la festa assumeva un ruolo fondamentale nel paese. La richiesta fatta dai bambini era considerata una sorta di ridistribuzione della ricchezza ai più bisognosi.

[2] 新鮮な羊のリコッタチーズ。Ricotta ovina fresca.

Storia della Cucina

ジョバンニ・ファンチェッロ
Giovanni Fancello

サルデーニャ料理の歴史

［3］サルデーニャ料理の基本材料である蜂蜜。各地の豊富な植物から様々な種類の蜂蜜が作られる。

Miele come ingrediente fondamentale della cucina sarda. L'ampia varietà di mieli sardi è il naturale risultato della grande ricchezza di specie vegetali che contraddistingue il territorio.

［1］スー・パーニ・ピンタウは儀式用のパン。イースター、結婚式、守護聖人を祭る祝日に作る。
Su pani pintau. Pane rituale realizzato in occasione di feste quali: Pasqua, matrimoni e feste patronali.

サルデーニャの料理はシンプルな組み合わせでしっかりした味わいを作る。穏やかな地中海性気候に恵まれているので、ユニークな素材を生産するのに向いている。地理的に孤立した島であるおかげで、何世紀もその特徴を明確かつ完全に維持したまま料理が作り続けられている。今日もなお先史時代の食物の知識が保たれている。サルデーニャを支配し、占拠したフェニキア、カルタゴ、ローマ、ジェノヴァ、ピサ、カタルーニャ、スペイン、ピエモンテの人々の混成によって知識が濃縮され、混ざり合い、更新された。この文化的経緯を証明する古代の文書はあまり無いが、代わりに、多くの様々な要素から実在した特定の料理法を再現し確かめることは可能だ。サルデーニャを支配した人々が残した「発見」を通じ、学識に基づいた料理本をすぐ作成することもできる。知識の形態のひとつである口頭伝承によって、さまざまな島の料理が残された。

サルデーニャの田園生活の伝統はとりわけ土地に根差し、驚くべき様々な製品をもたらした。生産活動からは原材料が生まれ、長期間家を離れる必要性から、用意に手間のかからない製品が生まれた。洗練された料理法の代わりに、材料が足りなくても美味しく創造的なメイン料理を実現する

La Sardegna ha una cucina dalle combinazioni semplici e dai gusti decisi, perché favorita da un mite clima mediterraneo, ideale per produrre materie prime uniche. Una cucina che è riuscita, nel corso dei secoli, a mantenere ben definite e intatte, le proprie caratteristiche, grazie anche al suo essere isola e isolata geograficamente. Ancor oggi continua a preservare conoscenze alimentari preistoriche, arricchite, incrociate, e rielaborate da tutte quelle contaminazioni di popoli che l'hanno dominata o semplicemente ospitati, come: i Fenici, i Punici, i Romani, i Genovesi, i Pisani, i Catalani, gli Spagnoli e i Piemontesi. Pochi sono i documenti antichi che possono testimoniare questo percorso culturale, ma molti e diversi sono gli elementi invece, che rendono possibile il ricostruire e il repertare questa peculiare entità culinaria, tanto da poter redigere facilmente un sapiente ricettario con i "ritrovamenti" che ogni popolo dominatore ha lasciato. La variegata cucina isolana sopravvive grazie al radicato metodo di trasmissione orale, che è una delle peculiari caratteristiche del suo sapere.

La tradizione pastorale, particolarmente radicata in questo territorio, ha dato origine ad una varietà sorprendente di prodotti, nati non solo dalla presenza di materie prime connesse all'attività stessa, ma anche dalla necessità di vivere lontano da casa per lunghi tempi, senza avere la

[4] 菓子のスー・パーニ・エ・サバ。主な材料はぶどうを煮たサバというシロップで、他の材料は地域や好みに応じて異なる。
Su pani 'e saba. È un pane dolce che ha come ingrediente principale la sapa, il mosto di uva cotto, mentre gli altri ingredienti possono variare a seconda della località e del gusto personale.

料理法が必要だった。食欲をきちんと満たすため、人々はなるべく作りやすく美味しく料理する方法を常に探そうとした。一方で、厳かな席やお祝いの機会では豪華な料理で豊かさを表した。婚約、結婚式、洗礼、羊の毛の刈り取り、小麦の収穫、村の祭り等では、食べることそのものが祝い事なので、体系化したメニューでその日を演出する。

　季節感が際立つのは、古代から発達した畜産や農業や漁業を活かした料理だ。日常や様々な祭礼の機会において、数々のパンが普及し多様化した。パン［1］は日常生活や祝日に変化をもたらし、先祖代々の古代の祭礼を永続的につなぐ。パン屋では宗教や原始宗教の祝日に焦点を当てる。よって農牧社会では、新鮮なチーズ、リコッタチーズ［2］、凝乳、蜂蜜［3］、レモン、オレンジ、アーモンド、レーズン、ラード、サバなど様々な製品が発達し

possibilità di preparare cibi complessi. È una cucina essenziale, e non per questo meno raffinata, la scarsità degli ingredienti, porta in genere alla realizzazione di pietanze gustose e fantasiose, perché per soddisfare al meglio l'appetito si cerca di farlo da sempre nel modo più piacevole e gustoso possibile. Ma è al tempo stesso una cucina sontuosa, che concretizza la sua ricchezza nelle occasioni solenni o di festa: fidanzamenti, matrimoni, battesimi, tosatura delle pecore, raccolta del grano, festa del paese etc, quando mangiare è esso stesso una festa, ed i menù la codificano ed identificano.

E' una cucina che si caratterizza per la sua "stagionalità" dove le attività prevalenti della pastorizia, dell'agricoltura e della pesca, sono ben sviluppate fin dai tempi più antichi. Diffusa e diversificata è la preparazione dei numerosi pani[1] quotidiani e cerimoniali nelle diverse

[5]コリケードスはヌオーロの典型的な菓子。アーモンドペーストと蜂蜜で作る。
Coricheddos. Dolce tipico nuorese realizzato con pasta di mandorle e miele.

[6]伝統的なサルデーニャの菓子。アマレートス、ガレティーナ、ビアンキノス、パパッシーニ、テリカ。
I dolci della tradizione sarda. Amaretos, galletinas, bianchinos, papassini e tericas.

た。菓子［4］を用意して、祝日を強調し祝日の価値を高めるのも特徴的だ。クリスマス、イースター、葬儀、結婚式、カーニバル等ではそのための菓子［5］［6］がある。こうして工夫し進化した歴史から料理が作られた。

　サルデーニャの地には古くから人間が存在し食べ物の痕跡を残した。塩漬け、ロースト、燻製といった技術が既に完成していた。そしてサルデーニャの人々は、野菜や軟体動物など自然の食材を狩猟や漁獲で収集した。新石器時代に人間は動植物の飼育栽培に向けた最初の一歩を踏み出した。当時の家畜の羊、山羊、豚など遺骸が数点見つかっている。ヌラーゲの遺跡からは、石臼、すりこ木、すり鉢、長方形のシンク、パン焼き釜が出土した。よって、パンやクラッカー（薄焼きパン）、子羊と子豚のロースト肉、羊と子羊と子ヤギの腸詰め、子供と豚の黒プリン、カード（牛乳を凝固させたもの）のように、かなり洗練された食べ物があった。食品の包装に関する詳しい情報は残っていないが、考古学的に発見された小麦、大麦、ムール貝、カキ、カタツムリ、羊肉、野ウサギやプロラグス［7］（サルデーニャに生息した原始のウサギ）の肉、豚肉の残り物や骨から、どのように食物を準備したのか定義できる。

occasioni, che cadenzano la vita quotidiana e le feste, perpetuando ancora antichi riti ancestrali. Con la pasticceria si sottolineano le feste religiose o protoreligiose, perciò, numerose sono le occasioni dove si possono valorizzare i prodotti di una società agropastorale: formaggio fresco, ricotta[2], cagliata, miele[3], limoni, arance, mandorle, uva passa, strutto, sapa e tante altre ancora. Un'altra particolarità è che i dolci[4] vengono preparati per sottolineare ed aggiungere valore all'occasione della festa. Si hanno quindi, dolci [5][6] per il Natale, per la Pasqua, per i Morti, per i matrimoni, per il carnevale e così via. Una cucina generata da una travagliata evoluzione storica.

　La presenza umana, in terra di Sardegna, ha lasciato tracce fin dai tempi più antichi e per alimentarsi compiva già gesti tecnici come salare, arrostire e affumicare. Allora in Sardegna si cacciava, si pescava e si raccoglievano prodotti spontanei come vegetali e molluschi. Nel Neolitico l'uomo compie i primi passi per la domesticazione delle specie vegetali e animali. In alcuni ritrovamenti dell'epoca sono stati recuperati resti di animali allevati come pecore, capre e suini. Nei siti nuragici sono stati rinvenuti macine, pestelli, fusaiole, vasconi rettangolari e forni destinati alla panificazione. Perciò, una alimentazione piuttosto raffinata: pani azzimi e lievitati, carni arrosto di agnello e maialetto, sanguinacci di

[7] 中新世にサルデーニャやコルシカに生息したプロラグスの再現イメージ。
Ricostruzione del prolagus sardus, il mammifero estintosi probabilmente in epoca romana.
Foto di Mousegraph, Wikimedia Commons.

ヌラーゲ文明の出現（紀元前1800～紀元前238年）にともない文明に大きな進歩があり、食物を準備するための一連の手順が行われた証拠がある。ヌラーゲ時代の人々は、エジプト、クレタ島、キプロス、エトルリア人、フェニキア人など地中海の他の文明の人々と物々交換をして暮らし、黒曜石など当時計り知れない価値を持つ製品や、塩漬けにして保存した魚［8］を販売した。当時の肉の調理法とは地下の穴を用いるもので、今なおサルデーニャではコタ・ア・カララルズと呼ばれて実践されている。猟師は野生動物のボスを捕らえると、獲物を地下の釜にそっと置いて昼食を準備した。芳香性のハーブ［9, 10］と土で獲物を覆い、最後に火をつけて準備した。こうして、人々は獲物を他の肉食動物から隠しつつ狩りに専念し、最後に地下の釜に戻って調理が完了した獣の昼食にありついた。また、古代の人々は動物に対する人間の力強さを表現する証として、イノシシから取り出したばかりの心臓と肝臓を生のまま食べた。当時の猟師の狩りの現場から最も離れた台所での調理法は、炭火からある程度離してイノシシの腸をあぶり、長い箸を用いて一定の方法で巻いたり広げたりするものだった。これは今日、サンベネ・イン・フィアッカと呼ばれている。ヌラーゲ時代の食べ物には他にポレンタがある。穀物や豆類と共に調理したもので、アンブラウ、オグリア、ルサルツァ、ファーレ、スク・デ・ファー、ピアディィーグ、ピシー・ア・コレットゥといった基本的

pecora, agnello, capretto e maiale, cagli e cagliate: merca, giagada, casu axedu. Non sono giunte fino a noi indicazioni dettagliate su come confezionare il cibo, ma ci aiutano a definirne le preparazioni, i ritrovamenti archeologici come: grano, orzo, cozze, ostriche, lumache, ossa e avanzi di carne di pecora, lepre, coniglio, prolagus[7] e maiale.

Con l'affermarsi della civiltà nuragica (1800-238 a.C.), si ha prova che si erano fatti grandi passi sulla via dell'incivilimento, con una serie di operazioni finalizzate alla preparazione del cibo. I Nuragici vivevano in continuo scambio con altre civiltà del Mediterraneo come: Egitto, Creta, Cipro, Etruschi e Fenici, per vendere prodotti quale l'ossidiana, al tempo di inestimabile valore, ma anche pesce conservato sotto sale[8]. Una tecnica di cottura della carne, in quel tempo, era quella della cottura in una buca sotto terra, ancor oggi praticata e chiamata dai Sardi: cota a carrarzu. I cacciatori di animali selvatici, catturato il primo capo, preparavano il loro desinare adagiando la bestia cacciata nel forno sotterraneo; lo coprivano con erbe[9,10] aromatiche, terra e infine, predisponevano sopra un fuoco vivo. Mettevano così al riparo da altri animali carnivori la preda, per poi continuare a dedicarsi alla caccia e alla fine ritrovavano il pranzo pronto con la bestia cotta nel forno sotterraneo. Sempre di origini antiche è l'uso di consumare cuore e fegato crudi dei cinghiali appena sventrati, come segno della manifestazione di forza dell'uomo sull'animale. Altro sistema di cottura risalente alla più remota cucina dei popoli cacciatori, è la cottura degli intestini dei cinghiali, arrostiti sulla brace ad una certa altezza dal

[9] 伝統的な料理に用いる野生のハーブ。
Erbe selvatiche utilizzate per la cucina tradizionale.

[10] セルブズはガヴォイ（ヌオーロ）の
典型的な野生のハーブのスープ。
S'erbuzu. Minestra di erbe selvatiche tipica di Gavoi (NU).

な調理技術に敬意を表した名前とレシピが、次の時代に古代ローマ人に文書化され、現在も保存されている。

紀元前8世紀頃にフェニキア人がサルデーニャに到来した。彼らの経済の重要な切り札は塩と養魚池だった。ローマ人の農学者コルメッラを通じてオリーヴを栽培するノウハウが次々とサルデーニャに伝わった。フェニキア人と近い関係にあったカルタゴの人々も、サルデーニャを占拠し、小麦の生産に適した土地だと考えて土地を耕作し、この島を穀物提供するカルタゴの貯蔵庫とした。第一次ポエニ戦争の後、紀元前238年にローマ人がサルデーニャ島を完全に占領し、もはやその興隆の頂点を過ぎていたヌラーゲ文明に終止符を打った。海水（メルカ）で魚を調理し、沼地のハーブ（サ・ジバ）で包む調理法は今なおサルデーニャで実践されている。サルデーニャにおけるローマ人の歴史は紀元前238年に始まり、西ローマ帝国が崩壊した456年に終わる。サルデーニャ人は新しい支配者を好意的に見ることはなく、征服されてから2年後に戦略的に反乱を起こした。サルデー

fuoco, mediante due lunghi bastoni, avvolgendoli e svolgendoli secondo una particolare arte, e oggi chimato sambene in fiacca. La polenta era un altro alimento nuragico, preparata con granaglie e legumi, e tutt'ora se ne conservano nomi e ricette rispettose di quelle elementari tecniche di preparazione: ambulau, oglia, lusarza, farre, sucu de faa, piadigu, pisci a collettu e altre ancora, documentate da autori latini in epoca successiva.

Intorno al secolo VIII a.C. nell'isola giungono i Fenici. Assi importanti della loro economia sono il sale e le peschiere. Per il tramite dell'agronomo romano Columella ci viene trasmessa successivamente l'informazione sulla tecnica di coltivazione degli ulivi. Anche i Punici, parenti stretti dei Fenici, dominarono l'isola con la finalità di coltivare il terreno che consideravano vocato alla produzione del grano, facendo diventare l'isola il granaio per il rifornimento di Cartagine. Con il 238 a.C., successivamente alle guerre puniche, Roma prende pieno possesso dell'isola e da quella data, pone fine a quella civiltà nuragica che non era più comunque al suo massimo splendore. È ancora praticata nell'Isola la conservazione del pesce cotto in acqua marina, merca, e avvolto con erbe palustri, sa zibba. La storia della Sarde-

[11]サルデーニャの特産、コルク皿に置かれたペコリーノ・チーズ。羊のチーズ製品には甘く新鮮なものと、熟成したものの二種類がある。
Pecorino sardo. Formaggio di pecora commercializzato in due versioni: una dolce, più fresca, ed una matura, più stagionata.

[12]錫でメッキした銅製の鍋で羊肉をゆでる調理法、ラビオルはサルデーニャで確立された。
Pecora bollita dentro un paiolo in rame stagnato, labiolu, preparazione affermata in tutta l'isola.

ニャ人を制圧するのは凄まじく困難だったため2つの領事軍が派遣されたが、思い描いた征服には至らなかった。

こうしてローマ人が地中海を支配すると、その戦略的な位置からサルデーニャの重要性が増し、「帝国の州」として認められるまでになった。ローマ人は、トゥリス・リビソニス、カラレス（現カリアリ）、ファヌム・カリジ（現オロゼイ）、ノーラ、タロス、フォーラム・トライアーニ、フォーラム・アウグスティス（現アウスティス）等の都市を建設した。サルデーニャ語の大部分はラテン語に由来し、特に文法、料理、農業や牧畜活動に関する言葉ではほぼ原形が残っている。よく似たラテン語の名前がさまざまな種類の小麦粉のサルデーニャ名に残っている。シミリアはシムラ、ポーレンはポッダ、フルフルはフシェーレだ。チーズでは、カゼウスはカーズ、カゼウス・フレズスはカズ・フレーザー、カゼウス・ムステウスはカズ・ムステウだ。

西ローマ帝国の崩壊に始まり、アメリカの発見に至るまで、中世は長きにわたり1000年間続いた。サルデーニャ島は激動の時代を経験した。蛮族の支配、イスラム教徒（サラセン人）の侵略、ビザンチン時代、ジュディカートの自治、ジェノヴァとピサの海洋共和国の影響、そしてアラゴン＝カタルーニャ連合王国による植民地化である。それは古代ローマ文化から蛮族の文化への大きな変容期だった。当時二種類の食文化があった。一つは、人口が増えて地中海の食文化の周辺に住んだローマ人が最も重視した小麦とワインと油、それを補

gna romana, inizia dal 238 a.C. e finisce nel 456, con la caduta dell'impero Romano d'Occidente. I Sardi non videro mai di buon occhio i nuovi dominatori e due anni dopo la conquista, posero in atto strategiche ribellioni. La repressione della popolazione sarda fu dura e violenta e furono inviati per attuarla due eserciti consolari, senza ottenere gli sperati risultati di sottomissione.

Roma governava ormai il Mediterraneo, e la Sardegna diventava sempre più importante per la sua posizione strategica, fino ad essere riconosciuta come "Provincia dell'Impero". I Romani fondarono Turris Libisonis, Carales, Fanum Carisii, Nora, Tharros, Forum Traiani, Forum Augustis e altre città.

La maggior parte della lingua dei Sardi proviene dal latino, rimasta quasi intatta, specie nella grammatica, nella cucina, nelle parole referenti all'attività agricola e pastorale. Le varie tipologie di farina conservano lo stesso nome latino: similia simula; pollen-podda; furfur-fuscere; e così i formaggi: caseus-casu, caseus fresus-casu fresa; caseus musteus-casu mustiu.

Il Medioevo è stato un periodo lungo mille anni, che parte dalla caduta dell'impero romano d'Occidente e giunge fino alla scoperta dell'America. Si suddivide in: Alto, Pieno e Basso Medioevo. L'Isola subisce un periodo di grandi sconvolgimenti, con le dominazioni barbariche, le incursioni saracene, il periodo bizantino, l'autonomia dei Giudicati, le influenze delle Repubbliche Marinare di Genova e Pisa, e la colonizzazione Catalano/Spagnola. È un periodo di grande trasformazione: dall'antica cultura classica romana a quella barbarica. Due civiltà alimentari: quella romana è cresciuta ed ha vissuto attorno alla cultura alimentare del Mediterraneo che dava primaria importanza a grano-vino-olio, integrata con formaggi[11]

[13]サルデーニャの素晴らしいサラミは、
スパイスで味付けした新鮮な豚肉のミンチ
から作る。
Salume sardo per eccellenza, la
salsicccia è un macinato stagionato
ottenuto da carni suine fresche
insaporite con spezie.

完するチーズ［11］と肉である。もう一つは、経済
的土台によって自分達を支えた蛮族の狩猟、魚、果
物の収穫、自然なブタの飼育である。

　サルデーニャ島に限らず、中世初期の料理に関
する情報はかなり少ない。書物の史料が無いため、
かまどの遺跡の発見や、オルレ（＊ローマ時代の
つぼ）、テガメ（＊ローマ時代の鍋）など陶器の発
見からひもといた。記録にあった料理は、ヨーロ
ッパやサルデーニャのすべての宮廷で流通したレ
パートリーとして用いられていたため、貴族的で
「国際的」だと考えられた。たとえば、シュヴァー
ベンの神聖ローマ皇帝フリードリヒ2世の息子で
あるエンツォ・ホーエンシュタウフェン王と結婚
したアデラージア・ディ・トレスや、ジェノヴァ
のブランカレオーネ・ドリアと結婚し、カタルー
ニャ戦争（＊支配に対する抵抗）の母であるアル
ボレア国のエレオノーラの料理が挙げられる。貧
しい人々の料理に関しては何も知られていない。権
力者は沢山食べ、貧者は十分に食べられない時代
だった。社会的な優位性は食べることで明らかに
なった。食べ物で自分の富を誇示することができ
た。

　当時のサルデーニャの料理本は知られていない
が、羊と豚の飼育は行われていたため、塩か酢で
保存した子羊［12］、豚［13］、魚を調理したものが
消費された。サルデーニャの農業はビザンチン農

e carne; quella delle popolazioni barbariche che si
sostenevano con un'economia basata sulla caccia,
pesce, raccolta dei frutti allo stato spontaneo e con
l'allevamento dei maiali.

　Le informazioni di cucina dell'epoca altomedieva-
le, non solo in Sardegna, sono piuttosto scarse e, in
assenza di fonti scritte, si trae spunto dai ritrovamenti
archeologici con i resti dei focolari, dai ritrovamenti di
olle, tegami e resti di terracotta. La cucina documentata è aristocratica, e considerata "internazionale", in
quanto utilizzava un repertorio che circolava in tutte le
corti d'Europa e la Sardegna ne era compresa. Si pensi,
ad esempio, a Adelasia di Torres che si sposa con Re
Enzo Hohenstaufen, figlio di Federico II di Svevia; e
Eleonora d'Arborea, di madre catalana, che sposa un
genovese, Brancaleone Doria. Della cucina dci poveri
non si sa nulla. È un'epoca dove il potente mangia
molto e bene, mentre il povero, poco e male. La
superiorità dello stato sociale si manifesta mangiando,
e con il cibo si può ostentare la propria ricchezza.

　Non si conoscono ricettari sardi dell'epoca, ma
era comunque praticato l'allevamento degli ovini e
suini e pertanto erano consumati agnelli[12], maialet-
ti[13], e pesci, sia cotti sulla brace che conservati sotto
sale o aceto. L'agricoltura sarda era tutelata dagli
ordinamenti del Codice Rurale bizantino, i cui contenuti sono stati poi ripresi nella Carta de Logu di
Eleonora d'Arborea e nei vari Condaghes. In questi

村法の制度で保護され、その後、その内容はアルボレア国のエレオノーラのカルタ・デ・ログに再現され、さまざまな行政文書に取り入れられた。これらの記録には、さまざまな生産方法に関する情報がある。ブドウ栽培は保護され、新しい品種の導入によってめざましく容易になった。当時、人々には狩猟と釣りが禁じられ、貴族階級だけが行っていた。イノシシ、鹿、野生の羊、野ウサギ、鴨、野生のガチョウ、野鶏、鳩、鳩、キジバト、ヤマウズラ、ウズラ、ツグミが狩猟の対象の動物だった。キッチンでは、ツグミ、クロウタドリ、ヤマウズラが尊重された。最初に茹で、次にミルト（マートル）の葉［14］で包み、冷ましたものがサルデーニャでは「ムルティダス」または「スムルティダス」と呼ばれた。

1323年にアラゴン＝カタルーニャ連合王国の遠征隊が島に上陸し、1469年にカタルーニャのカトリック王フェルディナンド２世とカスティーリャ女王のイザベル１世が結婚すると、サルデーニャはスペインの完全な支配下に置かれ、それは1700年まで続いた。サルデーニャはさまざまな文化や料理においてスペインの運命をたどった。生産品、料理、調理方法が導入される時期に、一部はすでに存在したが、支配者の流行や新しい公用語に従って実施された。従って、カズエラ（カショーラ）、エンパナダ（インパナダス）、フィデオス（フンデオス）、アラダ（アザダ、トゥロン（トゥロネ）、エ

documenti si hanno informazioni varie sulle diverse produzioni. La viticoltura era tutelata e notevolmente agevolata con l'introduzione di nuovi vitigni. All'epoca la caccia e la pesca era praticata solo dalle classi aristocratiche e vietata al popolo. Gli animali cacciati erano: cinghiale, il daino, cervo muflone, lepre anatre e oche selvatiche, galline prataiole, piccioni, colombi, tortore, pernici, quaglie e tordi. Apprezzati in cucina erano i tordi, merli e pernici, prima lessati e poi avvolti con le foglie di mirto[14] e così fatti raffreddare, chiamati nell'Isola "murtidus" o "smurtidus".

Nel 1323 una spedizione catalano-aragonese, sbarca nell'Isola e nel 1469 si è sotto il pieno dominio della Spagna, a seguito del matrimonio tra Ferdinando il Cattolico di Catalogna e Isabella di Castiglia, che si protrae fino al 1700. La Sardegna segue il destino della Spagna sotto diversi profili culturali e gastronomici. Epoca in cui si introducono prodotti, pietanze e metodi di cottura, alcuni già esistenti, ma che perfezionati secondo la moda dei dominatori, o secondo la nuova lingua ufficiale. Ecco perciò apparire: cazuela-casciola, empanada-impanadas, fideos-fundeos, allada-azada, turron-turrone, escabeig-scabeciu , guisado-ghisadu. La cucina spagnola dell'epoca era priva di una vera identità culinaria. Le due corone di Aragona e Castiglia si erano fuse da tempo, ma il modo di cucinare era ancora influenzato dalla cucina araba. La cucina aristocratica sarda dell'epoca, seguiva sicuramente le indicazioni di quella spagnola.

Il Settecento culinario si allontana e disconosce il

［14］マートルの実と、サルデーニャの薄いパン、カラザウ。マートルの実は「ミルト」というリキュールの生成に用いられる。
Bacche di mirto e pane carasau. Le bacche di questa pianta vengono utilizzate per realizzare l'omonimo liquore.

スカバイグ（スカベチョ）、グイザード（ギザード）がある。当時のスペイン料理は料理の本質を欠いていた。長い間アラゴンとカタルーニャの王国は連合していたが、未だにアラブ料理の調理方法の影響を受けていた。この当時のサルデーニャの貴族料理は確実にスペイン料理の指針に沿っていた。

18世紀になると、以前の時代の複雑な味や強い香りが優勢だった料理は回避され、否定された。料理は立て直しの段階に入り、バロック様式の幻想を排除した。「これまで、味覚には多くのことが成されたが、嗅覚には少なすぎた……」とチェザーレ・ベッカリアは書いた。この世紀の味覚はじっくり味わい飲み込むよりも、見て感じる傾向にあった。パリのサロンの活気に加えて、文化的主導権とフランスの料理の国際性は、軍事拡大主義と緊密に結びついていた。フランスは大砲とアイデアを輸出した。銃剣が到着した場所には本や料理人、「シェフ」が到着した。料理人はフランス人である必要があった。新しい18世紀の台所では新たな家具一式を発明し、新しいリズムを規定し、新しい儀式を開始した。

ではサルデーニャ料理はどうなったか。植民地として巻き込まれることはなかった。1700年に始まったスペイン継承戦争は、1713年のユトレヒト条約と1714年のラシュタット条約によって終わり、スペインによるイタリア支配の終了が認められた。サルデーニャはオーストリア領になったが、1720年にシチリアがオーストリアに譲渡された後、代償としてサルデーニャはサヴォイア公国に譲渡され、「サルデーニャ＝ピエモンテ王国」という名前でピエモンテ領となった。

18世紀前半、植民地サルデーニャの料理はそのまま残り、政治的にも放棄された。この進化を強調する公式の文書は無い。サヴォイア公国の征服により、サルデーニャの中産階級の料理には、匿名の著者の本が応用された。サヴォイア家に採用された、『パリで1766年に完成したピエモンテの料理』という名の本だ。この本の書き写しが島の何軒かの邸宅で見つかったことから、考慮すべき料理本だろう。これはパリで働いていた匿名者による料理本で、原点となる基本的な文章だと考えられる。パスタ［15,16,17］のレシピやピエモンテ

secolo precedente dove prevaleva un gusto complesso, denso di aromi forti. La cucina entra in una fase di restauro, di eliminazione delle fantasie barocche. "Sinora si è fatto troppo poco per il naso, mentre si è fatto troppo per la bocca…", scriveva Cesare Beccaria. Il gusto del secolo era incline più a vedere e a sentire, che ad assaporare e inghiottire. L'egemonia culturale e l'internazionalismo culinario francese era strettamente legato all'espansionismo militare, oltre alla vivacità dei salotti parigini. La Francia esportava cannoni e idee: dove arrivavano le sue baionette, arrivavano libri e cuochi, cuisinier. Il cuoco doveva essere francese e solo tale. La nuova cucina settecentesca inventa nuove suppellettili, prescrive nuovi ritmi e inaugura nuovi cerimoniali.

E la Sardegna? Non poteva come colonia esserne coinvolta. Nel 1713 col trattato di Utrecht e col trattato del 1714 di Rastadt, si conclude la guerra di successione spagnola, iniziata nel 1700, e si sancisce la fine del dominio della Spagna in Italia. La Sardegna diventa austriaca, ma nel 1720 a seguito della cessione della Sicilia all'Austria, viene scambiata e ceduta ai Savoia e diventa Piemontese, sotto il nome di "Regno Sardo-Piemontese". La cucina della colonia Sardegna, nella prima metà del secolo XVIII, rimane, anche politicamente, abbandonata a se stessa, senza ufficiale documentazione che ne sottolineasse l'evoluzione.

La cucina borghese sarda, con la conquista dei Savoia, aveva adottato in cucina un ricettario di un anonimo dal titolo "Il cuoco piemontese perfezionato a Parigi 1766", adottato in casa Savoia. Questo il documento-ricettario che viene preso in considerazione, solo perché copie del ricettario, sono state ritrovate in diverse case padronali dell'isola. Il ricettario è un testo di un anonimo che aveva lavorato a Parigi, ritenuto un testo originale e fondamentale, e seppur contenga ricette di pasta[15,16,17] e alcuni ingredienti piemontesi, è in realtà una mera traduzione e copiatura del "Le cuisinier bourgeoise" di Menon, pubblicato per la prima volta a Parigi nel 1746.

Parlare di cucina dell'Ottocento sardo, non è argomento facile. Le ricette di quell'epoca devono essere ricercate nelle pubblicazioni del tempo che in Sardegna mancano, non esistono o non sono state ritrovate. Solo qualche viaggiatore relaziona sui cibi consumati dagli indigeni e sulle loro variegate produzioni. Fonti autorevoli dell'epoca sono: il cuoco di casa

[17]フィリンデューは、ルラの聖フランチェスコ祭でヌオーロの人々が作る典型的なパスタ。手作業で糸状にして三層を重ねる非常に珍しい製法で作る。
Filindeu, tipica pasta nuorese per la festa di San Francesco di Lula. Questa pasta rarissima si può preparare unicamente a mano.

[15]セモリナ粉と、パスタを作るための道具。
Farina di semola accompagnata dagli utensili per la realizzazione della pasta.

[16]チチョネドスは自家製セモリナ粉パスタの典型。
Cicioneddos. Tipica pasta di semola fatta in casa.

の食材が幾つか含まれているが、実際には1746年に初めてパリで出版されたメノン著の『ブルジョワの料理』を単に書き写して翻訳したものだ。

　19世紀のサルデーニャの料理について語るのは簡単ではない。サルデーニャで出版が行われなかった時代で、研究すべき当時のレシピは、存在しないか発見されていない。地元の人々が消費する食品と多種多様な生産品について、少数の旅行者の報告があるのみだ。当時の信頼できる情報源は次のとおりだ。サヴォイア家の料理人、ジョヴァンニ・ビアラルディは、著書『シンプルで経済的なブルジョワ料理』にて、サルデーニャの料理とは関係ないが、「サルデーニャ」と題したレシピを報告した。また、ペレグリノ・アルトゥージは、著書『台所の科学と、よく食べる芸術』を出版したが、この本にもサルデーニャ料理の引用や参照はない。しかし、サルデーニャに数種類の動物が生息していることを確認した。フランチェスコ・セッティは1774年から77年の文章で動物に関する文章を書いた。サルデーニャには野生のヤギ、鹿、ダマジカ、ムフロン［18］、イノシシ、ノウサギ、ウサギ、クロウタドリ、ヤマシギ、ウッドコック、チドリ、ヤマウズラ、ハト、ツグミ、オオバン、マガモがたくさんいた。

Savoia, Giovanni Vialardi, che nel suo ricettario Cucina borghese semplice ed economica, riporta ricette dal titolo "alla sarda", senza che abbiano alcun collegamento con la cucina dell'isola; e Pellegrino Artusi con il suo La scienza in cucina e l'arte di mangiar bene. Anche nel testo di Artusi, non è citata alcuna ricetta o riferimento alla cucina dei Sardi. Abbiamo comunque conferma che diverse specie di animali popolavano l'Isola. Francesco Cetti, con i suoi testi sugli animali, datati 1774-77, rassicura che nell'isola abbondano: capre selvatiche, cervi, daini, mufloni[18], cinghiali, lepri, conigli, merli, tordi, beccacce, pivieri, pernici, tortore, tordi, folaghe e germani.

　Per la cucina dei Sardi che rimane ancora poco documentata, si deve presumere che è mancata la collaborazione degli intellettuali e dei cultori della buona tavola. Nell'Isola non si trova traccia dell'arte culinaria che si era sviluppata al servizio della nobiltà, che per millenni, aveva la sede dei propri affari nel territorio isolano. Da noi perciò, è mancata la documentazione storica e quindi, la stesura scritta delle ricet-

[18] サルデーニャを代表する動物の一種であるムフロン。
Il Muflone è fra gli animali più rappresentativi dell'Isola.
Foto di Altana Claudio, Wikimedia Commons.

すべての料理写真はジョヴァンニ・フランチェッロとジョヴァンニ・ピリアルヴが協働し撮影した。
Tutte le foto sono state realizzate da Giovanni Piliarvu in collaborazione con Giovanni Fancello.

サルデーニャ料理がまったく文書化されていないのは、知識人と美食家の協働作業が欠けていたからだと考えられる。数千年間、サルデーニャには貴族の領地と商売の拠点があったが、料理芸術が発展した痕跡はない。歴史的な文書が無かったので、レシピや関連する料理本の草案もなかった。19世紀後半から20世紀初めにかけて、サルデーニャ料理の痕跡がわずかに残り始めた。「地域の料理」のコンセプトがグラツィア・デレッダによって、最初はフランス、次にイタリアで確立された。1909年以降、数人の作家が古代からルーツがある歴史的料理の基礎のレパートリーをまとめ始めている。

te e dei relativi ricettari. La cucina sarda inizia a lasciare piccole tracce solo alla fine del XIX e inizi XX secolo, con Grazia Deledda e con l'affermarsi, prima in Francia e poi in Italia, del concetto di "cucina regionale". Dal 1909 in poi, diversi sono gli autori che iniziano a repertarne i contenuti che agevolmente consentono di raccoglierne i fondamenti storico-culinario dalla radice antica.

ジョバンニ・ファンチェッロ

1953 サルデーニャ、サッサリ、ティエシ生まれ

1973 ロンバルディアにて研究員

1996 ミラノで美食を専門とする

2000 初の著書『メイログの香り サルデーニャ料理の芸術』を執筆

2004 新聞「La Nuova Sardegna」に執筆、ブログ「コギーナ人川にて」の編集

2006 イタリア全国のレストラン格付け本「エスプレッソレストラン」の調査員

2012 イタリア美食歴史アカデミー（AIGS）サルデーニャ理事、学園ウェブに連載。

2014 国営ラジオ「フィズショー」の「料理ノート」コーナーを担当

主な著書に『サルデーニャの食卓』(2006)、『パスタ サルデーニャと地中海の間の食べ物の物語と冒険』(2012)、『サルデーニャの聖と世俗の間の収穫祭』(2014)、『古代から現在の菓子の歴史の旅』(2018)共著に『石の巨人、サルデーニャに戻るD.H.ローレンスの足跡』(2017)

Giovanni Fancello

1953 Nasce a Thiesi (SS).

1973 Parte per il continente dove diventa un talentoso investigatore in Lombardia.

1996 Si perfeziona come gastronomo a Milano.

2000 Inizia a scrivere il primo libro Sabores de Mejlogu.

2004 Collaboratore del quotidiano La Nuova Sardegna, curatore del blog "In coghina".

2006 È Ispettore per la guida nazionale "Espresso Ristoranti".

2012 Prefetto per la Sardegna per l'Accademia Italiana Gastronomia Storica AIGS e scrive su "Taccuini Storici".

2014 Cura la rubrica "Appunti di Cucina" per la radio nazionale Fizzshow.

Dal 2006 Ha pubblicato diversi libri: Sardegna a Tavola, 2012
Pasta: storie ed avventure di un cibo tra Sardegna e Mediterraneo, 2014
Le Sagre della Sardegna tra il sacro ed il profano e l'ultimo nel 2018
Durches, viaggio nella storia dei dolci dal mondo antico ai giorni nostri. È uno degli autori delle antologie: *Giganti di pietra, e Back to Sardinia- Sulle tracce di D.H. Lawrence.*

L'Arte Sarda

5章 サルデーニャの芸術

サルデーニャの美術史

Storia dell'arte Sarda

ステファノ・レズミニ
Stefano Resmini

つかみどころのない光が澄んだ空、晴れた昼や夜の灼熱の暗闇が空間を縁取り、風景を定義する。絶え間ない風に引っ張られ、耳をつんざくほどの静けさが遠くの音を運ぶ。バルサミコの香りが五感を鈍らせ、海の塩気が酔わせては目を眩ませる。サルデーニャによようこそ。

私たちの眼差しを独占し、何よりも興味をかきたてるのは、サルデーニャの島中に点在した巨大な建築物のヌラーゲである。紀元前2000年から出現し、その数は現在も7,000以上ある。しかし、ヌラーゲ時代の人々は初めての島民ではない。歴史家によるとサルデーニャにおける最初の人間の痕跡は旧石器時代にさかのぼる。サルデーニャの長い先史時代は数千年に及ぶ。これをヌラーゲで線引きして前後の二つの時期に分ける。前ヌラーゲ時代とヌラーゲ時代だ。前ヌラーゲ時代は旧石器時代に始まり、中石器時代、新石器時代、銅器時代、青銅器時代初期に及ぶ。「ヌラーゲ文明」初の重要な痕跡の発見は、新石器時代まで遡る。その頃、遊牧民が定住を始め最初の村を建設し、最初の鉄器や備品を作った。さまざまな模様で装飾した陶器は魅力的だ。オッツィエリ文化の時代の花綱、アーチ、同心円［1］、らせん、ジグザグ［2］、角度、星模様、花と動物の図案、線で刻まれ描かれた人型の装飾は本物の芸術作品だ。花瓶、鍋、聖体容器、ジョッキ、鼎などの品が発見された。また、村ではドムス・デ・ヤナス（ヌラーゲ時代の墓）、ドルメン（墓）、巨石の輪が作られ、メンヒル（柱状の石）が建てられた。ふくよかな母なる女神像［3］が作られたが、銅器時代には手足が分岐した彫像に変わった。

古代青銅器時代のボンナンナロ文化の登場によってドムス・デ・ヤナスと鼎形の花瓶を最後まで使用した前ヌラーゲ時代が終った。数千年を経てすべてが洗練され、陶器の形は鐘状になり溝で飾られ、花瓶の表面は縞模様で覆われた。ドムス・デ・ヤナスは地下の墓であり、死者が生活するための文字通り「ネクロポリス」（＊訳注 死者の都市）である。様々な広さの部屋は岩を掘り込んだ階段

[7] 世界遺産のヌラーゲ。紀元前16〜同14世紀、スー・ヌラージ・ディ・バルーミニ
Villaggio nuragico Su Nuraxi, XVI-XIV secolo a. C., Barumini (CA). Foto di Giovanni Piliarvu

188 NICHE 03

Il cielo terso di una luce impalpabile, gli assolati meriggi e il buio cocente della notte delineano gli spazi, definiscono il paesaggio. Un assordante silenzio trascinato dall'incessante vento, regala suoni lontani. Balsamici profumi ottundono i sensi, l'eco della salsedine e del mare inebria e stordisce. Benvenuti in Sardegna.

Ad occupare il nostro sguardo e a incuriosirci, più di ogni altra cosa, sono quelle mastodontiche costruzioni disseminate in lungo e in largo per tutto il territorio sardo: i Nuraghi. Fanno la loro comparsa sin dal secondo millennio a.C., e se ne contano ancora oggi più di 7000. Non sono i Nuragici però, i primi abitanti dell'isola. Gli storici fanno risalire al Paleolitico la prima traccia umana in Sardegna. La Preistoria Sarda comprende un lungo periodo che si snoda attraverso i millenni, questo tempo è diviso in due periodi in cui lo spartiacque è il Nuraghe: età pre-nuragica ed età nuragica, prima e dopo la costruzione dei nuraghes. Il Prenuragico inizia nel Paleolitico e comprende il Mesolitico, il Neolitico, l'Età del Rame e la prima fase dell'Età del Bronzo. I primi consistenti segni e ritrovamenti di una "civiltà" li possiamo far risalire al Neolitico, quando

l'uomo da nomade diventa sedentario e costruisce i primi villaggi e forgia i primi oggetti ed arredi. Affascina la ceramica decorata con ricchi motivi a incisione e impressione. Nel periodo della cultura di Ozieri, le decorazioni sono vere e proprie opere d'arte: festoni, archi, cerchi concentrici [1] , spirali, zig-zag [2] , angoli, motivi stellari, fiori e animali stilizzati, figurine umane ottenuti per incisione e graffito. Gli oggetti rinvenuti sono vasi, olle, pissidi, boccali e tripodi. Oltre ai villaggi si costruiscono *domus de janas, dolmen, circoli megalitici* e s'innalzano *menhir*. Si scolpiscono le statuette di Dea Madre [3] di tipo volumetrico, sino a diventare di placca traforata durante l'Età del Rame.

La cultura di Bonnanaro, con l'Età del Bronzo Antico, chiude il periodo prenuragico: è l'ultima che utilizza le *domus de janas* e il vaso tripode. Col passare dei millenni tutto si affina e le ceramiche vengono decorate a scanalature e con il Campaniforme, le decorazioni a bande ricoprono quasi tutta la superficie dei vasi. Le *domus de janas* sono delle tombe ipogeiche, che danno vita a delle vere e proprie necropoli, fatte di vani, celle, camere di dimensioni differenti, collegate da scale scolpite. Sorrette da colonne [4] monumentali a

[1] オツィエリ文化の円の模様の陶器、サンミケーレの洞窟
Vasellame della Cultura di Ozieri, periodo prenuragico, grotta di San Michele a Ozieri (SS).

[2] ジグザグ模様の四脚の花瓶、サントゥ・ペドロのネクロポリス、アルゲーロ
Vaso tetrapode, periodo nuragico, necropoli di Santu Pedru ad Alghero (SS).

[3] 女神の座像、新石器時代、カリアリ考古学博物館
Statuina della Dea Madre in alabastro calcareo, neolitico medio, Su Cungiau de Marcu a Decimoputzu (CA), conservata al Museo Archeologico Nazionale di Cagliari. Foto di Yuki Sugihara.

[4] サンタンドレア・プリウのネクロポリス。傾斜した天井を柱が支える新石器時代の構造。
Pilastro a sostegno del soffitto a doppio spiovente, neolitico,
Tomba a camera nella necropoli di Sant'Andrea Priu (SS).

[12] サンタンドレア・プリウのネクロポリスに描かれた
初期キリスト教時代のフレスコ画。4〜6世紀
Affresco paleocristiano, IV-VI secolo d.C.,
Tomba del capo nella necropoli di San'Andrea Priu (SS).

[6] サンタンドレア・プリウの
ネクロポリス（墓地遺跡）
Necropoli di Sant'Andrea Priu,
neolitico, Bonorva (SS).
[4, 6, 12] Foto di Yuki Sugihara.

でつながっている。実際の住宅と同じく記念碑的な柱が天井を支えている [4]。男性の神の象徴である雄牛の角を描いた浅浮き彫り [5] と、母なる女神を思い起こさせる螺旋が壁に彫られている。目と水という特徴からこの女神を判別できる。どちらも豊穣と命と再生の象徴だ。サンタンドレア・プリウの墓地遺跡 [6] はサッサリ、ボノルヴァに紀元前3000年頃に建てられた。前ヌラーゲ時代の人々は確実に色彩を好んだことが、サッサリ、ティエージのマンドラ・アンティネのネクロポリスで証明されている。ドムスには経年変化で色あせた部分や、複雑な表現が消えかかった箇所があるが、今なお色彩は鮮やかだ。おそらく葬式の聖域として機能した主室では、前ヌラーゲ時代の典型的な表現のバリエーション（扉を模したもの、雄牛の角、家の屋根を再現したひさし）を鑑賞できる。このようなサルデーニャの墓では、彫刻よりも絵が描かれた点がユニークだ。歴史をたどるほどに、芸術が果たすべき目的が興味深いことに明らかになった。原始人にとって、家形の構成と絵の描画の間に実用性の差はなかった。家は悪天候から身を守るのに役立ち、絵は霊やその他の力か

ら人々を守る。言い換えると、絵画や彫刻には魔法のような機能があった。数々の母なる女神の形や象徴的な図案は悪魔ばらいや贖罪として、いよいよ死ぬ瞬間に人間を支え、歓迎し、あの世へと導く。建築がすべての造形言語の総合であるならば、ヌラーゲ時代の人々は卓越した建築家だった。
　青銅器時代中期、サルデーニャの人々は最も特徴的で独特な歴史的起源の一つを経験した。その特徴的な痕跡とはヌラーゲである。他の文明は壮大な建造物を私たちに残した。エジプトのピラミッド、ギリシャや南イタリアの神殿、メソポタミアのジッグラトだ。しかしサルデーニャのヌラーゲの建築に匹敵する爆発的な現象はない。何千もの塔に加えて、小屋、洞窟やメガロン（主室）を備えた神殿、巨人の墓、個々の墓地と周囲の巨石を作り出した。興味深い歴史において、サッサリのトラルバにある堂々たるヌラーゲ・サントゥ・アンティネは「王の家」と呼ばれている。複雑で壮大なヌラーゲの村落は、カリアリにあるスー・ヌラージ・ディ・バルーミニ [7] だ。古期ヌラーゲ時代から、ローマに滅ぼされたカルタゴの時代に至るまでの階層を膨大な証拠から判別できる。迷

similare delle vere e proprie case. Abbellite da bassorilievi raffiguranti corna taurine [5], simbolo della divinità maschile, e spirali scolpite sulle pareti che riportano la dea Madre, raffigurata nella sua prerogativa di dea degli occhi e dell'acqua. Entrambi simbolo di fertilità, di vita e di rinascita. (Necropoli di Sant'Andrea Priu [6] Bonorva SS 3000 a.C.). Sicuramente i Prenuragici amavano il colore, lo prova la Necropoli di Mandra Antine Thiesi (SS). La domus, è una vera esplosione di colori che ancora s'intuiscono nonostante l'azione del tempo che li ha parzialmente scoloriti, e in qualche caso reso evanescente la complessità della raffigurazione. Nella cella principale, che forse fungeva da santuario funebre, si possono ammirare i simboli tipici del repertorio prenuragico (falsa porta, corna taurine, copertura che riproduce i tetti delle abitazioni), è la loro realizzazione, pittorica anziché scultorea a rendere questa Tomba Dipinta, unica in Sardegna. Quanto più risaliamo il corso della storia, tanto più chiari, ma insieme strani, ci appaiono i fini che si pensava dovesse assolvere l'arte. Dal punto di vista dell'utilità, per i primitivi non c'è differenza tra la costruzione di una capanna e la produzione di un'immagine. Le capanne servono per proteggersi dalle intemperie; le immagini per difendersi dagli spiriti e da altri poteri. Pitture e sculture, in altre parole, hanno una funzione magica. Esorcizzatrici e propiziatorie erano le Dee Madri abbondanti nelle forme o simbolicamente stilizzate, con il compito di sostenere ed accogliere l'uomo, accompagnarlo nel momento supremo della morte e guidarlo nell'aldilà. Se l'architettura è il compendio di tutti i linguaggi plastici, sublimi architetti furono i Nuragici.

Con l'età del Bronzo Medio, la Sardegna vive l'inizio di una delle sue stagioni storiche più caratteristiche ed originali, il cui segno distintivo è il Nuraghe. Altre civiltà ci hanno lasciato costruzioni grandiose: in Egitto le Piramidi, in Grecia e nell'Italia Meridionale i Templi, in Mesopotamia le ziqqurat, ma nessuno di questi fenomeni può essere eguagliata all'esplosione costruttiva sarda nuragica, che oltre alle migliaia di torri ha prodotto capanne, templi a pozzo e a megaron, tombe di giganti, betili e sepolture individuali. Maestoso, e dalla storia intrigante, è il Nuraghe di Santu Antine di Torralba SS, chiamato anche Sa domu de su re, la casa del re. Complesso ed imponente con il suo Villaggio Nuragico è Il Nuraghe Su Nuraxi di Barumini [7] CA, esteso e vasto dalle evidenti e riconoscibili stratificazioni che vanno dal nuragico arcaico sino al periodo punico romano. Labirintiche fortificazioni, montagne di pietra che flagellate

[5] マンドラ・アンティネのネクロポリス。
着彩した雄牛のレリーフ
Incisioni della Tomba Dipinta, neolitico, necropoli di Mandra Antine presso Thiesi (SS). Foto di Gianni Careddu, Wikimedia Commons.

[7] ヌラーゲの村をなすスー・ヌラージ・ディ・バルーミニ、カリアリ
Villaggio nuragico di Su Nuraxi, periodo nuragico, Barumini (CA). Foto a sinistra di Giovanni Piliarvu.

路のような要塞、風雨にひどくさらされた石の山々は、ローマの里程標のように遠い歴史の地平線上にそびえ立つ。過去は煙に巻かれ、要塞の真の機能は何かと人々に問いかける。さらに謎めいているのは、カブラスのモンテ・プラマの巨人 [8] である。ボクシングや弓矢の戦士たちの身長は2メートルをはるかに超え、その体は岩で出来ている。変則的な楕円形の顔、出っ張った額、弓形の眉、T字型の鼻、大きな同心円が2個刻まれた目、四角いあご、同時代には前例がない三つ編みの髪。小さなブロンズ像が表現しているのは従来の青銅像の姿とはかけ離れた姿だ。皿を差し出す人、羊飼い、農民、首長、戦士、母親、正真正銘のピエタ像、4個の目と4本の腕を持つ「超人的な存在」[9] は、ヌラーゲの村の生活を独自の方法で示唆し説明する貴重なものだ。

　ヌラーゲ文明は1000年以上続き、「我らが海」(＊訳注 ローマ時代の地中海の呼称) を船が切り裂いて、他の文明から来た人々がサルデーニャを汚したが、サルデーニャの人々は海に向き合った。フェニキア人、カルタゴ人、ローマ人が頻繁にサルデーニャの海岸を訪れ、最初の植民地と沿岸都市を築いた。港、神殿、共同墓地を建設し、文字や金銭が現れた。カルタゴがサルデーニャを軍事的に占領し、権利を主張し管理を始めた結果、ヌラーゲ文明は終わりを迎えた。都市では貴重で芸術的な職人技が栄え、ガラス玉や、釉薬をかけた玉、スカラベや神を描いた緑の碧玉など素晴らしい宝石が作られ

dalle intemperie si ergono come pietre miliari sul lontano orizzonte della storia. Mistificano il passato e ci interrogano sulla loro reale funzione. Ancor più enigmatici sono i Giganti di Monti Prama, Cabras [8] OR. Pugilatori, Arcieri alti ben più di due metri, dai corpi torniti in pietra arenaria. Il viso dalla forma irregolarmente ovale, con la fronte ben segnata, l'arcata sopraciliare ed il naso a T, gli occhi resi con due grandi cerchi concentrici incisi, il mento squadrato e la capigliatura rasa di una inaudita contemporaneità. Del tutto avulsi al corredo delle più conosciute statuine in bronzo, i così detti "*bronzetti*" raffiguranti: Offerenti, Pastori, Contadini, Capotribù, Lottatori, Madri, vere e proprie Pietà, e esseri "Sovrumani" con quattro occhi e quattro braccia [9], tanto preziosi che suggeriscono

ed illustrano a loro modo, la vita dei villaggi nuragici.

Durante la civiltà nuragica che dura ben più di un millennio, il Mare Nostrum è solcato da navi, altri popoli con la loro civiltà contamino la Sardegna, ma anche le genti sarde affrontano il Mare. I Fenici, i Punici ed anche i Romani iniziano a frequentare le coste e a fondare le prime colonie e città costiere. Si costituiscono porti, templi, necropoli e compare la scrittura e la moneta. Sarà Cartagine ad occupare militarmente la Sardegna imponendosi e decretando di conseguenza la fine della civiltà Nuragica. Fioriscono le città con il loro prezioso artigianato artistico, splendidi gioielli in pasta vitrea o in pasta smaltata o in diaspro verde raffigurano scarabei e divinità. Collane, anelli, bracciali, amuleti corredo di vita e funebre. Statue,

[10] サルデーニャの神サルダス・ペイターをまつったアンタス神殿、フルミニマッジョーレ。
紀元前5世紀頃にカルタゴ人が建て、紀元前27年にアウグストゥス帝がローマ式に再建した
Tempio punico-romano di Antas, costruito dai punici intorno al V secolo a.C.
e ricostruito dall'imperatore Augusto nel 27 a.C., Fluminimaggiore (CA). Foto di Giovanni Piliarvu.

た。ネックレス、指輪、ブレスレット、お守り、生活や葬儀の品、彫像、石柱、お面、テラコッタ製の小さな彫像が公共の場所や個人の住宅を飾った。ローマ人が到来してカルタゴ人を打ち負かし、都市は変容した。元の住居地と新たな中心地が大きな交通網でつながった。住宅、神殿 [10] は、劇場、温泉地、水道橋を備えた真の都市だ。他の文化が混ざり合い、新たな言語、新たな宗教、文化、文字ができ、比類のない都市が生まれた。カラリス（現カリアリ）、タロス [11]、ノーラ、テッラノーヴァ（現オルビア）、トゥリス・リビゾニス（現ポルト・トーレス）の都市が繁栄した。そこにはモザイクの施された豊かな大聖堂があり、街はごった返し、港は世界に開かれていた。

　ローマ帝国時代のサルデーニャでは特に西暦313年以降、キリスト教の教義が初めて地域社会に広まり、カタコンベ、大聖堂、洗礼堂が建てられ、新たな宗教の像や絵画や象徴が飾られた。興味深いことに、すでに信仰の場所があった場合はそこ

に新しい信仰の場を建設した。元の信仰と混ざり合ったものが今日まで残っている。カブラスのサン・サルヴァトーレ教会の地下室、サンタンドレア・プリウのフレスコ画 [12]、スルチス（サンタンティオコ島）の大理石を掘った板。初期キリスト教の教会はビザンツ様式の信仰の場となり、建築は礼拝用に変わり、キリストと聖人の生涯がフレスコ画で壁に描かれた。1000年から1300年の間に、様々な修堂会（ベネディクト会、シトー会、フランシスコ会、ヴィクトール会など）が登場し、サルデーニャでは大きな建築運動が発展して、地域全体に多数の建築物が建設された。農村の小さな教会と同じく、12世紀の大聖堂では熟練した職人が働き、ロマネスク様式、ゴシック様式、ピサ様式の建築で島を豊かにした。今日なお、これらの聖なる記念碑は貴重で芸術的な文化遺産である。サン・サトゥルニーノ教会（カリアリ）、サン・ガヴィーノ教会（ポルト・トーレス）、サン・ピエトロ・ディ・ソレス（サッサリ）、サッカルジア教会

[11] タロスの古代遺跡、カブラス
Antiche rovine di Tharros, VII secolo a.C., Cabras (OR).
Foto di Giovanni Piliarvu.

stele, maschere e statuine in terracotta, adornano luoghi pubblici e
abitazioni private. Arriva Roma, sconfigge i Cartaginesi, e le città si
trasformano. Nuovi centri collegati con i vecchi abitati da una fitta
rete stradale. Vere e proprie città con abitazioni, templi [10], teatri,
terme, e acquedotti. Nuove lingue, nuova religione, cultura e
scrittura tutto si contamina per dare vita ad un unicum. Karalis,
Tharros [11], Nora, Terranova, Turris Libisonis, città fiorenti, ricche
di basiliche, mosaici, di vita brulicante e porti aperti al mondo.

Durante l'impero Romano anche in Sardegna si diffonde la
dottrina cristiana e le prime comunità, soprattutto dopo il 313 d.C.,
costruiscono catacombe, basiliche e battisteri, abbellendoli con
statue e pitture e simboli della nuova religione. Dove già esistevano
luoghi di culto si innestano e se ne costruiscono dei nuovi, dando
origine ad un sincretismo che curiosamente sopravvive ancora oggi:
l'ipogeo di San Salvatore a Cabras, gli affreschi di Sant'Andrea Priu
[12], le lastre marmoree scolpite a Sant'Antioco, di Sulci. Le chiese
paleocristiane lasciano il posto al culto bizantino che con la sua litur-
gia ne trasforma l'architettura e sulle pareti affrescate compaiono la
vita del Cristo e dei Santi. Tra il 1000 e il 1300, con l'arrivo di diversi ordini religiosi (benedettini, cistercensi, francescani, vittorini, ecc),

si sviluppa in Sardegna un grande movimento architettonico che
porta alla costruzione, su tutto il territorio regionale, di numerosi
edifici di culto. Nelle grandi cattedrali del XII secolo, come nella più
piccola delle chiese campestri lavorano maestranze esperte e l'architettura romanica, gotica, e pisana, arricchisce l'isola di monumenti
sacri che tuttora rappresentano un prezioso patrimonio culturale ed
artistico. San Saturnino di Calaris, San Gavino di Torres, San Pietro
di Sorres, Trinità di Saccargia, S. Simplicio di Civita, S. Maria del
Regno Ardara, superbe Cattedrali Romaniche che si ergono incuran-
ti del tempo che passa e scorre. Si affaccia anche il Gotico a Dolia-
nova con la chiesa dedicata a S. Pantaleo, S. Pietro a Zuri, San
Gavino di Monreale.

La presenza di tante chiese promuove rapidamente una freneti-
ca attività di scultura, di pittura, di produzione di arredi e oggetti
che hanno come tema il sacro: tra il 1300 e il 1400 si registra una
vastissima proliferazione di ornamenti di altari, predelle, paliotti,
acquasantiere, statue in marmo, grandi composizione lignee (stupen-
da la Deposizione dalla Croce trovata nell'abbazia benedettina di
Bulzi, come anche la Madonna nera della Cattedrale di Cagliari e la
bellissima Madonna di Bonaria con il suo manto dorato [13],

（サッサリ）、サン・シンプリチョ教会（オルビア）、サンタ・マリア・デル・レーニョ教会（サッサリ）といった立派なロマネスク様式の大聖堂は、時の経過に関わりなく立っている。また、ゴシック様式の教会ではドリアノーヴァを見渡すサン・パンタレオ教会や、サン・ピエトロ教会（オリスタノ、ズリ）、サン・ガヴィーノ・モンレアーレ教会がある。

　多くの教会が作られたことで、すぐに彫刻、絵画、家具、聖なるモチーフを熱心に制作する傾向が生じた。1300年から1400年の間に、祭壇、説教壇、祭壇布（アンテペンディウム）、聖水盤、大理石の彫像、大きな木造の装飾品（ブルツィのベネディクト会修道院で発見された素晴らしいキリスト降架の木彫や、カリアリの大聖堂の黒い聖母、そして黄金のマントを羽織った美しいボナリアの聖母 [13]）、壁のフレスコ画、キャンバスや木板に描いた絵画が広く普及した。本質的、外来的な真理のすべてと宗教史を視覚的に物語る画像の力と芸術の知識。この時期の芸術は宗教的な考えだけに影響を及ぼしたわけではない。これはジュディカート（四つの自治区）の時代の話だ。サルデーニャを四つの独立国に分けたジューディチェ（統治者）や王 [14]（＊神聖ローマ皇帝にサルデーニャの王として承認された者）は、住居や城を建て、さまざまな著名な芸術家の作品で装飾させた。城はほとんど

壊されたが教会は免がれた。レタブロとよばれた壮大な（＊多翼）祭壇画 [15] は1400年代のものだ。画家の作品は幾何学的で象徴的なレイアウトに従い、さまざまな大きさに分割されており、キリスト、聖母、聖人の人生の一場面を物語る。祭壇画は同時に、家具職人、彫り師、金めっき職人、彫金師、そして彫刻家の仕事としても価値がある。カタルーニャの画家がこの芸術形式をサルデーニャにもたらしたと言われている。著名な画家にはジョアン・メイト、ジョアン・フィゲラス、ラファエル・トマス、ジョアン・バルセロがいる。続く16世紀に、ジョバンニ・ムル、アンティオコ・マイナス、非常に活動的だったピエトロ・カヴァロと息子のミケーレ・カヴァロといったスタンパチェ派が祭壇画の経験をつちかい、サルデーニャに質の高い学校を作り追求した。非常に才能がありながら匿名で名を馳せた芸術家もいる。例えばカステルサルドの巨匠、オルツァーイの巨匠、オリエーナの巨匠がいた。オツィエリの巨匠（その最も重要な作品の一つである「ロレートの聖母」が保存されている地名からの呼称）はピエトロ・カヴァロと並んで16世紀の秀でたサルデーニャの画家として国内外で名高い。この事は特に、15世紀末から16世紀前半のサルデーニャが、ヨーロッパの歴史的、政治的、経済的、社会的な情勢とからみあい、文化的関係や美術の経路に避けがたい影

[14] 柱頭にログドーロ国のジューディチェで王のバリゾーネ2世の顔を象った、サンタンティオコ・ディ・ビサルシオ大聖堂、オツィエリ、サッサリ
Capitello raffigurante il giudice Barisone II di Torres, XI-XII secolo d.C., Basilica di Sant'Antioco di Bisarcio a Ozieri (SS). Foto di Giova81, Wikimedia Commons.

[15] カステルサルドの巨匠による祭壇画、1489-1950年。サン・ピエトロ教会、トゥイーリ
Retablo del Maestro di Castelsardo, 1498-1500, chiesa di San Pietro Apostolo a Tuili (CA).

affreschi murali, pitture su tela e su legno. Potere delle immagini e dell'arte di saper narrare in forma visiva la storia sacra, con tutte le sue verità intrinseche ed estrinseche. Non si deve credere che tutta l'arte di questo periodo abbia servito solo idee religiose. Siamo in piena era dei Giudicati. I Giudici o re [14] dei quattro giudicati in cui è divisa la Sardegna, erigono dimore e castelli abbelliti con l'opera di diversi e noti artisti. I castelli vengono spesso distrutti, mentre le chiese vengono risparmiate. L'arte religiosa in complesso, è trattata con maggior rispetto e conservata con maggior cura. Sono del 1400 le grandiose pale d'altare note con il nome di Retabli [15]. Predominante è l'opera del pittore nel definire gli estesi polittici, che narrano momenti della vita del Cristo, della Madonna o dei Santi, su diverse superfici suddivise secondo schemi geometrici e simbolici, ma altrettanto prezioso è il lavoro dei falegnami, degli intagliatori, dei doratori, degli orafi e a volte anche quello dello scultore. Si sostiene che siano pittori di origine catalana ad introdurre in Sardegna questo genere artistico e spiccano i nomi di Joan Mates, Joan Figueras, Rafael Tomàs e di Joan Barcelo. È nel secolo successivo, nel 1500, che l'esperienza del Retablo viene coltivata e perseguita da scuole sarde di grande livello come la Scuola di Stampace con Giovanni Muru, Antioco Mainas, gli attivissimi Pietro Cavaro e il figlio Michele. Di grande talento sono anche tanti Anonimi conosciuti come il Maestro di Castelsardo, il Maestro di Olzai, il Maestro di Oliena, il Maestro di Ozieri così chiamato per la località dove è conservata una delle sue opere più rilevanti, il Retablo di Nostra signora di Loreto. con Pietro Cavaro l'unico pittore sardo del Cinquecento, impostosi alla considerazione nazionale ed internazionale. Tutto ciò a conferma della tesi secondo cui la Sardegna, specialmente nel periodo che va dalla fine del Quattrocento alla prima metà del Cinquecento, sia pienamente coinvolta nelle vicende storiche, politiche, economiche e sociali europee, con gli inevitabili riflessi sui rapporti culturali e sui percorsi dell'arte. Influssi manieristici esterni, che contaminano l'arte in Sardegna, sono i fiamminghi, gli ispanici, i toscani, i genovesi, i romani e i napoletani. Complici i precetti tridentini, voluti dal Concilio di Trento, i Retabli pittorici lasciano il posto ai tabernacoli [16] eucaristici con struttura architettonica a tempietto.

Nell'arte del Seicento un posto di rilievo occupa la scultura lignea. Statue di Santi, destinate agli altari alle cappelle delle chiese e soprattutto ad essere portate in processione, vedono impegnate schiere di intagliatori, ma anche artisti raffinati, molti dei quali in stretto contatto con la scuola napoletana di ispirazione iberica.

[16] 18世紀前半の寄木と象嵌を用いた木製の壁祭壇。マズッラス
Tabernacolo ligneo a tempietto,
prima metà del XVIII secolo, Masullas (OR).
Foto di il catalogo generale dei beni culturali.

[17] 大理石製の聖チェーリアの礼拝堂、18世紀サンタ・マリア大司教座聖堂、カリアリ
Cappella di Santa Cecilia, XVIII secolo, cattedrale di Santa Maria a Cagliari.
Foto di Giova81, Wikimedia Commons.

響を与えたという学説で裏付けられている。フランドル派、スペイン派、トスカーナ派、ジェノヴァ派、ローマ派、ナポリ派といった外部のマニエリスムがサルデーニャの美術に混ざり影響を及ぼした。トリエント公会議で定められたトリエント（＊現ヴェネツィア・トレント）の勧告に従い、小神殿のような建築構成を備えた聖体拝領のための祭壇画（タベルナコーロ）[16]が絵を用いた祭壇画（レタブロ）に取って変わった。

　17世紀の美術では木製の彫刻の代わりにレリーフが用いられた。教会の祭室の祭壇や、特にパレードで運ぶ聖人の像は、彫刻家のグループだけでなく、洗練された芸術家たちが制作した。同時にバロックへの譲歩として、大理石の祭壇[17]が肯定され始めた。それは地元の伝統を用いるための自然な解決策だった。サルデーニャのピカペドラー（石工）たちは、バロック様式の豊かな装飾と、後期ゴシック様式の基礎との融合を好んで彫った。（例えばカリアリのサンタ・マリア大司教座聖堂の「殉教者の聖域」がある。）短期間のオーストリア統治の後、スペイン継承戦争に続いて、18世紀にピエモンテの技術者が現れ、革新的な技術と重要な構築法を紹介した。スペイン文化は支配階級と伝統にしっかりと根を張り、信仰の習慣や儀式で表現を続けた。サルデーニャの大多数の教会では、

バロックとロココの新たな嗜好を広め、定着させる目的で、木製の祭壇を大理石の一式（祭壇、説教壇、洗礼盤、祭壇の手すりなど）に置き換えた。これは特にカリアリ、オリスタノ、アルゲーロ、オツィエリの大聖堂で顕著だった。1799年に（＊ナポレオン率いる）フランスがピエモンテ（トリノ）に侵攻した革命的な出来事に続き、サヴォイア宮廷（＊サルデーニャ王カルロ・エマヌエーレ4世）が島に移って18世紀が終わった。

　イタリア本国と対抗するわけではないが、国家の統一の過程と歩を合わせて、1800年から1900年にかけてサルデーニャの国民的な伝統を築く過程で文学と芸術運動が栄えた。この時代の作家、随筆家、画家、彫刻家、版画家、グラフィックデザイナー、優れた職人たちが、サルデーニャの際立った芸術表現に貢献した。当然、肖像画は非常に重要で、人物の理想化から写真に近いリアリズムへと移行した。墓石の彫刻は詩や文学に触発され、象徴主義や退廃主義の流れにヒントを得た。ジョヴァンニ・マルギノッティは、19世紀前半に活躍したサルデーニャの芸術家で、トリノのカルロ・アルベルト王の室内画家に任命され、裁判官ジュゼッペ・マンノ、政治家ジョヴァンニ・シオット・ピント、カルロ・アルベルト王、「サルデーニャのタンバリン」（＊架空の少年の小説）を描いた。多

Parallelamente si comincia ad affermare gli altari marmorei [17] con concessione al Barocco, come naturale sbocco di una tradizione tutta locale che favorisce la saldatura tra il sostrato tardogotico che improntala il gusto dei *picapedrers* sardi con la ricchezza ornamentale della decorazione barocca (Santuario dei Martiri, Cattedrale di Santa Maria di Castello, Cagliari). Dopo la breve parentesi austriaca, seguita alla guerra di successione spagnola, con l'arrivo degli ingegneri piemontesi nel XVIII secolo vengono introdotte in Sardegna innovazioni tecniche e costruttive importanti, anche se la cultura spagnola, fortemente radicata nelle classi dirigenti e nelle tradizioni popolari, continua a esprimersi nei riti e nelle manifestazioni devozionali. Nella maggioranza delle Chiese sarde si verifica la sostituzione degli altari lignei con gli arredi di marmo (altari, pulpiti, fonti battesimali, balaustre ecc.), con il preciso intento di diffondere e radicare il nuovo gusto barocco e rococò. Significativi tra gli altri, sono quelli delle cattedrali di Cagliari, Oristano, Alghero, Ozieri. Il secolo si chiude con il trasferimento della corte sabauda nell'Isola, nel 1799, a seguito degli avvenimenti rivoluzionari che coinvolsero il Piemonte invaso dai Francesi.

A cavallo tra il 1800 e il 1900 la Sardegna è investita da un processo di costruzione di "tradizione nazionale sarda", non in contrapposizione alla patria italiana ma in sintonia con il processo di unificazione dello Stato. Letteratura ed arte partecipano in maniera preponderante a questo movimento. Scrittori, saggisti, pittori, scultori, incisori, grafici, grandi artigiani, contribuiscono a rendere significativo questo periodo dell'arte di Sardegna. Grande rilievo assumono la pittura di ritratto, che passa dall'idealizzazione del personaggio ad un realismo quasi fotografico, e la scultura funeraria, che si ispira alla poesia e alla letteratura, guardando e prendendo ispirazione dalle correnti simboliste e decadentiste. Giovanni Marghinotti, oltre che essere nominato pittore di camera del Re Carlo Alberto a Torino, è uno dei più importanti artisti sardi della prima metà dell'ottocento. Ritrae il magistrato Giuseppe Manno, il politico Giovanni Siotto Pintor, Re Carlo Alberto, il tamburino Sardo. Giuseppe Sartorio, prolifico scultore oltre che artefice del Vittorio Emanuele di Piazza d'Italia a Sassari [18], è autore di numerosissime lapidi, bassorilievi e statue che adornano i vari cimiteri monumentali dell'isola, prima tra tutti quello di Bonaria a Sassari.

Ma è sul finire dell'800 e inizio 900 che nascono grandi artisti che lasceranno il segno nell'arte sarda. Nel 1883 nasce a Nuoro lo scultore Francesco Ciusa [19], nel 1871 sempre a Nuoro la scrittrice e Premio Nobel Grazia Deledda [20], nel 1867 il poeta e scrittore Sebastiano Satta, nel 1902 lo scrittore Salvatore Satta. Nel 1885 a Sassari nasce il pittore Giuseppe Biasi [21], sempre nel 1885 a Cagliari nasce Filippo Figari, nel 1909 Giuseppe Dessì, nel 1916 l'artista Salvatore Fancello, nel 1911 a Orani Costantino Nivola, a Ulassai nel 1919 Maria Lai, nel 1942 a San Sperate Pinuccio Sciola. Nomi di letterati ed artisti che hanno fatto la storia dell'ARTE

[18] ヴィットリオ・エマヌエーレ2世の彫像、
1900年ジュゼッペ・サルトリオ作、イタリア広場、サッサリ
Statua di Vittorio Emanuele II realizzata da
Giuseppe Sartorio, 1900, Piazza d'Italia Sassari.
Foto di Giovanni Piliarvu.

作な彫刻家で、サッサリのイタリア広場にあるヴィットリオ・エマヌエーレ2世の彫像［18］の作者でもあるジュゼッペ・サルトリオは、サッサリのボナリアの墓地をはじめ、島内の様々な記念墓地を飾るあまたの墓碑や彫像を制作した。

19世紀後半と20世紀初頭に、サルデーニャの芸術に素晴らしい足跡を残した芸術家が生まれた。ヌオーロでは1883年に彫刻家フランチェスコ・シウザ［19］、1871年にノーベル賞受賞作家グラツィア・デレッダ［20］、1867年に詩人で作家セバスティアーノ・サッタ、1902年に作家サルヴァトーレ・サッタが生まれた。サッサリでは1885年に画家ジュゼッペ・ビアージ［21］、カリアリでは1885年に画家フィリッポ・フィガリ、1909年に作家ジュゼッペ・デッシ、ドルガリでは1916年に芸術家サルヴァトーレ・ファンチェッロ、オラーニでは1911年に芸術家コスタンティーノ・ニヴォラ、ウラッサイでは1919年に芸術家マリア・ライ、サン・スペラーテでは1942年に彫刻家ピヌッチョ・ショーラが生まれた。サルデーニャの現代美術史を築いた芸術家の名前をひもとこう。サルデーニャの卓越した彫刻家であるジュゼッペ・シウザは、作品を通じサルデーニャの人々の声を世界に届けた。石膏像「犠牲者の母親」［22］は1907年のヴェネツィア・ビエンナーレで受賞した。やせ細り老いた農民が通夜の儀式を執り行うたたずまいを描いた忘

れがたい彫刻だ。悲嘆と哀悼に尊厳が加わった葬式は地域社会の儀式でもある。シウザは新たな人物の芸術的な物語を作り、伝統を掘り下げ、芸術によって誇りを再発見した。ジュゼッペ・ビアージは紛れもなく20世紀の最高のサルデーニャの画家だ。人気のある華麗な衣装や、農民の祭りの趣向に富む美しさに異国情緒の後光を見出し、ヨーロッパの中心に小さな楽園を発見した。誇り高きサルデーニャの女性たちが身を包んだ美しい衣装と素材のまばゆい色彩は暗闇を切り開く。それは冷静でよそよそしい面持ちではなく、誇りと征服する真の力と驚きに満ちた共犯者の顔だ。古風で素朴な美しさにあふれる土地で、今日もなお魅力的な「原始主義」への旅。

ビアージ、シウザ、フィガリ、ファンチェッロに加え、メリス兄弟（＊イラストや陶器作りの3兄弟）、コロネオ姉妹（＊人形アーティスト）、イラストレーターのエディナ・アルタラ［23］（1898年サッサリ生まれ）が夢を語り、幸せな羊飼いの詩的で牧歌的な世界を語る。コスタンティーノ・ニヴォラ、マリア・ライ、ピヌッチョ・ショーラなど多くの現代アーティストは道をたどり、コンセプトを再確認し、ルーツを裏切り、様式を混ぜ合わせ、種をまき、世界を語った。サルデーニャ、それは魅力的な原始主義に満ち、想像力の共有を育む場所だ。

［19］フランチェスコ・シウザ、彫刻家
Lo scultore Francesco Ciusa
(1883 –1949).

［20］グラツィア・デレッダ、
1926年ノーベル文学賞
Grazia Deledda (1871-1936),
scrittrice sarda detentrice del
Premio Nobel per la letteratura (1926).

［21］「オウムの歌」
1916年頃、ジュゼッペ・ビアージ、ヌオーロ生活と伝統博物館
Giuseppe Biasi (1885-1945), la canzone del pappagallo,
1916-17 circa, esposto al Museo della Vita e delle
Tradizioni popolari sarde di Nuoro.
Foto di Sailko, Wikimedia commons.

［22］「犠牲者の母親」1907年、ジュゼッペ・シウザ
Francesco Ciusa, La madre dell'ucciso, 1907,
esposta alla Galleria Comunale
d'Arte di Cagliari. Foto di Davide Mauro Mont-
mimat, Wikimedia Commons.

［23］エディナ・アルタラの陶画、1940年代
Edina Altara (1899-1983), Donna in
costume, 1940 circa, esposta al
Museo Ciusa di Nuoro. Foto (destra) di
L2212, Wikimedia Commons.

contemporanea della Sardegna. Francesco Ciusa, scultore per
eccellenza della scultura moderna di Sardegna. Colui il quale riuscì
con il suo lavoro a dare voce al mondo popolare sardo. Nel 1907 alla
Biennale di Venezia viene premiato il suo gesso *La madre dell'ucciso*
[22]. Una scultura difficile da dimenticare, nella sua posa asciutta,
statica la vecchia contadina celebra il rito della veglia funebre. Dona
dignità al dolore e al lutto che diventa cerimoniale e rito comunita-
rio. Ciusa scava nella tradizione e riscopre l'orgoglio della propria
storia dandole nuova esistenza nell'arte. Giuseppe Biasi, senza
dubbio il maggior pittore sardo del Novecento. Lo splendore dei
costumi popolari, la suggestiva bellezza delle feste contadine alimentano quell'alone di esotico, la scoperta di un piccolo Eden nel cuore
dell'Europa. Abbagliano i colori materici che squarciano il buio,

fiere ed altere le donne sarde nella bellezza dei loro costumi. Non è
uno sguardo freddo e distaccato, ma complice che riempie di
orgoglio e di schietta forza che conquista, e stupisce. Un viaggio in
un "primitivismo" che rapisce ancora oggi, in una terra che sa di
arcaico e di bellezza selvaggia.

Biasi, Ciusa, Figari, Fancello, i fratelli Melis, le sorelle Coroneo,
Edina Altara [23], narrano sogni, raccontano un mondo contadino e
pastorale felice e pieno di poesia. Costantino Nivola, Maria Lai,
Pinuccio Sciola, e con loro tanti altri artisti contemporanei, traccia-
no percorsi, ribadiscono concetti, tradiscono radici, contaminano
linguaggi, lanciano semi, raccontano un mondo, alimentano un
immaginario collettivo che identifica la Sardegna, in un luogo altro,
ricco di primitivismo scduttivo.

ステファノ・レズミニ

1957　イタリア、ミラノとベルガモの間の渓谷、
　　　カステル・ロッツォーネ生まれ

1975　カッラーラの美術アカデミアと
　　　ミラノのブレラ美術学院を卒業。
　　　様々な形態と絵藝に興味を持つ
　　　現代アートのコレクター

1982　ミラノに移住

1996　「スタジオでの作品」展など重要な展覧会を
　　　ミラノにて開催

1997　スローフードミラノのイベント「小さな食堂」、
　　　ミラノシネマスロー祭のイベントと協働

2008　サルデーニャ、サッサリに移住。現代アート展や
　　　料理と絵画の展覧会のキュレーションを開催。
　　　トラ広場27番地にてリ芸術家の作品で
　　　リビングを飾った自宅で暮らす

2015　ラジオ番組フィズショーに定期出演し、
　　　「放浪」コーナーでイタリアの芸術や
　　　展覧会、「夏だけ」の展示や文化催事を紹介。
　　　ストリーミング配信中

Stefano Resmini

1957　Nasce a Castel Rozzone (BG). In questo anfratto di terra tra Milano e
　　　Bergamo che si forma.

1975　Fin da giovanissimo frequenta gli ambienti dell'Accademia delle Belle Arti di
　　　Carrara, di Bergamo e dell'Accademia di Brera a Milano.
　　　Una passione per l'arte che lo coinvolge in ogni sua forma ed espressione.
　　　Curioso collezionista d'arte contemporanea.

1982　Si trasferisce a Milano. Dove ha vissuto e lavorato.

1996　A Milano organizza mostre di autori importanti in spazi anche insoliti dal
　　　titolo: "Lavori in studio".

1997　Fa parte della "Piccola Tavola" della Condotta Slow Food Milano. Collabora
　　　all'organizzazione degli eventi e del "Festival Milano Cinema Slow".

2008　Si trasferisce a Sassari dove tuttora vive e lavora. In Sardegna è curatore di
　　　mostre d'arte contemporanea e ideatore della rassegna: "Cortesie per gli
　　　ospiti". Fa occupare la sua casa di Piazzatola27 da artisti che dialogano con
　　　gli spazi del vivere.

2015　Tiene per Fizz Show la rubrica fissa "Girovagando" un itinerario ideale tra
　　　mostre e Musei, in giro per l'Italia. Racconta in "Solo d'estate" mete,
　　　atmosfere, mostre ed eventi culturali in Estatissima format radiofonico
　　　trasmesso in rete e su radio nazionali.

コスタンティノ・ニヴォラ

Costantino Nivola

ステファノ・レズミニ
Stefano Resmini

［1］アメリカ自邸の庭で自作の噴水の前に立つニヴォラ。
Constantino Nivola nel suo giardino a Lond Island, 1950.
Foto della Fondazione Nivola.

コスタンティノ・ニヴォラ [1] は最も国際的に認められたサルデーニャの芸術家で、自分の生地に消えない足跡を残した。彼が男らしく愛した島、サルデーニャ。母なる大地を継母として、切望し、夢を見て、抱擁を感じ、時には遠く感じた。ニヴォラは1911年にオラーニで生まれ、1988年にニューヨークのロングアイランドで亡くなった。彼は石工の息子として仕事を学んだ。1926年にサッサリの画家マリオ・デリタラの見習いとして働き始めた。奨学金のおかげで、1931年に助成金を受けてモンツァの高等芸術産業研究所（現モンツァ大学）に通った。1936年に彼は広告のグラフィックデザイナーとして卒業し、ロンバルディアの県都で芸術界や産業界の仕事を始めた。最初はミラノ・トリエンナーレとパリ万国博覧会での展示の準備に携わり、1937年に堅調なオリヴェッティ社の芸術監督になった [2]。

1938年、ニヴォラはユダヤ系の同級生のルス・グッゲンハイムと結婚した。彼の反ファシストの考え方と結婚によって、イタリアからパリへ、そしてニューヨークへと移動することになった。それは多くの芸術家やヨーロッパの知識人に降りかかった運命だった。ニューヨークで彼は興奮と刺激に富んだ文化的環境に出入りした。偉大なル・コルビュジエ [3] や、ウィレム・デ・クーニング、ジャクソン・ポロック、アレクサンダー・カルダー、ソール・スタインバーグと友情を結んだ。画家、彫刻家、芸術家、建築家たちがアメリカの大都市で人生を謳歌した。アメリカで過ごしたほぼ50年の間に、彼は作品のほとんどを制作した。1948年にニヴォラはロングアイランドに農場付きの農家を買った。彼は建築家の友人と庭を設計し、パーゴラ、ベンチ、オーブン、かまど、サンルームを、屋外を楽しむ一連の空間として作った。彼はそこで彫刻家になり、砂型鋳物 [4] という名の特別な技法を実験し制作した。子供たちと遊びながら、石工の父親に教わった基本は忘れずに、砂から鋳型を掘り起こして石膏とセメントでレリーフを作り上げた。彼はこの大きなパネルを、ニューヨーク5番街の中心にあるオリヴェッティの未来的なショールームの装飾に用いた [5]。地中海の海岸にて次第に消えゆく繊細な虹色を思い起こさせる、色が施され表面が粒だった本物の「砂の壁」。今でもハーバード大学科学センターにてその完璧な美しさを眺めることができる。

[2] オリヴェッティのタイプライターのポスター。
Campagna pubblicitaria Olivetti realizzata da
Costantino Nivola, 1937.

[3] ニヴォラのレリーフを手伝うル・コルビュジェ。
Nivola e Le Corbusier intenti a completare un bassorilievo,
Lond Island, 1951.
Foto dell'Archivio della famiglia Nivola.

［5］ニューヨークのオリヴェッティのショールームを飾ったパネル作品。
Bassorilievo realizzato da Nivola tramite la tecnica del sand-casting,
Showroom Olivetti a New York, 1953-54.

Costantino Nivola [1], l'artista sardo più internazionalmente riconosciuto, ha lasciato tracce, come orme indelebili, sulla terra che gli ha dato i natali. Isola che virilmente ha amato. Terra madre e matrigna, agognata, sognata, che sentiva stretta e a volte lontana. Nivola nasce ad Orani nel 1911 e muore nel 1988 a Long Island (N.Y.). Figlio di muratore, *mastru de muru*, dal quale impara il mestiere. Nel 1926 inizia a lavorare come apprendista presso il pittore sassarese Mario Delitala. Grazie ad una borsa di studio, nel 1931, frequenta a Monza l'Istituto Superiore di Industrie Artistiche. Nel 1936 si diploma presso l'ISIA come grafico pubblicitario, ed inizia a collaborare con il mondo artistico e produttivo del capoluogo lombardo. Dapprima viene coinvolto nell'allestimento di mostre alla Triennale di Milano e all'Expo di Parigi, e nel 1937 diventa direttore artistico dell'Olivetti [2], impresa illuminata.

Nel 1938 sposa Ruth Guggenheim, sua compagna di corso, di origine ebraica. Le sue idee antifasciste e il matrimonio, lo costringono a lasciare l'Italia per Parigi prima, e per New York poi. Sorte che tocca a molti artisti ed intellettuali europei. A New York frequenta ambienti culturali ricchi di fermenti e stimoli. Stringe amicizia con il grande Le Corbusier[3]; frequenta: De Kooning, Pollock, Calder e Saul Steinberg. Pittori, scultori, artisti, architetti che vivacizzano la vita della grande metropoli americana. Nei quasi cinquant'anni trascorsi negli States, produce la maggior parte delle sue opere. È nel 1948 che Nivola acquista una vecchia fattoria con podere a Long Island. Con gli amici architetti progetta un giardino come una serie di stanze da vivere all'aperto: Pergole, panchine, un forno, il focolare, un solarium. Ed è qui che diventa scultore, sperimentando e creando quella particolare tecnica che va sotto il nome di *sandcasting* [4]. Giocando coi figli, senza dimenticare i rudimenti del padre muratore, da una matrice scavata nella sabbia, realizza rilievi in gesso e cemento: quei grandi pannelli che usa per decorare l'avveniristico show room dell'Olivetti, nella centralissima Fifth Avenue di New York [5]. Un vero e proprio "muro di sabbia" con la superficie granulosa e colorata che ricorda le iridescenze impalpabili ed evanescenti di una spiaggia del Mediterraneo. Visibile ancora oggi, nella sua intatta bellezza allo Science Center dell'Università di Harvard.

[4] 砂型鋳物を制作するニヴォラ。
Costantino Nivola alle prese con la cassaforma per il sand-casting.

[6] ニヴォラ美術館。「母」や「未亡人」など女性を象った彫刻が来場者を迎える。
建物と噴水と水路がかつて洗濯場であったことをしのばせる。

サルデーニャでは、オラーニ、ヌオーロ、ウラッサイ、カリアリにて、芸術家コスタンティノ・ニヴォラの折衷主義を楽しみ鑑賞することができる。オラーニのニヴォラ美術館[6]はサルデーニャがニヴォラに捧げた恒久的な敬意を表し、この芸術家のヨーロッパ最大の作品コレクションを展示している。かつて社交場だった洗濯場を再開発して1995年に設立した美術館は、今日もなお象徴的な意味を持つ。「母なる女神」や「身重の壁」といった大きな彫刻や、「ベッド」や「砂浜」という魅力的なテラコッタの作品も鑑賞できる。ニヴォラはこの作品で感情を解き放ち、太古や原始のサルデーニャと、未来的で超現代的なニューヨークという、遠く離れた二つの世界を組み合わせた。

ヌオーロの中心にあるサッタ広場は、建築家で友人のリチャード・スタインの協力を得て、ニヴォラが考案し設計したものだ。サルデーニャの公共空間の作品を初めて手掛けたニヴォラは、具体性と単純さを体験する場を意図した。詩人セバスティアーノ・サッタを「祝して」彫像や記念碑を建てるのではなく、日常生活を分かち、過ごす広場にて、大きな岩の上に小さな銅像をちりばめて[7]、詩人の記憶を祝った。カリアリではサルデーニャ地方評議会の建物に入ると、誇り高く堂々とした人物像が目に入る。紛れもなく、ニヴォラの芸術の成熟の証人である「偉大な母親」[8]だ。まさに鑑賞者を歓迎し抱擁する象徴だ。「このところ常に、私は彫刻で単純で本質的な力を定義してきた。精神と感覚の協働から形を与え、物質に意味を与える。結果として女性の形になったが、必ずしも出発点ではない。魔法に満ちた子供時代、田舎の家の膨らんだ壁に私はいつも宝を隠していた。平らで薄いパンはオーブンの熱で膨らみ、いつでも空腹を満たしてくれる。同様に、妊娠中の女性は子宮に素晴らしい子供という秘密を隠している」

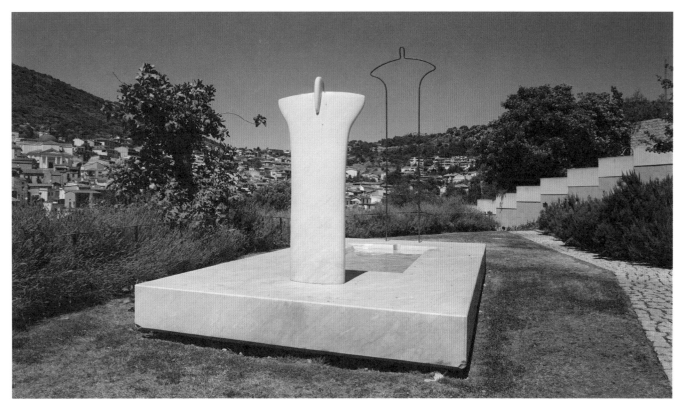

[6] Sculture della serie *Madri e Vedove* accolgono gli ospiti del Museo Nivola di Orani (NU).
L'edificio, le fontane e i canali per l'acqua ricordano gli antichi lavatoi sardi.
Foto di Yuki Sugihara

Orani, Nuoro, Ulassai, Cagliari, sono invece i luoghi sardi, dove poter godere ed ammirare l'eclettismo dell'artista Costantino Nivola. Il Museo di Orani [6] rappresenta l'omaggio permanente che la Sardegna tributa a Nivola, ed è qui che si può trovare la più grande raccolta europea di opere dell'artista. Il Museo nasce nel 1995 con la riqualificazione dell'ex lavatoio, luogo un tempo di socializzazione e carico ancor oggi di simbolici significati. Si possono ammirare grandi sculture come Le Dee Madri, Il Muro Incinto, ma anche quelle magiche formelle di terracotta che sono i Letti o le Spiagge, che sprigionano emozioni, riuscendo a coniugare due mondi così distanti tra loro: una Sardegna arcaica e primordiale, e una New York futuribile e iper-modernista.

Piazza Satta, in pieno centro a Nuoro, è uno spazio ideato e progettato da Nivola, con l'aiuto dell'architetto ed amico Richard Stein. La sua prima opera pubblica in Sardegna, intesa come un luogo dove vivere con concretezza e semplicità lo spazio pubblico. Non una statua od un monumento per "celebrare" Sebastiano Satta, ma una piazza dove condividere e vivere la quotidianità, celebrando

la memoria del poeta in quei piccoli bronzi che dissemina su degli imponenti massi [7]. A Cagliari, al Palazzo del Consiglio Regionale, lo sguardo inevitabilmente si posa su quelle altere e maestose figure, testimoni della sua maturità artistica, le inconfondibili "Grandi Madri" [8]. Vere e proprie icone che accolgono ed abbracciano: "Da qualche tempo in qua si va sempre più definendo nella mia scultura una forza semplice, essenziale. Qui spirito e sensi collaborano nell'impegno di dare forma e significato alla materia. C'è una forma femminile come risultato, ma non necessariamente come punto di partenza. Il muro panciuto della casa rustica, nella mia età magica dell'infanzia, nascondeva sempre un tesoro: il pane piatto e sottile che si gonfia al calore del forno, promessa di appagare la fame di sempre. Allo stesso modo la donna incinta nasconde nel suo grembo il segreto di un figlio meraviglioso" .

ハンサムで勇敢なコスタンティノ・ニヴォラは、20世紀初頭にサルデーニャの小さな村で育ち、その後、変化に富む大都市のミラノとニューヨークに居を移した。彼は常に郷愁から、社会の中にほぼ原始的な枠組みを見ていた。無意識のうちに連帯し、結束し、他者と団結して生きることが日常生活の基礎となった。近代化の発展によって、それは確実に無くなる恐れがあった。彼が開発し仕上げたプロジェクトは、非常に今日の実情に沿っている。「パーゴラ村」[9] は、彼の故郷であるオラーニのために考案し制作したプロジェクトだ。芸術家は、すべての家を一連の屋根でつなごうと発想した。通りや広場を住民が共に憩う親密でプライベートな空間に変える。彫刻、絵画、建築を調和的に組み合わせて、日常生活の発展に正確かつ明確な痕跡をしっかり刻む完璧な「総合芸術」を作り出した。作成した空間ではコミュニティの感覚を簡単かつ民主的に体験できる。

ニヴォラにとって空間は常に研究と考察の源だった。「瞑想の部屋」は描画、塗り、彫刻の部屋をテーマに具体化した作品 [10] だ。この部屋は正面が広く開いたシンプルで幾何学的な形で、光が入る小さな窓があり、空間そのものの知覚を変える。アントニオ・グラムシの記念碑を考案した際に、ニヴォラは物理的および象徴的な空間のコンセプトに磨きをかけ、修正した。パブリックアートの領域から踏み出し、個人的、実存的に再解釈した。最小限の巣、理想的な空間、明確で正確な形状が不

特定のひびと共存する止まった時間。魂をまつる理想的な空間の壁は妊娠したのか、あるいは歴史の兆候か、砂とコンクリートでできている。庭は暮らすための部屋、共生の部屋、仕事部屋、遊ぶ部屋に分かれている。「部屋」では直線、立方体、破線の間で光が広がり、意識下の夢の時間に理想的な余地を与える。

「私はどんな環境でも快適にふるまえるが、サルデーニャでは特にそうだと感じる。他では感じたことのない、ここに属している感覚だ。自然、親和性、気候、植物、自然、生物学との関係。サルデーニャを車で走って、どこにでも身を横たえる。かけがえのない場所で先祖代々の帰属感を味わう」

Grandi Madri e Figura Maschile, Palazzo del Consiglio Regionale di Cagliari, 1985-88. Foto di Yuki Sugihara.

Bello e *balente* Costantino Nivola, cresciuto nei primi anni del Novecento in un piccolo villaggio della Sardegna, trapiantato poi nel variegato mondo metropolitano di Milano e di New York, ha sempre guardato con nostalgia a quel modello di società quasi primitivo, dove si riusciva a vivere in unione con gli altri, dove la solidarietà e la coesione, inconsapevolmente erano la base del quotidiano vivere e che, con l'avanzare della modernizzazione, rischiava di azzerarsi definitivamente. Sviluppa ed elabora progetti, che sono di estrema attualità ancora oggi. *Pergola-village* [9] è un progetto pensato e ideato per il suo paese natale, Orani. L'artista immagina di collegare tutte le case, con una serie di pergole, trasformando le strade le piazze in spazi intimi quasi riservati, vivibili collettivamente dagli abitanti. Utilizza la scultura, la pittura, l'architettura, che concorrono armoniosamente a creare una perfetta *sintesi delle arti*, al fine di incidere concretamente con segni precisi e definiti sullo svolgimento della vita quotidiana. Crea spazi dove il senso di comunità possa essere vissuto con facilità e democrazia.

Lo spazio è da sempre fonte di ricerca e di riflessione per Nivola. Rovello che si concretizza nel tema delle stanze che disegna, dipinge e scolpisce [10]. Le stanze sono semplici forme geometriche aperte sul lato frontale, con piccole finestre che lasciano entrare la luce modificando la percezione dello spazio stesso. Nivola affina e rielabora il concetto di spazio fisico e simbolico, così come l'aveva ideato per il monumento a Gramsci; lo sottrae alla sfera dell'arte pubblica e lo reinterpreta in chiave privata ed esistenziale. Nido minimale, spazio ideale, tempo sospeso nel quale forme definite e precise convivono con il caos di indefinite spaccature. Spazi ideali

La stanza di meditazione, scultura in polistirolo rivestito con gesso, Museo Nivola a Orani (NU), 1980.

luoghi dell'anima, dove il muro diventa incinto o si istoria di segni, sabbia e cemento. Il giardino sezionato in stanze da vivere, convivere, lavorare, giocare. Come *le stanze* dove la luce si dilata tra rette, cubi e linee spezzate per dare spazio ideale ad un tempo onirico e subliminale.

"Mi muovo comodamente in qualsiasi ambiente, ma come la sento in Sardegna non l'ho mai sentita in alcun altro luogo, la sensazione di appartenenza: di natura, di affinità, col clima, piante, natura, biologia. Se passo per la Sardegna in auto, mi vedo coricato in qualsiasi posto, e in quel posto come parte integrante. Sensazione di appartenere atavicamente".

コスタンティノ・ニヴォラ年表

Biografia di Costantino Nivola

1960
イエール大学モールスカレッジ内に設営した彫刻の一つ。
Scultura del Morse and Stiles College di Yale,
New Haven, 1960-62.
Foto di FCikiw, Wikimedia Commons.

1911	7月5日にオラーニ生まれ。小学校を卒業後、石工の父親と一緒に職人として働き始めた。	Nasce il 5 luglio a Orani. Dopo le scuole elementari inizia a lavorare come manovale insieme al padre muratore.
1933	モンツァ高等芸術産業研究所の広告グラフィックデザイン学科を卒業。同年2月、サッサリのペレラギャラリーで初の個展を開催。	Lascia la sezione Decorazione Pittorica dell'ISIA per quella di Grafica Pubblicitaria. Nel febbraio dello stesso anno tiene la sua prima personale, alla galleria Perella di Sassari.
1934	母校の後輩で未来の妻のルス・グッゲンハイムと出会う。	Conosce Ruth Guggenheim, studentessa dell'ISIA, e sua futura moglie.
1936	第6回ミラノ・トリエンナーレに参加し、地方建築展の一連のパネルなど装飾を担当した。ミラノのオリベッティの開発広告事務所にグラフィックデザイナーとして就職。	Partecipa alla VI Triennale milanese con alcuni interventi di decorazione, tra cui una serie di pannelli pittorici per la Mostra dell'architettura rurale. Viene assunto come grafico all'Ufficio Sviluppo e Pubblicità Olivetti di Milano.
1939	渡米。	Si trasferisce in America.
1940	インテリア誌のアートディレクターになり、グロピウス、アルバース、ブロイヤー、モホリ・ナジら、建築とデザインのヨーロッパの巨匠と知り合う。	Diventa art director della rivista Interiors, lavoro che lo porta in contatto con maestri dell'architettura e del design europei quali Gropius, Albers, Breuer, Moholy Nagy.
1944	「ニュー・ペンシル・ポインツ」誌のグラフィックデザイナーとして働く。	Lavora come grafico per la rivista The New Pencil Points (diventata successivamente Progressive Architecture).
1946	ル・コルビュジエと出会い、友達になる。4年間スタジオを共有した。	Conosce Le Corbusier e ne diviene amico. Per quattro anni i due divideranno lo stesso studio.
1948–1949	イーストハンプトン付近のスプリングスの家を購入。砂浜で子供たちと遊び、砂型鋳造技術を発明した。	Compra una casa a Springs, presso East Hampton. Qui, giocando con i figli sulla spiaggia, inventa la tecnica del sand casting.
1950	ニューヨークのティボール・デ・ナジ・ギャラリーにて個展を開き彫刻家としてデビュー。	Debutta come scultore in una personale alla Tibor de Nagy Gallery di New York.
1954	ニューヨークのオリベッティショールームに作品を納入。ハーバード大学デザインワークショップのディレクターに就任。	Realizza un pannello in gesso per lo showroom Olivetti di New York. Nello stesso anno diventa direttore del Design Workshop dell'Università di Harvard.
1956–1957	ハーバード大学大学院のロビンソンホールにて展覧会を開催。コネチカット州ハートフォード相互保険会社とブルックリンのウィリアムE.グレイディ職業高校に彫刻作品を納入した。	Tiene una Mostra nella Robinson Hall della Harvard Graduate School of Design. Esegue la decorazione del Mutual Hartford Insurance Company di Hartford, Connecticut, e della William E. Grady Vocational High School di Brooklyn.

1968
「平和の男」オリンピック開催地メキシコとイタリアの国旗の色を用いた彫刻。
Uomo di pace, scultura realizzata per rappresentare
l'Italia alle Olimpiadi di Città del Messico, 1968.
Foto di Imviann, Wikimedia Commons.

1958	故郷オラーニにて、サ・イトリア教会の外装の壁画を描いた。母親と弟の墓に彫刻を制作し、町中にも展示した。ニューヨークのアーキテクチュラル・リーグとベルサ・シェファー・ギャラリーで個展を開催。	Ad Orani esegue il graffito della Chiesa di Sa Itria, la tomba della madre e del fratello e una serie di sculture che espone nelle strade del paese. Tiene una personale alla Architectural League e una mostra alla Bertha Schaefer Gallery, entrambe a New York.
1960–1961	エーロ・サーリネンが設計したエール大学のモールスカレッジとエズラカレッジ数か所に彫刻を納入。コロンビア大学で教え始める。	Su invito di Eero Saarinen, esegue le sculture per i college Morse and Stiles della Yale University. Inizia ad insegnare alla Columbia University.
1967–1968	ニューヨークのブルックリンの公立学校や、ブロンクスの児童精神病院に彫刻を設置。メキシコオリンピックでイタリアを代表し彫刻を制作。	Lavora alle sculture per la Public School 320 di Brooklyn, l'area di ricreazione del Children's Psychiatric Hospital nel Bronx a New York e così via. Realizza la scultura che rappresenta l'Italia alle Olimpiadi di Città del Messico.
1969–1970	ボストンのチャールズF.ハーレイ雇用保障ビルの壁画、ニューヨーク州ステートアイランド公立学校の彫刻を制作。	Realizza i graffiti per la Division for Employment Security Program di Boston, le sculture per la Public School 55 di State Island, New York.
1973–1975	ハーバード大学のカーペンターセンターで教え、オリベッティのパネルを移設。1974年に一連の「母親」の彫刻を大理石で作り始めた。	Insegna ad Harvard, al Carpenter Center and moved the panels of Olivetti. Nel 1974 inizia la serie delle Madri in marmo.
1978–1980	バークレー大学で教え、個展を開催。カリアリのアルテ・デュシャン・ギャラリーにて彫刻、デッサン、陶芸職人のルイージ・ニオイと協働した陶器を展示。	Insegna all'Università di Berkeley dove tiene anche una personale. Espone alla Galleria d'Arte Duchamp di Cagliari disegni, sculture e ceramiche eseguite col ceramista Luigi Nioi.
1981–1982	ワシントンのモービル石油本社の彫刻を制作。オランダ、ハーグの王立芸術アカデミーで教える。	Progetta le sculture per la nuova sede della Mobil Oil di Washington. Insegna all'Accademia Reale delle Belle Arti dell'Aja, Olanda.
1986–1987	カリアリのサルデーニャ地方評議会の本部に設置する複数の彫刻の制作に着手。	Inizia a lavorare alle sculture per la nuova sede del Consiglio Regionale della Sardegna a Cagliari.
1988	5月6日にロングアイランドにて逝去。	Muore a Long Island, il 6 maggio.

参考文献
Cfr. Constantino Nivola, Renato Miracco, *Constantino Nivola: 100 Years of Creativity*, Charta, 2012.

マリア・ライ
Maria Lai

ステファノ・レズミニ
Stefano Resmini

［6］芸術の駅（マリア・ライ美術館）
Museo Stazione dell'Arte. Foto di Elisabetta Loi, Sergio Melis,
Arasolè, cortese concessione della Fondazione Stazione dell'Arte

才リアストラのウラッサイは戦略的に通行しにくい位置にある。海岸に向かって開けた岩山の上にあり、洪水や干ばつで地滑りなど大きな変化が起きる。静けさと厳しさに満ちた風景だ。山のふもとの輪郭はどこも際立っている。切り立った壁の石灰岩の台地は神話と伝説に満ちている。マリア・ライ〔1〕は1919年にウラッサイに生まれ、2013年に近くのカルデードゥで亡くなった。その永遠の子供たる顔で20世紀を横切り、現代美術に消えない痕跡を残した。学校教育では、ローマでのマリノ・マッツァクラティとの出会いと、1943〜1945年のヴェネツィア美術アカデミー彫刻コースのアルトゥーロ・マティーニとアルバート・ヴィアーニとの出会いが重要だ。1960年代にマリア・ライの芸術の研究に重要な変化が起こった。1978年にヴェネツィアビエンナーレに参加するまで、新たな素材、新たなスタイル、織機、本、キャンバスの縫製、パン、食器を実験した。80年代になると標識と材料の研究はさらに環境的意味合いを帯びてきた。

「私はアートを企てた。自分で納得している唯一の作品の『山と結ぶ』にとても真剣に取り組んだ。私はウラッサイの山を『結び』、奇跡の可能性に触れた」

1979年、マリアはウラッサイから離れて暮らした。「祖国に問題が生じ、何十年も帰らなかった。もう足を踏み入れないだろうという確信があった。未解決の事件が起こったからだ。兄弟の一人が殺された。誰が容疑者なのか、私はなぜだか知りたくはなかった」

ある日、村長がマリアに「ウラッサイを歴史に

Ulassai, Ogliastra, un luogo impervio, strategico nella sua posizione. Adagiato su montagne rocciose che diradano verso la costa. Luogo dove alluvioni e siccità provocano frane e grandi dislivelli. Un *paesaggio* carico di silenzio e di severità. I *tacchi* definiscono i confini e si stagliano in ogni dove. Sono altopiani calcarei dalle ripide pareti carichi di miti e leggende. È qui che Maria Lai nasce nel 1919 e muore non poco distante a Cardedu, nel 2013. Attraversa con quella sua faccia da eterna bambina quasi tutto il XX secolo, lasciando un segno indelebile nell'arte contemporanea. Per la sua formazione, sono determinanti l'incontro con Marino Mazzacurati a Roma, e quello con Arturo Martini e Alberto Viani al corso di scultura all'Accademia delle Belle Arti di Venezia, frequentato dal 1943 al 1945. Negli anni Sessanta si verifica un importante mutamento nella ricerca artistica di Maria Lai e la sperimentazione si estende a nuove materie, nuovi linguaggi: telai, libri, tele cucite, pani e terrecotte, fino alla partecipazione alla Biennale di Venezia nel 1978. Con gli anni Ottanta la ricerca sui segni e sui materiali assume una più accentuata connotazione ambientale.

"Io ho fatto solo tentativi d'arte. L'unica mia opera che riconosco come positiva è '*Legarsi alla montagna*', è la cosa più seria che abbia fatto. 'Legando' la montagna di Ulassai ho toccato la possibilità del miracolo". Siamo nel 1979 e da tempo Maria vive lontano da Ulassai. "Io avevo un problema col mio paese, non andavo lì da decine di anni … ed ero convinta che non ci avrei messo più piede. Avevo un conto aperto perché uno dei miei fratelli era stato ucciso e io non volevo per nessuna ragione sapere chi fosse il colpevole". Un giorno il sindaco del paese le chiede di realizzare un monumento ai caduti, perché dice di voler far entrare il paese nella storia. L'artista rifiuta, obiettando che l'unico modo di passare alla storia è creare qualcosa di nuovo. Desidera erigere un monumento ai vivi, non ai morti. Dopo un anno e mezzo di dubbi e discussioni, l'amministrazione le affida l'incarico. Maria Lai comincia a dialogare con la gente di Ulassai, e riemerge prepotentemente dalla bocca di tutti una storia, una fiaba che grandi e piccini, da chissà quante generazioni hanno sentito raccontare. Narra di una bambina che sale sulla montagna a portare il pane ai pastori. Quando all'improvviso

[1] Maria Lai.
Courtesy©Archivio Maria Lai, Siae 2000.
Foto di Piero Elisabetta Loi

残したいから戦死者追悼の記念碑を作ってほしい」
と頼んだ。芸術家は断り、「歴史を切り替える唯一
の方法は何か新しい物を作ること」と意義を唱え
た。死者のためではなく、生きている人のための
記念碑を建てたい、と望んだ。マリア・ライはウ
ラッサイの人々と対話を始め、老若男女が何世代
も聞いた物語、つまり、おとぎ話を堂々と再現し
た。それは羊飼いたちにパンを運ぼうと山に登る
少女の話だった。突然嵐になり、誰もが洞窟に避
難した。しかし少女は空を飛ぶ空色のリボンに魅
せられて、濡れるのも構わず外に出た。すぐに洞
窟が崩壊して群衆と羊飼いを飲み込んだ。彼女だ
けが助かった。これがカギだ！恐怖に打ち勝つ時
に手を取り合うように、家々を空色のリボンで結
び、そして平和を願ってリボンを山とつなげよう、
と芸術家は提案した。人々は疑惑と不信と皮肉に
かられていたが、マリアの頑固さが上回った。

1981年9月吉日、子供たちと女たちと男たちは
自分の家と山全体を1本の青いリボンで繋いだ
[2]。『山と結ぶ』の作品に関する記録が2つ残って
いる。ピエトロ・ベレンゴ・ガルディンによる写
真と、トニオ・カスラによる映像『関係を結ぶ』
だ。映像と写真の撮影はどちらも住民の参加を意
図していた。住民こそ真の制作者だ。布からリボ
ンを切り取り、広げて、巻き付け、子供たちは飛
び跳ね、織り上げ輪を作った[3]。黒いハンカチ
や布で頭を覆い、黒い服を着た女たちは神話の登
場人物のように見えた[4]。男たちは家々の壁を
登り、バルコニーにリボンを結んでしっかりと縛
った。最後に山から家々の屋根までリボンがアー
チを描くと、遊び心と期待感が高まり祝日の解放
感が訪れた[5]。伝説が現実と化したこの「関係
性の芸術」の集団活動は、たいへん話題を呼び報
道された。芸術家ではなく、行動によって「家と
家、ドアとドア、窓と窓、何よりも人と人を結び、
地域全体の人間関係を再構築し、遠い昔の出来事
の遺恨、敵意、不信に打ち勝った」。マリア・ライ
はこの短期間の忘れがたい作品で内省を促した。自
分のルーツの再発見とは裏を返せば未来の時間の
発見でもある。

[2]『山と結ぶ』マリア・ライによる構想の下図。
Maria Lai, "Legarsi alla montagna", 1981, Courtesy©Archivio Maria Lai, Siae 2000.
Foto di Piero Berengo Gardin

[3] ウラッサイにて『山と結ぶ』行事に参加した人々。
Maria Lai, "Legarsi alla montagna", 1981, Courtesy©Archivio Maria Lai, Siae 2000.
Foto di Piero Berengo Gardin

scoppia un temporale, tutti si rifugiano in una grotta, ma lei, affascinata da un nastro celeste che vede volare nel cielo, esce all'aperto ed incurante dell'acqua, lo rincorre. Poco dopo la grotta crolla, inghiottendo greggi e pastori. Solo lei si salva. Ecco la chiave! L'artista propone di legarsi tutti, casa per casa, con un nastro celeste, come quando ci si prende per mano per sconfiggere la paura, e di portare poi il nastro sulla montagna per chiedere pace. Diffidenza, incredulità e ironia circola tra la gente, ma la determinazione di Maria ha il sopravvento.

E un bel giorno di settembre del 1981, bambini, donne e uomini, legano con un nastro celeste le proprie case e l'intero paese alla montagna. Di *Legarsi alla montagna* rimangono due testimonianze fondamentali: le fotografie di Piero Berengo Gardin e il video di Tonino Casula *Legare collegare*. Riprese e fotografie danno entrambe l'idea del coinvolgimento degli abitanti, sono loro i veri autori dell'opera: tagliano le strisce del tessuto, lo distendono, lo avvolgono, con i bambini che saltano e intrecciano girotondi. Le donne vestite di nero, con il capo coperto dal fazzoletto o dalla benda nera, sembrano figure mitologiche. Sono gli uomini che si arrampicano sui muri delle case, legano il nastro ai balconi, stringono i nodi. Si respira un'aria di gioco e di attesa che si scioglie in una festa liberatoria quando il nastro finalmente si solleva ad arco, dalla montagna ai tetti delle case. Tanto si è detto e scritto su questa azione collettiva, *arte relazionale*, che da leggenda diventa realtà, vita vissuta. Non è l'artista che agisce ma "è l'intero paese a ricostruire una rete di relazioni legando casa a casa, porta a porta, finestra a finestra, e soprattutto persona e persona superando nell'evento estetico rancori, inimicizie e diffidenze remotissime". Maria Lai con questa effimera, indimenticabile opera, ci suggerisce una riflessione: ritrovare le proprie radici porta paradossalmente a scoprire il tempo futuro.

[4] ウラッサイにて『山と結ぶ』行事に参加した人々。
Maria Lai, "Legarsi alla montagna", 1981, Courtesy©Archivio Maria Lai, Siae 2000.
Foto di Piero Berengo Gardin

[5] ゲディリ山に結ばれたリボン
Maria Lai, "Legarsi alla montagna", 1981, Courtesy©Archivio Maria Lai, Siae 2000.
Foto di Piero Berengo Gardin

[7] 芸術の駅にて2020年6月26日に始まったマリア・ライ「無限の飢え」展。
Installazioni della collezione permanente dal titolo "Maria Lai. Fame d'infinito".
Foto di Elisabetta Loi, Sergio Melis, Arasolè, cortese concessione della
Fondazione Stazione dell'Arte

　ちょうど村の外に古い鉄道の駅がある。下の谷を支配する3つの建物から、イェルツにつながる壮大な曲がりくねった道が見渡せる。それまで何十年も急勾配の坂を息を切らしながらゆっくり進んでいた小さな列車は走りを止め、到着と出発を終えた。運命の交錯で、大勢の人々が交差し出会う世界はマリア・ライの世界に道を譲った。「芸術の駅」は、人生のある時点でサルデーニャに最終的に居を構え、重要な作品を自分の村に寄付することを決めた芸術家に、ウラッサイが捧げた美術館である[6]。デッサン、肖像画、彫刻など、マリア・ライが調査したかった多様な世界がそこにある[7,8]。ライが用いた多くの技術や、糸、シーツ、織機、刺繍、パンといった多くの素材は、サルデーニャの女性の日常の仕事から借りたものがほとんどだ。「遊びは子供の芸術であり、芸術は大人の遊びだ。幸福は夢から生まれるのではなく、暮らしを生み出す詩的な可能性から生まれる」他の多くの文と同様に、これは彼女のパンの本や、古めかしい歴史を物語る刺繍した布に見られる文章だ。人間関係や身ぶりで織り上げられた世界は時々解読することができず神秘的だが、「光の大地を駆け抜けた」芸術家は、単純かつ厳密に糸とリボンが織り成す恒星空間を超えるまで、自分の大地と世界を縫い合わせた。

Appena fuori dal paese c'è una vecchia stazione ferroviaria. Sono tre caseggiati che dominano la vallata sottostante, si affacciano sui suggestivi tornanti che portano a Jerzu. Lo sbuffante trenino che arrancava su per i ripidi pendii, da decenni ormai, ha cessato le sue corse e con esse anche gli arrivi e le partenze. Quel brulicante mondo fatto di intrecci, di incontri, di rapporti che si intersecavano e si lasciavano hanno ceduto gli spazi al mondo di Maria Lai. La Stazione dell'Arte è il Museo che Ulassai ha dedicato all'artista che a un certo punto della sua vita, ha deciso di stabilirsi definitivamente in Sardegna e di donare al suo paese, un importante selezione delle proprie opere. Ci sono i disegni, i ritratti, le sculture, i primi tratti dei molteplici mondi che Maria Lai ha voluto indagare. Molte sono le tecniche utilizzate dalla Lai, molti i materiali, spesso presi in prestito dai lavori quotidiani delle donne sarde: fili, lenzuola, telai, ricami e pane. "Il gioco è l'arte dei bambini, l'arte è il gioco degli adulti. La felicità non nasce dal sogno, ma dalla possibilità di inventare la vita nella dimensione poetica". Questa come tante altre sue frasi la si può trovare nei suoi libri di pane, o in quelli di stoffa ricamati che raccontano storie arcaiche, a volte indecifrabili, misteriose che tessono un mondo fatto di relazioni, di gesti, attraverso i quali l'artista ricuce il rapporto con la propria terra e con il mondo, sino a travalicarlo in un siderale spazio, fatto di fili e nastri intessuti con semplice rigore da una artista "passata sulla terra leggera".

1919	7月27日、獣医の父ジュゼッペ・ライと母ソフィア・メレウの間の5人兄弟の2番目として生まれる。体が弱かったため、農家の叔父の家に預けられている間に空想を育んだ。	Nasce ad Ulassai il 27 settembre. Figlia del veterinario Giuseppe Lai e di Sofia Mereu, è la seconda di cinque figli. A causa della salute cagionevole viene cresciuta dagli zii nella pianura di Gairo dove inizia a scoprire il suo estro artistico.
1931	カリアリの中学に入学。作家グラツィア・デレッダのいとこで、作家兼ジャーナリストの教師、サルヴァトーレ・カンボズにイタリア語とラテン語を習う。詩を書き始めた若きマリアにとってカンボズは創作意欲を刺激する存在だった。	Inizia la scuola secondaria a Cagliari.
1939–1941	画家ジェラルド・ドットーリに絵を習う。同年ローマに移り国立リペッタ高校に入学。	Prende lezioni dall'artista Geraldo Dottori. Durante lo stesso anno si trasferisce a Roma per iscriversi all'Istituto d'Arte di via Ripetta.
1942	戦争のためヴェローナに疎開。	Si trasferisce a Verona a causa della guerra.
1943	教師マッツァクラーティの勧めでヴェネツィアの芸術高校に進学。	Spronata dall'artista e suo insegnate Mazzacurati, si trasferisce a Venezia per iscriversi all'Accademia di belle arti.
1953	カリアリ本の友協会にて初の個展を開催。3年間教職に就く。	Espone la sua prima personale presso l'associazione *Gli Amici del Libro di Cagliari*, dove insegnerà per i successivi tre anni.
1955	パームビーチのリトルギャラリーにて個展。1947年に誘拐された兄ジャンニは無事だったが、5月24日に32才の弟ロレンツォも誘拐され殺害された。弟を失い疲れたマリア・ライはサルデーニャを棄ててローマに移住。	Espone alla Little Gallery di Palm Beach in Florida, USA. Nello stesso anno, durante il tentato sequestro del fratello Gianni, viene ucciso all'età di trentadue anni il fratello minore Lorenzo. Logorata dalla perdita, Maria Lai decide di abbandonare la Sardegna per tornare a Roma.
1956	ローマに移住し、第7回ローマ国立ローマ・クワドリエンナーレにて展示。	Si trasferisce a Roma, e partecipa alla *VII Quadriennale Nazionale d'Arte*.
1958	ローマの中学校で常勤の教員になる。	Diventa insegnante di ruolo alle scuole medie di Roma.
1961–1970	新素材の実験に集中し展覧会活動を中止。	Interrompe tutte le sue attività espositive, concentrandosi sulla sperimentazione di nuovi materiali.
1975	カリアリのアルテ・デュシャン・ギャラリーの「キャンバスとコラージュ」個展にて「縫い付けたキャンバス」を初めて発表。	Le *tele cucite* vengono esposte per la prima volta in occasione della personale *Tele e collages* presso la galleria *Arte Duchamp* a Cagliari.

1977	ブランダーレ・ディ・サヴォナ・ギャラリーにて「マリア・ライのパン」を展示。	Espone *I pani di Maria Lai presso* la galleria Il Brandale di Savona.
1979	第38回ヴェネツィア・ビエンナーレに初参加。	Partecipa per la prima volta alla XXXVIII Biennale di Venezia.
1981	ブラジルのサンパウロ・ビエンナーレの郵便芸術展に参加。9月8日にウラッサイにて「山と結ぶ」を実施。	Partecipa alla mostra Arte postal presso la Biennale di San Paolo del Brasile. L'8 Settembre dello stesso anno realizza ad Ulassai *Legarsi alla montagna.*
1982	ウラッサイの市営洗濯場を芸術作品としてリニューアルし、「天井の織物」を展示。後の屋外展示作品群の先駆けとなる。	Promuove il restauro del lavatoio comunale di Ulassai realizzando il telaio soffitto. Questo è il primo dei numerosi interventi che confluiranno nel *Museo a cielo aperto.*
1986	ニューヨークのコロンビア大学の「イタリア文化60年展」に参加。ローマのパラッツォ・ヴェネツィアでの展示に巡回。	Partecipa alla mostra *60 anni di cultura in Italia* presso la Columbia University di New York, riallestita poi al Palazzo Venezia a Roma.
1993	74歳にして故郷のサルデーニャに戻る。	A 74 anni torna finalmente a vivere in Sardegna.
1999	第13回ローマ国立ローマ・クワドリエンナーレにて展示。	Partecipa alla *XIII Quadriennale Nazionale d'Arte* di Roma.
2004	カリアリ大学から文学の名誉学位を授与される。	Le viene conferita la laurea honoris causa in Lettere presso l'Università degli studi di Cagliari.
2006	7月8日にウラッサイにて芸術の駅（マリア・ライ美術館）が開館。	L'8 Luglio viene inaugurata la *Stazione dell'Arte* presso Ulassai.
2008	4月、没後20年のコスタンティーノ・ニヴォラに捧げる展覧会「天国の巨人」をオラーニで開催。	Ad aprile si è tenuta a Orani una mostra dedicata a Costantino Nivola, "Gigante del cielo".
2013	4月16日にカルデードゥにて逝去。ウラッサイの墓地にて永眠。	Muore il 16 aprile a Cardedu e riposa ancora oggi nel cimitero di Ulassai.

参考文献
B. Pietromarchi, L. Lonardelli, S. Hill, I. Mansbridge, Maria Lai. Tenendo per mano il sole-Holding the sun by the hand, 5 Continents Editions, 2019.

⑭急斜面
La scarpata

⑬もつれた壁
Il muro del groviglio

⑫不安の家
La casa delle inquietudini

Ⓛ山と結ぶ
Legarsi alla montagna

作品マップ

Il Museo a cielo
aperto Maria Lai

マリア・ライ

Maria Lai

Ulassai

⑩ガチョウのすごろく
Il gioco del volo dell'oca

⑧ウラッサイの洗濯場
Lavatoio Comunale di Ulassai

⑪礼拝の道
La strada del rito

⑨十字架の道
Via Crucis

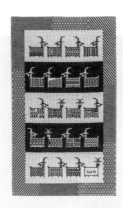

⑤ 山羊のステッチ
Capre cucite

① 芸術の駅（マリア・ライ美術館）
Stazione dell'arte

Ⓢ ス・マルムリ織物協同組合
Società Cooperativa
Tessile Su Marmuri

⑥ 黒板
La Lavagna

② 絡み合うおとぎ話
Fiabe intrecciate.
Omaggio a Gramsci

⑦ 壁沿いの本
Libretti Murati

③ 早起きの羊飼いの少年とヤギ
Pastorello mattiniero
con capretta

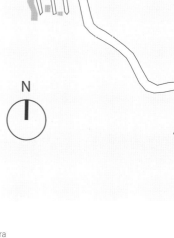

N

④ 風の翼の誘拐
La cattura dell'ala del vento

Yuki Sugihara
Toshihiko Suzuki
Emiliano Cappellini
Riferimento alla Guida al Museo a cielo aperto
Maria Lai di Ulassai di Davide Mariani.

223

❶ 芸術の駅（マリア・ライ美術館）

1956年にサルデーニャ鉄道の支線の終着点
イェルツ駅は63年の幕を閉じた。機関車小
屋と貨物倉庫は美術館に変わり、マリア・ライ
から寄贈された150点を超す作品を展示して
いる。

Stazione dell'arte

SP11, 08040 Ulassai (NU) / 2006

Dopo la donazione di oltre 150 opere da parte di Maria Lai, l'ex
stazione di Jerzu, caduta in disuso nel 1956, è diventata sede
del museo dell'artista.

❷ 絡み合うおとぎ話

ステンレス鋼

大きな鋼の彫刻は、アントニオ・グラムシのおとぎ話
「ネズミと山」（1931）と、マリア・ライの「山を結ぶ」お
とぎ話の融合を表している。リボンを掲げた少女、山
に植樹する少年、乳児のミルクを飲み償いの旅に出
たネズミ、石の上の本は、人間と環境の付き合い方
を表現している。

Fiabe intrecciate. Omaggio a Gramsci

2007 / Acciaio inossidabile

La scultura unisce la leggenda della bambina e del nastro celeste, già impiegata per
"Legarsi alla montagna", con una fiaba scritta da Gramsci "Il topo e la montagna".
Quest'ultima narra la storia di un topo che, dopo aver bevuto il latte di un bambino,
cerca di rimediare al suo gesto; dopo diverse peripezie, il topo capisce che, per avere il latte, il bambino dovrà relazionarsi con l'ambiente, piantando degli alberi. Dal libro alla base della struttura nasce un nastro in acciaio che, come un filo conduttore,
lega i tre personaggi.

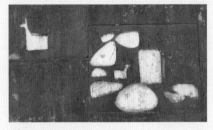

❸ 早起きの羊飼いの少年とヤギ

コンクリート、アクリル顔料

ウラッサイの村の入口の壁に、地元民なら誰でも知るサルヴァトーレ・カンボスの「ヤギ」の物語を白黒で描いた。マリア・ライは幼少時から自分を崖を駆けるヤギになぞらえていた。

Pastorello mattiniero con capretta

SP13 / 2005 / Cemento, acrilico.

L'installazione collocata all'ingresso del paese raffigura in bianco e nero i personaggi di una fiaba molto cara agli abitanti del posto,"La capretta" di Salvatore Cambosu.

❹ 風の翼の誘拐

鋼、鉄筋コンクリート

ウラッサイの風力発電所を見学後、その傍にマリア・ライはサルデーニャの伝説に基づいて風の神々の顔がある彫刻を制作した。若者は失踪した婚約者を探し、すべてを知る風の神々に会う。風の神の一人が眠った婚約者を風で包み見えなくしていたことを明かし、再会がかなった。

La cattura dell'ala del vento

Parco Eolico, SP13, località Larenzu, 08040 Ulassai (NU) 2009 / acciaio e cemento armato.

Dopo una visita al Parco Eolico di Ulassai, Maria Lai decise di realizzare questa scultura in omaggio alle energie rinnovabili, trovando ispirazione in una leggenda. La storia narra di un giovane che dopo aver perso la sua promessa sposa, va a interpellare, per ritrovarla, la madre dei venti e i suoi figli. Solo l'ultimo vento ammetterà di averla rapita durante il sonno, per poi riconsegnarla nelle mani del suo amato.

⑤ 山羊のステッチ

コンクリート、鉄棒、高圧ケーブル。

織物協同組合の近くのコンクリートの壁には鉄のワイヤーで羊の群れを編みこんだ。
1979年に家の外壁に点線を鉄棒で描いた試みに続くステッチの作品だ。

Capre cucite

Via Lequarci / 1992 / Cemento, tondini di ferro, cavi dell'alta tensione.

Maria Lai tesse le capre sulla superficie in cemento di un muro contenitivo vicino ad una cooperativa tessile.
L'artista realizza le figure con dei tondini in ferro e dei fili dell'alta tensione, riprendendo una tecnica già utilizzata su "la casa cucita", Selargius, 1979.

⑥ 黒板

黒板

村の小学校の広場に設置した巨大な黒板に「芸術は私たちの手を動かす」という言葉が書いてある。子どもの目でアートを観察するための招待状である。

La Lavagna

Via IV Novembre / 2003 / Forex nero

La grande lavagna, realizzata dall'artista nel piazzale delle scuole elementari del paese, è un invito ad osservare l'arte con gli occhi di un bambino. Sulla superficie è scritta la frase:" L'arte ci prende per mano".

7 壁沿いの本

陶磁器

ウラッサイの村で最古のヴェネツィア通りの石の壁沿いに、13冊の本が設置してある。「読書の喜びは、理解できていないという恐怖に否定される」や「芸術はいかさま、トリック」といった警句が書いてある。

Libretti Murati

Via Venezia / 2005 / Terracotta smaltata.

Lungo una delle vie più antiche della città, via Venezia, Maria Lai incide aforismi su 13 libri in terracotta.
«Il piacere di leggere è spesso negato dalla paura di non capire», «L'arte è inganno, astuzia»

8 ウラッサイの洗濯場

1981年にウラッサイの行政は600万リラ（1176万円）を準備してマリア・ライに戦争記念碑の設計を依頼したが、マリア・ライは予算を用いず、代わりに「山と結ぶ」を実施した。翌年、マリア・ライの発案で村の中心部の古い洗濯場の改修費用を充てることにした。1905年施工の洗濯場と穀物の洗い場を兼ねた建物は1970年代から放置されていた。改修後、審美的な不足に気づいたマリア・ライは作品を天井に設置した。さらに彼女は3人の芸術家に呼びかけてそれぞれの作品を設置した結果、この洗濯場は今日のウラッサイの屋外美術館の一部となった。

Lavatoio Comunale di Ulassai

Via Monsignor Depau

L'amministrazione comunale di Ulassai, nel 1981, predispone sessanta milioni (123 mila euro) di lire per la realizzazione di un monumento ai caduti. Maria Lai però non ha voluto usarlo e ha invece realizzato "Legarsi alla montagna". Ha ristrutturato il vecchio lavatoio nel centro della città utilizzando il budget. L'edificio, che combinava la fontana del paese con le vasche per lavare il grano e la lana, venne progettato nel 1905; caduto in disuso negli anni 70. Dopo il completamento, tuttavia, Maria Lai ha notato una carenza estetica e ha posizionato il suo lavoro sul soffitto. Inoltre, ha chiamato tre artisti per installare l'opera, rendendo lo spazio artistico parte dell'attuale Museo a cielo aperto di Ulàssai.

グイド・ストラッツァ「小麦の泉」

建物の左側面の噴水は正面の広場の舗装と調和する。どちらも繊細な小麦の穂を題材に、白い大理石、白と黒の花崗岩のタイルのモザイクで表している。

Guido Strazza "La Fontana del grano"

1989

Conclude armoniosamente, insieme alla pavimentazione del piazzale antistante, questo piccolo gioiello architettonico. Entrambe le opere sono dei mosaici di pianelle di marmo bianco, granito bianco e nero, ispirati alla delicata forma delle spighe di grano.
Foto di Deplano Andrea, Sardegna Digital Library.

ルイージ・ヴェロネージ「湧水の泉」

建物の右側面に緻密なモザイクがある。花崗岩やピンクと白の大理石のかけらで形成した色付いた三日月は、紛れもなく、作者の幾何学的抽象化スタイルの印だ。

Luigi Veronesi "La Fontana della sorgente"

1984

Rigoroso mosaico nella lunetta esterna destra di pezzi di granito, di marmo rosa e bianco, a formare delle mezzelune colorate, segni di una cifra stilistica inconfondibile del suo percorso creativo.

写真上
マリア・ライ「天井の織機」

作品は建物内部の天井にある。数多くのひもが鉄製パイプに結ばれ、絡み合い、伝統的な巨大な織機を形成している。ひもの間から垣間見える天井の黒、灰色、赤が、作品全体にリズムと深みを与えている。織機の両端のひもは壁の側面に埋め込まれた木材に結ばれている。

Maria Lai
"Il telaio soffitto"
1982

L'opera è collocata nel soffitto della parte interna dell'edificio, è costituita da diverse corde che si intrecciano e si legano su dei tubi in ferro a formare un enorme telaio tradizionale. Tra una corda e un'altra si intravedono le pareti del soffitto colorate di neri, grigi, rossi a dare ritmo e profondità all'intero impianto compositivo; inaspettati appaiono nella parte laterale anche dei tronchi d'albero legati l'un l'altro e incassati nel muro.

写真下
コスタンティーノ・ニヴォラ「音響噴水」

建物内部でライの織機と対峙する噴水だ。洗濯場中央の洗い場の上に配置した一列の銅製の管で構成している。栓をひねると、水は銅製の瓦から順にあふれて洗い場に注ぎこむ。ゆるやかな流れは、まるで水が歌っているかのようにメロディを作りだす。

Costantino Nivola
"La Fontana Sonora"
1987

Si confronta all'interno con l'opera della Lai. È l'ultima creazione dell'artista oranese, costituita da una serie di tubi di rame disposti in fila indiana sopra il muro intermedio delle vasche. Ognuno dei tubi è sormontato da tegole di rame nelle quali scorre l'acqua che si riversa nelle vasche stesse. Lo scorrere lento dell'acqua genera delle melodie, tanto da far sembrare che l'acqua canti. L'artista volle, attraverso questa operazione, "accompagnare il canto delle donne con quello dell'acqua".

229

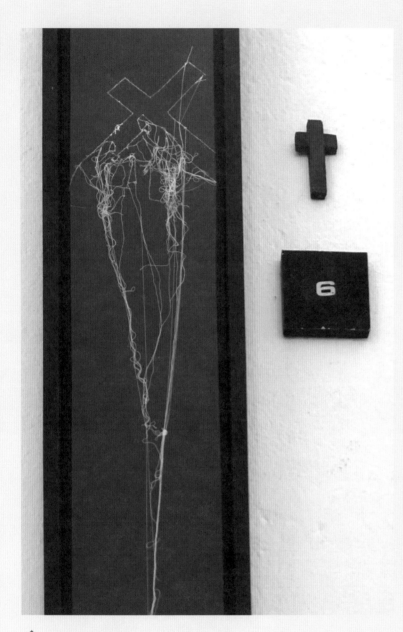

⑨十字架の道

黒い厚紙、白い糸

地元の子供が井戸に落ちて亡くなった悲劇を受けて、マリア・ライはサンタンティオコ教会のためにキリストの十字架の道行きの14場面を描いた細長い額を制作した。長く伸びた糸が死と神聖さを表す。例えば写真は第六留の「ヴェロニカ、イエスのみ顔を拭う」場面だ。

Via Crucis

1982 / Chiesa di Sant'Antioco. Vico E. D'Arborea
Cartoncino nero e filo.

Quattordici disegni, raffiguranti varie stazioni della Via Crucis, rappresentano l'idea della morte e del sacro secondo l'artista. L'opera è stata realizzata per la Chiesa di Sant'Antioco dopo la tragica morte di un bambino del paese caduto in pozzo. Ad esempio, VI stazione: Veronica asciuga il volto di Gesù.

⑩ ガチョウのすごろく

パネル、アクリル板

ヨーロッパでは16世紀頃からサイコロを振り、らせん状の外から中へとコマを進めるすごろくが流行した。保育園の壁とバリガウ広場の床にはコマの数字と「飛ぶ夢にとりつかれたガチョウは飛ぼうとして地面に頭をぶつけた」等のマリア・ライが考えた人生のメッセージが書いてある。

Il gioco del volo dell'oca

Via Plebiscito 1 / 2002 / Forex a parete, acrilico.

L'opera, realizzata sulla parete della scuola materna e sul pavimento della Piazza Barigau, rappresenta una rivisitazione del gioco dell'oca. " L'oca rapita dal sogno del volo prova a volare ma batte nel suolo": Con questa metafora l'artista ci racconta il percorso indispensabile della coscienza durante la vita dell'uomo.

⑪ 礼拝の道
コンクリート

地元の技術士の要望で、マリア・ライはウラッサイ各所の擁壁を装飾した。毎年5月第3日曜日に人々は7キロ先のサンタ・バルバラ教会まで巡礼する。マリア・ライは教会付近や、曲がりくねった道の各所のコンクリートに、近隣の泉で豊富に取れる魚や、儀式で用いるパンのレリーフを施した。

La strada del rito
Località Santa Barbara, 08040 Ulassai (NU) / 1992 / Cemento

Coinvolta da un ingegnere di Cagliari, Maria Lai è intervenuta sui muri di sostegno di vari luoghi di Ulassai. Ogni terza domenica di maggio "La strada del rito" accompagna i pellegrini diretti alla chiesa di Santa Barbara, a 7 Km di distanza. Maria Lai con quest'opera sviluppa il tema sacro della moltiplicazione dei pani e dei pesci.

⑫ 不安の家
アクリル顔料、手すり

マリア・ライは、1995年に建てられ2002年から放置されていたレストランのコテージを、白と緑に塗り替え、怪物やドラゴンの姿を黒く描き、もつれたワイヤーで手すりを制作し、不安の象徴とした。付近の「もつれた壁」空想をかき立てる

La casa delle inquietudini
Via S. Croce 102 / 2005 / Colori acrilici, inferriate.

L'edificio, inizalmente adibito a ristorante e poi abbandonato, viene riqualificato dall'artista nel 2005. Maria decise di dipingere, sia all'interno sia all'esterno, una serie di draghi con l'intento di rappresentare le inquietudini del paese. Ora è sede centrale dell'Ente Foreste della Sardegna.

⑬ もつれた壁

生乾きのコンクリート面に刻印

1キロ半のコンクリートの壁に、恩師サルヴァトーレ・カンボスの本『苦いはちみつ』(1954) の引用と、マリア・ライの芸術に対する思いを刻んだ。「どの歴史的な瞬間にも芸術は新たな意識の道具になる」「子供は常に同じ絵を描く」「オペラと出会うには誰かの手引きが必要だ」

Il muro del groviglio

Nei pressi della Casa delle Inquietudini, 08040 Ulassai (NU)
2005 / Cemento fresco iscritto.

Maria Lai incide, per un chilometro lungo un muro di contenimento, citazioni tratte da "Miele amaro" di Salvatore Cambosu e riflessioni personali sull'arte.
"Tutte le arti si fondano sul lavoro manuale".

⑭ 急斜面

鉄筋コンクリート、ステンレス鋼、テンペラ、石

山崩れの恐れがある古い埋め立て地をアートによって修復した。砂時計を思わせる三角形の集合体の下方に恐竜の骨、中央に星空のような石の配置がある。上方に配置予定だった太陽光線は突風で乱れたが、マリア・ライはその偶然性も作品に取り入れた。

La scarpata

Località Su Marmuri / 1993
Cemento armato, acciaio inossidabile, tempera e pietre.

Si tratta della riqualificazione di una vecchia discarica. L'opera, la cui forma ricorda quella di una clessidra, raffigura una geografia fantastica che racconta la storia del mondo.
In basso si trovano delle pietre che ricordano antichi reperti archologici, al centro un cielo stellato, mentre in cima era prevista una sorta di meridiana. Una forte folata di vento trasformò la composizione finale che rimase così per volere dell'artista, la quale considerò il fenomeno come metafora della caducità del mondo tecnologico.

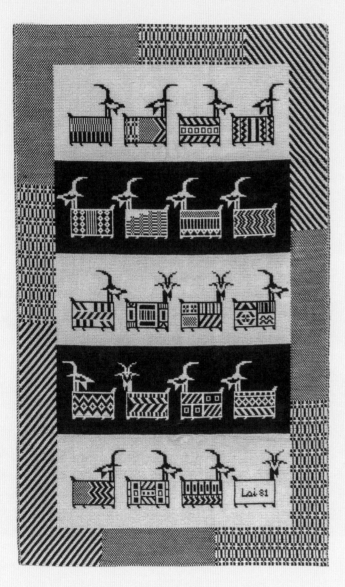

◆ス・マルムリ織物協同組合

1971年に女性の織り手たちは工房を設立し、地元の芸術家と伝統と現代性を融合した作品を制作してきた。マリア・ライが「遊び仲間」と呼んだ織り手は、ピビオーネ技法で山羊のモチーフを描いたクッションや絨毯をサルデーニャ産の羊毛や綿を用いて制作し販売する。1平米制作に2〜3日かかる。

Società Cooperativa
Tessile Su Marmuri

Via Funtana Serì

Nel 1971 un gruppo di abili tessitrici ha collaborato con Maria Lai al fine di unire la tradizione alla modernità. Le "compagne di giochi", così chiamate dall'artista, realizzano e vendono ancora oggi manufatti con le figure care alla Lai.

Ⓛ 山と結ぶ

1861年にジディリ山の尾根が崩落して高所の家屋が倒壊し死者が出たが、奇跡的に生き残った少女は手に水色のリボンを握っていた。伝説となり脚色が加わった話を元に、マリア・ライはウラッサイの村を「山と結ぶ」結ぶ活動を提案した。芸術とは思わない者や被災を恐れる者が反対したが、1年半後に参加型のゲームとして実施に至った。村で唯一の生地店が13枚の青いデニム生地を提供し、村人たちがそれを裂いて26 kmの青いリボンを巻き取り、各戸に配布した。当日、ロケットの打ち上げを合図に、家々が1時間以内に結ばれた。リボンは不参加の家の上空を通過し、愛の絆がある場所では祝祭のパン「スー・パーネ・ピンタウ」が結び付けられた。最後にカリアリの登山家3人が岩壁を登ってゲディリ山の頂上にリボンを結び、皆が平和と地滑りの抑制を祈った。1998年にイタリア初の「リレーショナルアート」として評価が確定し、マリア・ライの代表作となった。

Legarsi alla montagna

8 settembre 1981

L'opera nacque quando il sindaco di Ulassai commissionò a Maria Lai una scultura per i caduti in guerra del paese. L'artista, invece, decise di realizzarne una che celebrasse la vita, e per farlo si ispirò a una leggenda popolare, "Sa Rutta de is'antigus": nel 1861 si staccò un costone del monte Gedili; morirono tre bambine mentre una, che stringeva un nastro blu nella mano, si salvò miracolosamente. Utilizzando questo metaforico nastro di vita, Maria Lai ha voluto legare tutte le case del paese. Nonostante l'iniziale paura di risvegliare antichi rancori tra gli abitanti, dopo un anno e mezzo si arrivò a un compromesso: laddove tra famiglie esistesse un legame d'amore, al nastro vennero legati dei pani detti "su pani pintau"; mentre laddove le famiglie fossero avverse il nastro indicava il confine del rispetto delle parti. L'unico negozio di tessuti del paese fornì 27 Km di nastri celesti agli abitanti che li legarono alle case e che, alla fine dell'evento durato tre giorni, vennero legati al monte Gedili. Nel 1998 Legarsi alla montagna venne riconosciuta come prima operazione di Arte Relazionale italiana e capolavoro dell'attività artistica di Maria Lai.

輝かしき先輩たち㉑

異色中の異色
おあとがよろしいようで……

北村銀太郎 1890–1983
Gintaro KITAMURA

類洲 環

北村翁は明治二十三年生まれの九十歳というから
故五代目古今亭志ん生と同年齢であるが、なお矍鑠、
その立ち居ふるまいには八十歳を越えてなお国立劇場で
「知盛」を踊った花柳流名取りがのぞき、その声には
長講二十分を物ともせず演じる常盤津銀宇太夫がのぞく。
そして日々の生活に漂う風情は明治人の気骨と、最も新しい時代の
流行感覚をともに兼ね備えたいうに言えぬ若々しい色気である。

（『聞書き・寄席末広亭』冨田均、平凡社／2001年）

道楽に生き甲斐を見出した
北村銀太郎は、1890年（明治23年）12月12日に
生まれた。生地は東京府四谷区四谷箪笥町、父の
北村久次郎は建築業を営んでいた。銀太郎は、久
次郎の長男であった。この時代、一般家庭では、長
男が家業を継ぐのは当たり前だったようで、銀太
郎は父親の勧めで工手学校建築科に入学する。
　その工手学校は、京橋区小田原町にあった。現
在の中央区築地である。当時は、昼の予科と夜の
本科に分かれており、銀太郎は本科であった。四
谷箪笥町の自宅から築地の学校まで、銀太郎はど
うやって通っていたのか。銀太郎は、こう述懐し
ている。

　学校には四谷から市電で通っていたんだけど、
半蔵門前を通って三宅坂を下ってゆくと、ま
ず正面に宮城、お堀端に出たら右に折れて、陸
軍省の参謀本部のあったところを通って、出
来たばかりの日比谷公園に沿って銀座に入っ
てゆくの。で、尾張町の服部時計店の前を抜
けて、木挽町の歌舞伎座前から、二本ばかり
橋を渡ると、築地だ。西本願寺前で下りるだ
ろう。で、まっつぐ河岸の方へ歩いてゆくと、
そこが小田原町で、学校はそこね。隣が海軍
省で、そのまた隣が浜離宮なんだ。……。
（『続・聞書き・寄席末広亭』／冨田均／平凡
社／2001年）

では、銀太郎の勉学に対する想いは、どんなも
のだったのだろう。

　実技の方は実地にやってたから問題はなかっ
たんだけど、設計だのなんだのもう少し勉強
しなくちゃいけないってんでね、おやじの一
声で入ったのは入ったんだが、これが仲々身
が入らないと来てる。特に英語なんて、まる
で外国語みたいで、全然わからない。大体、英
語なんて知ってたって、あんなもんはまるで
役に立たない。芸者と遊ぶのに英語はいらな
いもん、もっと覚えなきゃならないものが、ほ
かにいっぱいあったんだからね。あのころ、学
校は結構いい先生がいたんだよ。大学の工科
や工業学校のいい先生が内職で教えに来てい
たわけだから。だけど、昼間働いて、夜勉強
していたら遊べないものね。（同上）

　この回想のなかに、銀太郎の生涯を象徴させる
フレーズがある。"芸者"だ。銀太郎は、続けて言
う。

　あのころは、遊んでもいたけど、一応仕事の
方もちゃんとやってたんだよ。棟梁の倅だか
らと言って、別に待遇が違うわけじゃない。
十六、七歳から二十歳ぐらいまでの小僧が十
人も二十人もいたから、それらと一緒になっ

て鉋で木削ったり、柱を切り刻んだり、穴を掘ったり、ありとあらゆることをやった。だから今でも大工のやること、鉋で削るとか、鋸で切るとか、そういうことは素人のようなことはないよ。体力はなくなってるけど。腕は落ちちゃいないつもりだ。よく働いたもの。高熱があっても働いたもの。ただ、まあ、熱があるって言って寝込んじゃうと、夜になってから遊びにゆけないからね。そういうこともあって我慢して働いていたことも多かったよ、実際は。いくらふらふらしていても、夜になったら荒木町へ出て行っちゃう。電信柱にぶつかったこともあったよ。倒れ込むように竹武蔵に入ってゆくんだもの、おかしいよ。なにしろ私は道楽に生き甲斐を見出していたからね。生き甲斐を見出した青年は強いよ、いつの時代でも。（同上）

筆者は一度も行ったことがありませんが、こんな音に聞こえた花街に、半分は学生の分際で夜な夜な通っていて大丈夫なのかと心配したのは筆者だけではなかった。他ならぬ銀太郎の母親だ。「このままじゃロクなものにならない。荒木町から遠ざければ……」と、ツテを頼って、銀太郎を横浜市役所・土木課の見習いに送り出してしまった。横浜時代を、銀太郎は、こう振り返っている。

私は一応設計の方も出来たから、市役所の方もしまいには技手補という身分で正式の所員になった。そうしたら月給が十八円。一日六十銭ね。これは結構高給なんだ。（同上）

その高給を、どうしたのか。何と、荒木町の竹武蔵に注ぎ込んでいたのだ。夜の横浜～四谷なんて、"道楽に生き甲斐を見出した"身体には屁の河童であった。

しかし、この事態はやがてバレて、今度は新潟に飛ばされる。2年間の横浜生活であった。

新潟では、師範学校の再建を皮切りに、その附属小学校、中学校の10棟を越す校舎の工事を請負った。現場の大棟梁は北村久次郎、即ち銀太郎の父親だった。父親の監視下で、10棟を越す工事に携わるのでは遊ぶ暇もないのだろうと、今度は気の毒な思いになったが、心配無用。新潟に着いた途端、イの一番に古町の鍋茶屋に遊びに行ったというのだから、"道楽"も筋金入りだ。筆者は一度も行ったことはありませんが、古町は、新潟の銀座、花柳界の一等地だ。

2年半の工事が終り、馴染みとなった芸妓とも別れなければならなくなった。

東京へ戻るや、間髪を入れずに次の指示が下った。「甲府！」。甲府では、田辺組の下請けで「県立病院・本館」と3棟の病棟の工事であった。本誌は建築を伝えるのが本道なのに申し訳ないが、銀太郎の"仕事"の出来栄えより"道楽"の行方の方が気にかかる。甲府には花柳界がなかった。どうする、銀太郎。彼が通ったのが松風軒という大弓場であった。この松風軒の看板娘に惚れてしまった。建築工事は、いずれ終わる。旅路での恋も、いずれ終わる。甲府での生活も2年間だった。

東京に戻った銀太郎、深川の西村組に番頭として入社する。これも父親の肝煎りで、父親は西村組の棟梁であった。久次郎は、「三菱一号館」（設計：ジョサイア・コンドル、曽根達蔵／竣工：1894年＝明治27年）を主任として担当していた。銀太郎の西村組での代表作は「騎兵実施学校」（千葉県津田沼）と、「工兵学校」（千葉県松戸）がある。

この「工兵学校」の工事中に、久次郎・銀太郎親子に、ハプニングが起きる。地元の新宿で、今で言う町おこしで、商店街の有志が映画館を建てようというのだ。その入札に大林組や大倉組などの大手が手を挙げているが、折角なら地元からも一社いた方がいいというので久次郎・銀太郎親子に白羽の矢が放たれた。二人は元より乗り気ではない。「工兵学校」の工事の真っ最中だ。で、適当というより、大きく吹っかけた勘定で入札したら、他社はもっと吹っかけていて、何と北村親子が落札する羽目になってしまった。

写真提供　新宿末広亭

仕方ない。「工兵学校」を徹夜で仕上げ、西村組も退社して、映画館の工事に着手した。こちらも突貫工事であった。60日間で木造3階建てを竣工させた。この映画館こそ、新宿を代表する施設として、また"映画の殿堂"として称えられた「武蔵野館」である。1920年（大正9年）であった。

このフロックとして仕上げた建築により、銀太郎のその後の人生は大きく変わっていくのだが、当の銀太郎は知る由もない。

「新宿末広亭」の初代席亭となる

銀太郎は、生涯の恩人として、二人の名前を挙げている。林弘高と柳亭左楽である。

林弘高は、後に吉本興業の社長に就任するが、銀太郎と出会った頃は東京の営業責任者だった。吉本興業は、かねてより東京進出を計っており、1921年（大正10年）、神田にあった「川竹亭」を買収し「神田花月」として東京進出第一号を果たした。この「神田花月」の改修工事を請負ったのが銀太郎であった。その後、「横浜花月」、「遊楽館」（浅草）、「旭座」（横浜）など、吉本興業の施設の新築、改築、修繕を銀太郎は一手に引き受けることになった。

林と銀太郎の出会いのきっかけは定かではない

が、東京進出に当たっては、浪花の商人だ、算盤勘定にぬかりはなかったはずだ。儲けを呼ぶ大きな要素の一つは施設だ。"建築"だ。「武蔵野館」の噂を聞いて、林は銀太郎に近付いたのではなかろうか。

次の柳亭左楽は噺家である。五代目・左楽と呼ばれ、人望篤く、落語界の重鎮であった。前出の林弘高が銀太郎より17歳年下だったのに対し、五代目は18歳年上であった。

1922年（大正12年）9月1日、関東大震災が東京を壊滅させた。が、銀太郎の材木置場は無事だった。この資材をどう使う。そこに現われたのが左楽である。彼は、下谷の寄席「とんぼ軒」の更地に銀太郎を連れて行き、ここでの寄席の再建を依頼した。そして、こう言った。「建てるだけではなく、経営もして欲しい」。皆が何をしていいか呆然としているなかだ、銀太郎は喜んで引き受けた。「六三亭」、新しい小屋の名前だ。花札の六・三のカブから取ったというから、いかにも銀太郎らしい。そこそこ流行ったが、小学校の用地として買収され閉館を余儀なくされた。2年半の寿命だった。それにしても、寄席の土地を小学校にしてしまうのだから、大正から昭和にかけての時代は、全てが"粋"だった。

次なる東京の焼け野原は1945年（昭和20年）である。終戦だ。東京はまさに灰燼と帰した。焼け野原の新宿に呆然と立ち尽くす銀太郎の前に、ある男が近付いた。またぞろ柳亭左楽であつた。「末広亭」の再建を委ねたのだ。そして、今度も、こう言った。「建てるだけではない、経営もしてくれまいか」。

銀太郎も、新宿を何とか立て直したいと考えていたところだった。銀太郎は、動いた。

「末広亭」は、元々は明治通りを挟んで、伊勢丹の真向かいに建っていた。明治30年代だ。小屋名も「堀江亭」であった。1910年（明治43年）に浪曲師の末広亭清風が「堀江亭」を買い取り、浪曲専門の寄席とし、名称も「末広亭」に改めた。そこそこに繁盛していたが、1921年（大正10年）3月、新宿を襲った大火の復興事業による区画整理の憂き目にあい、現在地である明治通りを一本東に入った路地に移転を余儀なくされた。

一面の灰燼のなかから逸早く姿を現したのは「末広亭」であった。木造3階建ての建物は、新宿駅から良く見えたという。かくして1946年（昭和21）3月、「新宿末広亭」は開業した。そして、銀太郎は初代席亭に就任する。時に1946年（昭和21年）、銀太郎56歳であった。

「新宿末広亭」を定点観測した人がいた

さて「新宿末広亭」である。

ここに、奇特な人がいる。長井好弘さんだ。何と「新宿末広亭」に一年間通い詰め、全芝居（72番組）を記録し、本にまとめたのだ。『新宿末広亭・春夏秋冬「定点観測」』（アスペクト、2000年）だ。刊行当時、長井さんは読売新聞社編集局文化部次長の職にあった。

長井さんは、冒頭でこう言っている、いや書いている。

どうしてそんなに末広亭にこだわるのか。新宿三丁目の裏通りに立って、一度でもあの古びた木造三階建ての建物を見上げたことがある人なら、わかってもらえるかもしれない。末

広亭は、昭和二十一年に建てられたまま、なんの手も加わっていない骨董品のような寄席である。横一列に行儀よく並んだ提灯、出演者の名前が書き出されたマネキ、寄席文字が躍る真打の立て看板……地味なのに派手、ざっくばらんだが、風格がある。歌舞伎座と横丁の銭湯がドッキングしたような不思議な建築物は、まさに大衆演芸の殿堂だ。

さらに、別頁で、こう書いている。

　建築用語にはないが、末広亭の建物を一言で表現するならば「寄席造り」だろう。

寄席造り――とは、何と言い得て妙ではないか。確かに、不思議な外観だ。数多ある建築様式の、どれにも当て嵌まらない。

しかし、筆者も負けてはいられない。建築ジャーナリストの片鱗、意地を見せなければならない。
"歌舞伎座と横丁の銭湯がドッキング"している

けれども、"新しい時代"も垣間見せているのだ。正面の両脇の壁、そして切符売り場を囲む壁のスクラッチタイル張りだ。今さらスクラッチタイルを説明しては読者の皆さんには失礼かと思うが、スダレ煉瓦とも呼ばれ、櫛で引っ掻いたような細かい溝の模様があるタイルだ。フランク・ロイド・ライトが「帝国ホテル」（1926年＝大正12年）で披露してから、一躍、近代建築を代表する素材となった。

その"近代"を高らかに主張するのではなく、"和風"のなかに垣間見せている心が憎い。設計者も施工者も明らかにされてはいないが、今までの実績からして、銀太郎の設計で、施工はいわゆる直営であったろう、と筆者は推察する。

銀太郎は思い出を語る。

　寄席は大衆芸能だから、あんまり豪華じゃまずいんだ。普段着で気軽に入ってもらわないとね。お客は芸を楽しむと同時に、寄席の雰囲気にもひたりにくるわけなんだから。うち

は途中でちょっと手を入れたりはしてきたけど、つくりそのものは昔のままだもん。……ま、自信があったんだ、寄席造りの建築には。何十年たってもぴくりともしないよ。

（聞書き・寄席末広亭／冨田均／平凡社／2001年）

ん、"寄席造り"……先に長井さんが"寄席造り"と言っていて「言い得て妙」と感心したが、こちらの書籍の初出が1980年（昭和55年）だから、何だ、銀太郎の"造語"だった。

あれから74年。「新宿末広亭」は、今も"寄席造り"を堅持している。現在の座席数は313席。1階＝椅子席：117、桟敷席：38×2列、2階：120である（1955年＝昭和30年に2階席を増設、2003年＝平成15年に椅子席を150から117に削減）。目下、東京には365日興行をしている、いわゆる定席の寄席が4軒あるが、そのうちの1軒が「新宿末広亭」である。ちなみに他の3軒は、浅草演芸ホール、鈴本演芸場（上野）、池袋演芸場だ。この3軒が近代ビルのなかで種々の施設と共存しているのに対し、「新宿末広亭」は一軒屋だ。しかも木造だ。竣工は1946年（昭和21年）。「現存する最古の木造建築の寄席」なのである。

■　□　■

「新宿末広亭」は、（平成23年）、「新宿区地域文化財認定物件」の第一号に認定されている。認定理由は「昭和21年3月、建築業を営んでいた北村銀太郎が、戦災で焼失した元の建物・地所を買い取って開業した。都内に4軒残る落語定席の一つであり、現在も落語協会と落語芸術協会が10日ずつ交代で興行を続けている。客席は1階と2階があり、計313席を有する。寄席のビル化が進んでいるなかで、東京の定席としては唯一の木造建築であり、江戸時代の寄席の風情をとどめる建造物である」

■　□　■

北村銀太郎は、1983年（昭和58年）に逝去する。享年92歳であった。冒頭にあったように、晩年まで日舞を舞い、常盤津を語り、神輿を担ぎ、デパートの売り子に一目惚れしては日参していた。よく働き、よく遊んだ人生だった。

1978年（昭和53年）、落語協会分裂騒動が勃発する。落語協会で、当時の会長だった5代目柳家小さんが断行した真打大量昇進に対して、前会長で最高顧問の6代目三遊亭圓生が異議を唱え協会を脱退、新たな団体を設立してしまったのだ。この騒動を収束させたのが銀太郎であった。以後、"新宿の大旦那"と呼ばれ、芸人はもとより、住民たちからも慕われた。

本誌の本欄の"柱"の一つは「近代建築を支えた建築家の系譜」である。銀太郎は、残念ながら近代建築を支えてはいない。支えたのは近代落語だ。建築は支えてはいないが、吉本興業の東京進出を成功させた一連の施設、また映画館の模範として

朝日新聞（1983年10月4日）

東京落語の"御意見番"
北村銀太郎氏死去

東京落語界の"御意見番"的存在だった新宿・末広亭の席亭（経営者）、北村銀太郎氏（きたむら・ぎんたろう）が三日午後三時三十八分、心筋こうそくのため、東京都新宿区の慶応病院で亡くなった。九十三歳。新宿の町をこよなく愛し、若手のはなし家に対してはあたたかい大だんなでもあった。葬儀・告別式は七日午前十一時から新宿区新宿三ノ六ノ二二の末広亭で。自宅も同所。喪主は長男一男（かずお）氏。

客の呼べる人気者を集めたがる寄席も多い中、北村さんは「はなし家にとって寄席は勉強の場だ」と若手たちにも高座に上がるチャンスをまんべんなく与え続けた。現在でも、末広亭は夜の部が終わったあと、二ツ目の勉強会に無償で開放しており、楽屋裏でそのはなしをきいては「よし、あいつはうまくなった」と目を細めていたという。五年前、故三遊亭円生一門が集団で落語協会を脱退し、落語三遊協会を結成した驚きの時は、「協会を飛び出したヤツは寄席に上げない」と一喝。その一方で、「脱退届はあたしが預かっている。いつでも帰れるように」と調子に乗り出し、その存在が改めて注目された。

読売新聞（1983年10月4日）

末広亭の灯守り37年
北村銀太郎さん死去

東京・新宿の末広亭席主として戦後の落語界を裏から支えてきた北村銀太郎さん（きたむら・ぎんたろう）が三日午後三時三十八分、心筋コウソクのため、東京都新宿区同遊町の慶応病院で死去した。九十二歳。告別式は七日午前十一時から同区新宿三ノ六ノ一二の末広亭（自宅）で。喪主は長男、一男（かずお）氏。

たる力を持っていた北村さんの元の仕事は建築業。生来の芸事好きを見込まれ、昭和二十一年、空襲で焼けた末広亭の再建を頼まれたのがきっかけで、この世界に入った。
ひところは百軒を超えた東京の寄席も、いまでは末広亭と上野の鈴本演芸場などわずか四つ。「寄席の灯を消してはならない」というのが北村さんの口グセだった。
末広亭席主として落語家を育てる一方、それぞれが一四一狼（おおかみ）（はなし）家を自負する断ごとがあるたびにまとめ役として力を尽くした。常磐津をよくする粋人でもあった。
芸人たちから"大だんな"と呼ばれ、落暗の世界で隠然と呼ばれ、落暗の世界で隠然

毎日新聞（1983年10月4日）

落語界の最長老
北村 銀太郎氏

落語界の最長老＝寄席の末広（亭席主）・北村銀太郎氏（きたむら・ぎんたろう）三日午後三時三十八分、心筋こうそくのため東京都新宿区の慶応病院で死去、九十三歳。告別式は七日午前十一時から、新宿三の六の一二「末広亭」で。喪主は長男一男（かずお）氏。

東京・築地の工手学校（現工学院大）卒業後、建築を営んだが、終戦後空襲で焼失した新宿・末広亭の再建を前経営者から頼まれ、昭和二十一年三月に木戸銭五十銭で開業、昔ながらの経営方針を貫く一方、若手芸人を数多く寄てた。五十三年の落語協会の分裂騒ぎでは仲介に当たり、落語界の成長老として活躍した。著書に「閑客き・寄席末広亭」「寄席末広亭一代」など。

語り継がれた「武蔵野館」を手掛けたこと、さらに我が国で唯一の"寄席造り"の「新宿末広亭」を今に残した功績は大きい。銀太郎の建築は"市井"のなかにあって常に力強く息づいていた。この生活力には"正統"も頭を下げざるを得まい。

そして、もう一つの"柱"が「輝かしき先輩たち」だ。こちらは、もう間違いはない。北村銀太郎は、破天荒で、異色中の異色だけれども、輝かしき先輩たちの一人だ。

銀太郎は1890年（明治23年）の生まれだ。奇しくも前号で紹介した松本與作と同い年である。與作の父も建築技師であった。境遇を同じくする二人、教室で言葉を交したのだろうか。

松本與作を、伊藤ていじ先生は"近代建築史の谷間に咲く花"と喩えた。そして、温かく優しい手を差し延べて摘み取られた。それになぞらえれば、銀太郎は"近代建築史の崖下に咲く花"だ。誰も見向きもしない。摘み取れたかどうかは判らないが、筆者が必死で手を伸ばしたことを理解していただければ幸いである。

類洲環 Kan Ruisu
1945　東京都立川市生まれ
1964　昭和第一工業高等学校建築科卒業
1968　工学院大学建築学科 卒業（堀越研究室）
1973　新建築社編集部入社
1997　環編集室設立
著書『伽牙組忍法帳〜いざ戦わん、真田新十勇士よ！』『西洋館炎上』『一小わくわくクラブ奮闘記 Part 2』『建築21 世紀はこれからだ』

NICHE 07

発行日　2020年12月1日　第1刷 発行

編集・著作人　NICHE（工学院大学建築学部同窓会NICHE出版会）
制作　株式会社ATELIER OPA

発行所　Opa Press
　　　〒101-0022 東京都千代田区神田練塀町55-1101
　　　電話 03-5823-4217　E-mail: press@atelier-opa.com
発売所　丸善出版株式会社
　　　〒101-0051 東京都千代田区神田神保町2-17神田神保町ビル
　　　電話 03-3512-3256
印刷所　シナノ書籍印刷株式会社

編集長　鈴木敏彦
NICHE編集部　大塚篤、大場光博、香川浩、楠昭、柴田卓次、新海俊一、高木雅行
　　　　　　谷口宗彦、土屋和男、中島智章、濱田昭夫、平山充、類洲環
デザイン　舟山貴士
編集、校正　杉原有紀（株式会社ATELIER OPA）

本書の内容の一部あるいは全部を、無断で複写（コピー）、複製、および磁気または
光記憶媒体等への入力を禁止します。許諾については上記発行所あてにご照会ください。

©工学院大学建築学部同窓会NICHE出版会
ISBN　978-4-908390-09-8

表カバー写真：中島智章

Prima stampa: 1 dicembre 2020

Direttore: Toshihiko Suzuki
Editore e Autore: NICHE (NICHE Associazione Alumni, Pubblicazioni dell'Università di Kogakuin)
Redazione: Yuki Sugihara, Emiliano Cappellini
Traduzione: Yuki Sugihara
Designer: Takashi Funayama

Produzione: Opa Press / ATELIER OPA Co., Ltd.
Indirizzo: 55-1101 Kanda Neribeicho, Chiyoda-ku, Tokyo 101-0022
E-mail: press@atelier-opa.com

Tipografia: Shinano Book Printing Co., Ltd.

Luogo di rilascio: Maruzen Publishing Co., Ltd.
Indirizzo: Kanda Jimbocho Building 2-17 Kanda Jimbocho, Chiyoda-ku, Tokyo 101-0051
Telefono: +81 3-3512-3256